Scambio 1

Ausgabe A
Unterrichtswerk für Italienisch

C.C.Buchner

Impressum

Scambio

Ausgabe A
Unterrichtswerk für Italienisch
Herausgegeben von Verena Bernhofer

Schülerband 1

Erarbeitet von Michaela Banzhaf, Antonio Bentivoglio, Verena Bernhofer, Claudia Assunta Braidi, Anna Campagna, Simone Cherubini, Anne-Rose Fischer, Ingrid Ickler, Annika Klein, Isabella Maurer, Tiziana Miceli, Stephanie Nonn und Martin Stenzenberger

Bildnachweis

Bernhofer, Verena, München – S. 15 (5), 39 (8), 49, 51 (3), 67 (3), 76, 82 (3), 102 (14), 103 (3), 110 (5), 113, 125; DPA picture alliance/Annegret Hilse – S. 91; DPA picture alliance/ANSA/Claudio Onorati – S. 17, 101; DPA picture alliance/APA/EXPA/Johann Groder – S. 96; DPA picture alliance/B3077/afp – S. 120; DPA picture alliance/EPA/Antonia Bat – S. 95; DPA picture alliance/JOKER/Erich Häfele – S. 75; DPA picture alliance/Kieran McManus – S. 17; DPA picture alliance/Klaus Werner/Geisler-Fotopress – S. 17; DPA picture alliance/Lars Halbauer – S. 67; DPA picture alliance/Michael Kappeler – S. 67; DPA picture alliance/ROPI/Antonio Pisacreta – S. 76; DPA picture alliance/Thomas Muncke – S. 68; Getty Images/AFP/Damien Meyer – S. 95; Getty Images/Artur Debat – S. 111; Getty Images/Montadori – S. 100; Getty Images/WireImage/Dominique Charriau – S. 96; iStockphoto: -Bennewitz – S. 16//–Ratstuben – S. 16//–Silberkorn – S. 16//–Roberto A. Sanchez – S. 81; Kamenar, Eugen, Bamberg – Umschlag, S. 8(2), 16, 45 (4), 49 (2), 51 (3), 67 (3), 69, 72, 80, 103 (2), 108 (2), 129; Kartografie Huber, München – Vorsatz; Stöckle, Norbert, Bodenheim – S. 16; Thinkstock/iStockphoto – S. 118; **Thinkstock/iStockphoto:** -bhofack2 – S. 9//–OlgaMiltsova – S. 9 (2)//–OlenaMykhaylona – S. 9//–Johannes86 – S. 16//–egadolfo – S. 16//–shvili – S. 16//–mitakag – S. 16//–emicristea – S. 16//–juefraphoto – S. 38//–olgna – S. 38//–InnerVisionPRO – S. 47// Ingram Publishing – S. 68//–pr2is – S. 71//–Emmea74 – S. 76//–Jens Hilberger – S. 76//–Minerva Studio – S. 76//–Baloncici – S. 76//–Editorial/manfredxy – S. 84//–Mervana – S. 86//–Believe_in_Me – S. 86//–Purestockk – S. 93//–iStockphoto/Fotoltre//–dolgachov – S. 93//–/Mervana – S. 95//–luanateutzi – S. 111//–Minerva//– rorat – S. 120//–MKucova – S. 120//–anopdesignstock – S. 120//–anshar73 – S. 120//–fotohunter – S. 120//–Eskemar – S. 120//–Believe-in-Me – S. 120//–FooTToo – S. 120//–Fabrizio Esposito – S. 120//–Imv_photo – S. 120//–Ryan McVay – S. 120//–LianeM – S. 120//–andreadonetti – S. 120//–iostephy – S. 120//–Source White – S. 120//–DIO5050 – S. 121//–Pat Hastings – S. 121//–Magdalena Kucova – S. 121//–Fotomatt_hh – S. 121//–AlexRaths – S. 121//–dreamerve – S. 121//–AndreaAstes – S. 121; Wikimedia – S. 17; Wikimedia/Andrew/CC BY-SA 3. 0 – S. 9; Wikimedia/Berto Garcia/Luciano Pavarotti/CC BY-SA 2. 0 – S. 13;Wikimedia/Italia/Turchia/Raffaela Cabiddu/CC BY-.SA 20 – S. 95; Wikimedia/Kaiser von Europa at German Wikipedia/CC BY-SA 3. 0k – S. 85; Wikimedia/Mattia.bramb/Own work/CC BY-SA 3. 0 – S. 96; Wikimedia/Morio/CC BY-SA 3. 0 – S. 17; Wikimedia/Warrenfish/CC BY-SA 3. 0 – S. 95;

1. Auflage, 1. Druck 2015
Alle Drucke dieser Auflage sind, weil untereinander unverändert, nebeneinander benutzbar.

Dieses Werk folgt der reformierten Rechtschreibung und Zeichensetzung. Ausnahmen bilden Texte, bei denen künstlerische, philologische oder lizenzrechtliche Gründe einer Änderung entgegenstehen.

© 2015 C.C.Buchner Verlag, Bamberg
Das Werk und seine Teile sind urheberrechtlich geschützt. Jede Nutzung in anderen als den gesetzlich zugelassenen Fällen bedarf der vorherigen schriftlichen Einwilligung des Verlags.
Das gilt insbesondere auch für Vervielfältigungen, Übersetzungen und Mikroverfilmungen.
Hinweis zu § 52 a UrhG: Weder das Werk noch seine Teile dürfen ohne eine solche Einwilligung eingescannt und in ein Netzwerk eingestellt werden. Dies gilt auch für Intranets von Schulen und sonstigen Bildungseinrichtungen.

Redaktion: Caroline Meidenbauer
Layout und Satz: PER Medien+Marketing GmbH, Braunschweig
Illustrationen: Bettina Kumpe, Braunschweig
Umschlag: tiff.any GmbH, Berlin
Druck und Bindung: creo Druck & Medienservice, Bamberg

www.ccbuchner.de

ISBN 978-3-661-**39001**-7

Prologo

Ciao,

ihr wollt Italienisch lernen? Super! Da seid ihr hier genau richtig. Ich bin Max, und Italienisch sprechen war vor einem Jahr auch für mich nur ein Traum. Und jetzt bin ich dabei, für meinen Austausch zu packen! Neun Monate Rom, Wahnsinn!

Ihr seid dabei und werdet miterleben, was mir und meiner italienischen Austauschfamilie alles passiert! Und wer weiß, vielleicht ist ein solcher Austausch nächstes Jahr auch etwas für euch?

Bis dahin könnt ihr genug Italienisch, um euch gut verständigen zu können. Ganz sicher! Mit Hilfe der anderen Sprachen, die ihr schon kennt, ist Italienisch gar nicht so schwer zu lernen. Viel Vokabular kann man über Englisch, Französisch oder Latein herleiten und auch die Präpositionen, die im Italienischen ziemlich wichtig sind, kennt ihr vielleicht schon aus dem Englischen oder Französischen. Zum Glück gibt es keine Kasusendungen wie in Latein!
Die Wortstellung im Satz ist auch kein Problem, ähnlich wie im Englischen: gewöhnlich Subjekt – Verb – Objekt.

Scambio bietet euch viele Hilfen an. Es ist jedoch wichtig, zu wissen, wie ihr sie nutzen könnt, und so solltet ihr euch gleich mit dem Aufbau des Buches vertraut machen.

Das Schülerbuch enthält 6 Lektionen, die systematisch jeweils in einen A- und einen B-Teil eingeteilt sind und durch weitere Untergliederungen (A1, A2, … B1, B2, …) abgeschlossene Sinneinheiten ergeben. Auf das neue Thema jeder Lektion stimmt ein doppelseitiger *Ingresso* ein.
Passend zu jeder Lektion findet sich eine Lernstrategie (z. B. zum selbstständigen Erschließen von Wortschatz), und nach jeweils zwei Lektionen bietet euch eine komplexe Kompetenzaufgabe die Möglichkeit, eure neu erworbenen Kompetenzen selbstständig aktiv anzuwenden und diese zu vertiefen.

Die neuen Lernvokabeln zu jeder Lektion findet ihr im Vokabelteil, der neben Synonymen und Antonymen auch Verweise auf Parallelen in anderen Fremdsprachen wie Englisch, Französisch und Latein enthält, die euch das Lernen erleichtern sollen.
Unbekannte Vokabeln, die nicht zum Lernwortschatz gehören und nur zum Verständnis dienen, werden auf der betreffenden Seite als Fußnote angegeben.

Prologo

Die folgenden Symbole werden euch in den einzelnen Lektionen begegnen:

Kompetenzen

 Leseverstehen

 Schriftliche Produktion

 Mündliche Produktion

 Mediation (= Sprachmittlung, Übertragung eines Textes ohne Übersetzung)

 Sprachreflexion, Bewusstmachung der neuen Grammatik

 2 Hörverstehen (Verweis auf CD mit Track-Nr.)

Übungsformen

 Partnerarbeit

 Gruppenarbeit

Verweise

 1.4 Grammatisches Beiheft (mit Angabe des Paragrafen)

 E3 Arbeitsheft (mit Angabe der passenden Übung[en])

+ p. 130 Binnendifferenzierung (Verweis auf Aufgabe mit mehr Angaben im Anhang)

 Fakultative Zusatzaufgaben

Und jetzt geht's los! Ihr alle kennt bestimmt schon ein paar Wörter auf Italienisch! Die richtige Aussprache ist schnell gelernt. Dabei helfen euch meine Gastfamilie und meine neuen Freunde in Rom.

Viel Spaß und viel Erfolg beim Lernen wünscht euch

Euer Max

Inhaltsverzeichnis

	Kommunikative Ziele	Sprachliche Mittel	Seite
Prologo			3
Ingresso — Ciao ragazzi!			8
	korrekte Aussprache	Ausspracheregeln	
Lezione 1 — A Roma!			10
Ingresso			
A In treno			12
A1 L'avventura comincia!	Personen begrüßen sich und andere vorstellen	Alphabet **A1** *essere, chiamarsi, avere* **A1**	12
A2 L'avventura continua!	erste Auskünfte über sich geben und über andere erfragen Komplimente machen	Grundzahlen (1–20) **A2** Substantiv und Adjektiv (auf -a, -o; auf -e) **A2** Subjektpronomina **A2**	13
A3 Arrivo a Milano		Verben auf *-are* **A3**	18
B Max e la famiglia Schiatti			22
B1 Benvenuto a Roma!	erste Aussagen über Familie und eigenes Befinden treffen zustimmen und ablehnen	Verneinung (I) **B1** Höflichkeitsform **B1** Fragesätze **B1** *stare* **B1**	22
B2 Andiamo a casa		bestimmter Artikel **B2**	26
Lezione 2 — A casa e in giro			28
Ingresso			
A A casa di Giuliano			30
A1 Finalmente a casa!	über das eigene Zuhause, die Familie, Essen und Trinken sprechen	*esserci, ecco* **A1** Genitiv **A1** Possessivbegleiter **A1**	30
A2 Il soggiorno con la tavola apparecchiata	Besitzer benennen Vorlieben ausdrücken	unbestimmter Artikel **A2**	33
A3 Buon appetito!		*piacere, bere* **A3**	34
B In giro con Giuliano			40
B1 Giuliano ed i suoi amici	Pläne für die Freizeit machen persönliche Kontakte knüpfen sich verabreden	*andare, fare, dare, sapere* **B1** Fragewörter **B1**	40
B2 Che cosa facciamo adesso?			44
Competenze 1 Presentarsi ad una famiglia italiana ospite in un video messaggio			46

cinque 5

Inhaltsverzeichnis

	Kommunikative Ziele	Sprachliche Mittel	Seite
Lezione 3 A scuola!			48
Ingresso			
A Andiamo a scuola!			50
A1 Per strada	öffentliche Verkehrsmittel nutzen	Verben auf *-ere* **A1**	50
A2 La colazione insieme	eine Bestellung vornehmen	Verben auf *-ire* **A2**	52
	Personen beschreiben	Substantiv und Adjektiv im Plural **A2**	
A3 Il programma di oggi		*dire* **A3**	55
B Tutti in classe!			58
B1 La 1ªC	über Schulalltag sprechen		58
B2 La lezione comincia	am Klassenzimmergespräch teilnehmen	*volere, potere, dovere* als Modalverben **B2**	59
		potere/sapere **B2**	
		Wortstellung im Satz **B2**	
		Nominativ, Dativ, Akkusativ **B2**	
Lezione 4 In giro per Roma			66
Ingresso			
A Scoprire Roma			68
A1 Giuliano e Max in giro per Roma	Informationen über eine Stadt erfassen und mitteilen	Grundzahlen ab 20 **A1**	68
		Jahreszahlen **A1**	
A2 In giro per Roma – incontro con le ragazze!		Präpositionen mit bestimmten Artikeln **A2**	72
B Testaccio … un labirinto!			76
B1 Fare la spesa a Testaccio	Wegbeschreibungen folgen und diese versprachlichen	Imperativ (I) *(tu, voi)* **B1/B2**	76
	Ratschläge und Befehle erteilen	Ortsangaben mit und ohne Präpositionen **B1**	
	Ausflugs- und Reisepläne machen	Konjunktionen (I) **B1**	
B2 Tanti negozi e tante strade		Ordnungszahlen **B2**	78
		venire **B2**	
Competenze 2 Progettare una gita di classe			84
Lezione 5 La vita non è solo scuola			86
Ingresso			
A È ora di muoversi!			88
A1 Mente sana in corpo sano	Datum und Uhrzeit angeben	Uhrzeit und Datum **A1**	88
	über den Tagesablauf sprechen	reflexive Verben **A1**	
	Absprachen zu gemeinsamen	*uscire, riuscire* **A1**	
A2 Giuliano prende la parola	Aktivitäten treffen	Monate und Jahreszahlen **A2**	91

6 *sei*

	Kommunikative Ziele	Sprachliche Mittel	Seite
B Attività … serali			96
B1 Tra una lezione e l'altra …	Erlebnisse ausdrücken	*passato prossimo* **B1**	96
B2 Al cinema "Maestoso"	die eigene Meinung vertreten Kritik anbringen		98

Lezione 6   Ma che bella vita! — 102

	Kommunikative Ziele	Sprachliche Mittel	Seite
Ingresso			
A Sempre il solito problema			104
A1 Non ho niente da mettermi!!!	Kleidung beschreiben ein Kaufgespräch führen	Farbadjektive **A1** absoluter Superlativ **A1**	104
A2 Shopping mania …		mehrteilige Verneinung **A2** betontes Personalpronomen als indirektes Objekt **A2**	106
B È ora di salutarsi …			112
B1 Ciao Max!	ein Fest planen Vorschläge machen	unbetontes Personalpronomen als direktes Objekt **B1**	112
B2 Fabrizio e sua madre vanno a fare la spesa	Aufgaben verteilen Lebensmittel einkaufen	Mengenangaben **B2** Teilungsartikel **B2**	114

Competenze 3 — 119
Raccontare un evento personale accaduto in passato (per esempio: lo scorso fine settimana)

Extra   Buon Natale e felice anno nuovo! — 120

Pagine facoltative — 124

1. Comunicare senza parole: i gesti	Wichtige Gesten verstehen und gebrauchen	124
2. Chi è chi in famiglia?	Familienmitglieder benennen	125
3. Siamo tutti uguali? Ma no!	Mitschüler so genau wie möglich beschreiben	126
4. Un proverbio tira l'altro	Rom in der Idiomatik	127
5. L'Italia in numeri	Zahlen und Mengenverhältnisse ausdrücken	128
6. Al maaaaaaare …	Mit Hilfe einer *canzone* über Ferien am Strand sprechen	129

Esercizi differenziati — 130

Strategie — 138

1. Hörverstehen	138
2. Vokabeln lernen	139
3. Vernetztes Lernen mit *Mind-maps*	141
4. Unbekanntes Vokabular erschließen und verstehen	143
5. Mündliche Kompetenz	145
6. Arbeit mit dem zweisprachigen Wörterbuch	147

Vocabolario — 150

Alphabetisches Vokabelverzeichnis — 186

sette

Ingresso

Ciao ragazzi!

Das sind Fotos, die mir Giuliano geschickt hat. Er wohnt mit seiner Familie in Rom und hat mich eingeladen. Für ein ganzes Jahr! Bald geht's los!

Das ist Giuliano Schiatti. Er wohnt in der Via Amerigo Vespucci.

Via Amerigo Vespucci, Testaccio

Ingresso

Stadio Olimpico di Roma! Giulianos Lieblingsplatz! Ich fahre eher auf Basketball ab und das italienische Essen: Pizza funghi, tagliatelle, spaghetti bolognese, gnocchi …

Was ist dein Lieblingsessen?

E1–E3

Welche italienischen Speisen und Getränke kennst du noch? Schreibe sie auf: Findest du mit ihrer Hilfe die Regeln zur italienischen Aussprache heraus?
Wie wird „g" ausgesprochen vor „e" oder „i"? Wie vor „l"? Wie vor „n"? Wie wird das „c" ausgesprochen vor „e" oder „i"? Wie vor „a", „o", „u", oder Konsonant?
Und welche Silbe wird betont?
Wenn du eine Regel gefunden hast, dann kontrolliere sie mit Hilfe der Grammatik! G 1.2, 1.3

Italienische Musik ist auch cool. Ich höre jetzt erstmal mein Lieblingslied, **Il mondo insieme a te** von *Max Pezzali*. Wenn du willst, kannst du ja mitsingen? Es fängt so an:

Forse non sarei
come sono adesso
forse non avrei
questa forza addosso
forse non saprei
neanche fare un passo
forse crollerei
scivolando in basso

invece tu sei qui
e mi hai dato tutto questo
e invece tu sei qui
mi hai rimesso al proprio posto
i più piccoli
pezzi della mia esistenza
componendoli
dando loro una coerenza …

E4, E5

nove 9

1 A Roma!

numero

numero

Ingresso 1

numero ▪

numero ▪

2 E 1 Max va a Roma. Max fährt nach Rom.

A Ascolta e rispondi. Höre zu und antworte.

1. Metti in ordine le immagini secondo l'ordine della storia. Bringe die Bilder in die richtige Reihenfolge gemäß der Geschichte.

2. Come si chiamano i ragazzi che incontra Max? Wie heißen die Jugendlichen, die Max trifft?

B Ascolta una seconda volta e rispondi. Höre ein zweites Mal zu und antworte.

1. Quale commento va con quale immagine? Welcher Kommentar passt zu welchem Bild?
numero ▪ "Ciao, permesso? Scusa!"
numero ▪ "Mi chiamo Max. E voi, come vi chiamate?"
numero ▪ "Questo? Si chiama Bonzo." (der schwarze Hund, der weiße Vivi)
numero ▪ "Siamo di Venezia."

2. Di quali città parlano? Von welchen Städten sprechen sie? Colonia, Venezia, Chiasso

3. Trova le città di cui parlano sulla pianta: quali di queste città non sono in Italia? Finde die Städte, von denen sie sprechen, auf der Karte: Welche dieser Städte sind nicht in Italien?

! Am Ende dieser Lektion kannst du dich anderen vorstellen und erste Informationen austauschen.

1A A Roma!

A In treno

A1 L'avventura comincia!

Sandro: Ciao, permesso? Scusa!
Max: Aspetta, ti aiuto.
Sandro: Grazie mille. Sei tedesco, vero? Come ti chiami?
Max: Io? Sì, sono tedesco. Mi chiamo Max. E voi, come vi chiamate?
5 Sandro: Ci chiamiamo Sandro e Simona.
Simona: E questi sono Yorkshire! Si chiamano Bonzo e Fifi. Questo è Bonzo e questa è Fifi.
Max: Scusa, come si chiama il cane nero? È veramente carino!
Simona: Questo? Si chiama Bonzo.
10 Sandro: Parli bene italiano. Di dove sei?
Max: Grazie per il complimento. Sono di Colonia. E voi, di dove siete?
Simona: Che bella Colonia! Siamo di Venezia.
Sandro: Solo tu sei di Venezia, io sono …
Simona: … di Chiasso. Certo, tesoro.

• Colonia: *Köln*

E1 Tutto chiaro, Max? Alles klar, Max?

1. Che cosa dicono? Trova la fine giusta. Was sagen sie? Finde das richtige Ende.

Aspetta,	e questa è Fifi.	Sei tedesco,	italiano.	vero?
Ci chiamiamo	Questo è Bonzo	Sandro e Simona.	Grazie per
È veramente	il complimento.	Parli bene	ti aiuto.	carino!

2. Trova i complimenti nel testo. Finde die Komplimente im Text.

E2 I verbi *chiamarsi* e *essere*   Die Verben *chiamarsi* und *essere*

Raccogli le forme di **chiamarsi** e di **essere** e mettile nell'ordine giusto. Sammle die Verbformen von **chiamarsi** und **essere** und bringe sie in die richtige Reihenfolge.   G 1.4

E3 Tutti si presentano. Alle stellen sich vor.

Max si addormenta e comincia a sognare. Ma che caos! Riordina le frasi e poi scrivi una frase in cui ti presenti tu. Max schläft ein und beginnt zu träumen. Aber welch ein Durcheinander! Bringe die Sätze in Ordnung und schreibe dann einen Satz, in dem du dich vorstellst.

- e Simona sono Venezia di chiamo Mi
- Max Mi e chiamo di Colonia sono
- siamo Simona Sandro e chiamiamo di Ci e Venezia
- si nero chiama Il cane Bonzo
- Simona e di il è cane Fifi Sandro
- (E tu?)

In treno 1A

E4 Incontri in treno Begegnungen im Zug

E3 A Max piace parlare con la gente, soprattutto con le ragazze. Inventa i minidialoghi e non dimenticare i complimenti! Max spricht gerne mit den Leuten, vor allem mit Mädchen. Schreibe die Minidialoge und vergiss dabei die Komplimente nicht!

Dialogo 1: Max + Lioba (italiana/di Roma) + Laura (di Roma)
    Lioba: Ciao, sei …, vero?
    Max: …
Dialogo 2: Max + Matteo (italiano/di Bologna)
    Max: Aspetta, ti … .
    Matteo: … mille. Sei …?
    Max: …

A2 L'avventura continua!

3–4

Max: Sei di Chiasso? Allora, siete italiani o siete svizzeri?
Sandro: Lei è italiana, io sono svizzero. Ma adesso abito in Italia, a Venezia.
Max: Sei svizzero? Allora parli anche tedesco.
Sandro: Sì, certo.
5 Simona: Anche perché la mamma e la nonna di Sandro sono austriache.
Sandro: Siamo una famiglia svizzero-austriaca.
Max: Due madrelingue! Che bravo! Complimenti!
Simona: Ecco, vuoi vedere le foto?

• due: *zwei*

Simona: Ah, Luciano. Dov'è la coca? Ah, grazie. Che fratello carino!
10 Luciano: Ecco, la coca anche per Sandro e tre euro e venti di resto.
Sandro: Grazie. Luciano, questo è Max.

• tre: *drei*
• venti: *zwanzig*

Luciano: Ciao, Max. Come stai?
Max: Bene, grazie. E tu?
15 Luciano: Anch'io sto bene. Grazie.
Max: Scusa, come ti chiami?
Luciano: Luciano. L-U-C-I-A-N-O. Come Pavarotti il cantante.

tredici 13

1A A Roma!

 3–4 **E5** **Chi è di Venezia?** Wer stammt aus Venedig?

 E4 Metti in ordine cronologico le seguenti affermazioni e decidi se sono vere o false. Correggi se necessario. Bringe die folgenden Aussagen in die richtige Reihenfolge und entscheide, ob sie richtig oder falsch sind. Korrigiere, falls nötig.

Simona: (N° **4**) "La famiglia di Sandro abita in Svizzera e parla due lingue."
             (N° **6**) "Che papà carino!" _fratello_
Sandro: (N° **2**) "Ma adesso abito <u>a Chiasso</u>." _in Italia, a Venezia._
             (N° **5**) "Siamo una famiglia <u>svizzera</u>." _svizzero – austriaca_
Max: (N° **3**) "Allora parli anche <u>italiano</u>." _tedesco_
             (N° **1**) "Allora siete italiani, tedeschi o <u>austriaci</u>?" _svizzeri_
Luciano: (N° **7**) "Ecco, la coca <u>solo</u> per Sandro." _anche_
             (N° **9**) "Come Pavarotti il cantante."
             (N° **8**) "E <u>tre euro</u> di resto." _tre euro e venti_

 E6 **I numeri da 1 a 20** Die Zahlen von 1 bis 20

1. Tre euro di resto? Ma quanto costa …? Abbina le cifre dei prezzi con le parole. Drei Euro zurück? Aber wie viel kostet …? Verbinde die Preise in Ziffern mit den in Worten ausgeschriebenen Zahlen.

G 1.5

acqua	€ 2,10
coca / fanta (piccola)	€ 3,19
coca / fanta (grande)	€ 4,17
coca / fanta e toast	€ 8,15
pizza Margherita	€ 9,06
coca /fanta (piccola) e pizza Margherita	€ 11,20
coca / fanta (grande) e pizza Margherita	€ 12,14
coca / fanta (grande) e pizza Hawaii	€ 13,07
coca / fanta e due pizze Margherite	€ 16,00
coca / fanta e due pizze Hawaii	€ 18,05

Tredici euro e sette centesimi.
Sedici euro, grazie.
Dodici euro e quattordici centesimi.
Costa due euro e dieci centesimi.
Nove euro e sei centesimi.
Ecco, otto euro e quindici centesimi.
Costa tre euro e diciannove centesimi.
Ecco, diciotto euro e cinque centesimi.
Undici euro e venti centesimi, grazie.
Costa quattro euro e diciassette centesimi.

2. Fai un elenco dei numeri e sottolinea i numeri "difficili". Paragona il risultato con un compagno in classe. Erstelle eine Liste der Zahlen und unterstreiche die „schwierigen" Zahlen. Vergleiche das Ergebnis mit einem Mitschüler.

1 uno (un euro)	11 undici
2 due (due euro)	12 dodici
3 tre …	13 …

 E7 **Ecco gli aggettivi e i sostantivi in -a e -o**
Adjektive und Substantive auf *-a* und *-o*

G 1.6.1

 E5 Copia la tabella nel tuo quaderno. Poi fai una lista di tutti i sostantivi e gli aggettivi e mettili al posto giusto nella tabella. Che cosa noti? Übertrage die Tabelle in dein Heft. Erstelle dann eine Liste mit allen Substantiven und Adjektiven und trage sie an der richtigen Stelle der Tabelle ein. Was fällt dir auf?

	maschile/ männlich	femminile/ weiblich
singolare/ Singular	■	■
plurale/ Plural	■	■

14 *quattordici*

In treno 1A

E8 **Ecco le foto di Sandro.** Hier sind Sandros Fotos.

E6   1. Completa le parole con le desinenze giuste. Poi fai un complimento e formula una domanda. Infine abbina la frase con la foto giusta.
Vervollständige die Wörter mit den richtigen Endungen. Sprich dann ein Kompliment aus und stelle eine Frage. Ordne dem Satz schließlich das passende Foto zu.

Modello: Quest■ fotografi■ è la fotografi■ di San Marco. – Che ■! … ? (foto n° ■)
Questa fotografia è la fotografia di San Marco. – Che bello! Dov'è? (foto n° 3)

1. Quest■ ragazz■ sono Bruno e Urs. Sono amic■ di Sandro. – Che ■! … ? (foto n° ■)
2. Quest■ ragazz■ è anche svizzer■. Si chiama Luisa. – Che ■! … ? (foto n° ■)
3. Quest■ signor■ è la mamm■ di Sandro. – Che ■! … ? (foto n° ■)
4. Quest■ ragazz■ sono le ragazz■ di Bruno e Felice. – Che ■! … ? (foto n° ■)
5. Quest■ gondol■ sono ner■. – Che ■! … ? (foto n° ■)
6. Quest■ ragazz■ è un amic■ di Sandro con la su■ ragazz■.
   Si chiama Pirmin. – Che ■! … ? (foto n° ■)

2. Guarda le foto e inventa delle domande per i tuoi compagni di classe: chi sa rispondere alle domande? Sieh dir die Fotos an und erfinde Fragen für deine Klassenkameraden: Wer kann die Fragen beantworten?

E9 **I pronomi soggetto** Die Subjektpronomina

Raccogli i **pronomi soggetto** nei testi e negli esercizi precedenti e mettili nell'ordine giusto. Secondo te, quando (non) si usano? Sammle die Subjektpronomina in den bisherigen Texten und Übungen und bringe sie in die richtige Reihenfolge. Was meinst du: Wann werden sie (nicht) verwendet?

G 1.7

quindici 15

1A A Roma!

E 10 Max in internet Max im Internet

Max entra nel forum "Avventura all'estero" dove si è iscritto prima di partire.
Max loggt sich im Forum „Abenteuer im Ausland" ein, wo er sich vor der Abfahrt eingeschrieben hat.

1. Di dove sono i membri del forum? Woher stammen die Forumsmitglieder?
   Modello: Greta è di Basilea. È svizzera.

2. Abbina le foto (A – E) alle città (1. – 5.). Dove abitano i membri del forum in Italia?
   Ordne die Bilder (A – E) den Städten (1. – 5.) zu. Wo wohnen die Forumsmitglieder in Italien?

   1. Napoli   2. Firenze   3. Palermo   4. Pisa   5. Torino

Pisa

Torino
mole antonelliana

Greta: Basilea

Beat: Zurigo/Svizzera

Constanze: Salisburgo/Austria

Napoli? Vesuvio

Firenze
Davidskopie auf der Piazza della Signoria

Robert: Vienna/Austria

Lisa: Amburgo/Germania

Palermo

Cattedrale di Palermo

3. Lavorate in due: siete le persone del forum e vi incontrate. Usate tutte le domande che avete imparato per fare conoscenza. Inscenate il dialogo e non dimenticate di fare complimenti! Arbeitet zu zweit: Ihr seid die Leute im Forum und trefft euch. Verwendet alle Fragen, die ihr schon gelernt habt, um andere kennen zu lernen. Spielt den Dialog und vergesst nicht, Komplimente zu machen.

Modello:
Di dove …?
Sono di … E tu, di dove sei?

Che …! Parli …?
Come …?

☺ "sto bene"
😐 "sto così così"
☹ "sto male"

4. Come si chiamano queste attrazioni? Trova i nomi italiani in Internet e presentali usando **ecco** e indicando l'immagine giusta. Wie heißen die abgebildeten Sehenswürdigkeiten? Finde die italienischen Namen im Internet, präsentiere sie der Klasse mit **ecco** und zeige dabei auf das richtige Bild.
   Modello: Ecco la torre pendente di Pisa.

• la torre pendente: *der Schiefe Turm*

G 2.2.1

In treno 1A

5. Quale attrazione in Italia ti interessa di più? Crea un poster e presenta questa attrazione alla classe. Poi spiega che cos'è (in tedesco). Welche Sehenswürdigkeit in Italien interessiert dich am meisten? Gestalte ein Poster und präsentiere diese Sehenswürdigkeit deinen Klassenkameraden. Erkläre dann (auf Deutsch), worum es sich dabei handelt.

E 11 Quiz sui VIP internazionali Quiz zu internationalen VIPs

Max trova una rivista di Trenitalia nello scompartimento. Max findet eine Zeitschrift der italienischen Eisenbahngesellschaft im Abteil.

1. C'è un quiz! Sai aiutare Max? Abbina i personaggi con le presentazioni giuste e leggi le lettere sottolineate. Chi trova la soluzione? Da ist ein Quiz! Kannst du Max helfen? Kombiniere die Persönlichkeiten mit den richtigen Vorstellungen und lies die unterstrichenen Buchstaben. Wer findet die Lösung?

Grande quiz sui VIP internazionali. Chi presenta chi?

Leonardo da Vinci

Sebastian Vettel

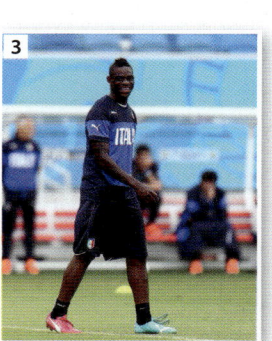

Mario Balotelli

Arisa

Linkin Park

È un calciatore italiano bravissimo. I suoi capelli sono stravaganti.

È un pittore, ingegnere e scienziato italiano del Rinascimento.

È un pilota di Formula Uno. È tedesco.

È un gruppo musicale alternativo, formato a Los Angeles.

È una brava cantante. Canta in italiano. È molto carina.

- i suoi capelli: *seine Haare*
- stravagante: *extravagant*
- musicale: *musikalisch, Musik-*
- la Formula Uno: *Formel Eins*

2. Chi sono queste persone? Scegli due di questi VIP, informati in internet e presenta la biografia alla classe. Wer sind diese Personen? Wähle zwei der VIPs aus, informiere dich im Internet und präsentiere der Klasse ihre Biografien.

 E7

3. Leonardo incontra Arisa, Sebastian Vettel parla con Mario Balotelli …? Scegli un'identità e fa la presentazione con un compagno di classe Leonardo trifft Arisa, Sebastian Vettel spricht mit Mario Balotelli …? Wähle eine Identität und spiele den Begrüßungsdialog mit einem Klassenkameraden.

diciassette 17

1A A Roma!

E 12 Come, scusa? Wie bitte?

1. Ascolta la registrazione e scrivi le lettere dell'alfabeto italiano. Quali lettere trovi solo nelle parole straniere? Höre die Aufnahme an und schreibe das italienische Alphabet. Welche Buchstaben kommen nur in Fremdwörtern vor? G 1.1

2. Ascolta e decidi: di quali parole fa lo spelling? Di quali no?
   Höre zu und entscheide: Welche Wörter werden buchstabiert? Welche nicht?

   borse   schizzo   mandolino   xilofono   materiale
   tasca   caos   www.abbruzzo.com   scoglio   Tokyo   hotel
   Giamaica   valore   pietra   spiaggia   yacht

   • Giamaica: *Jamaika*

3. Chi manca ancora? Wer fehlt noch?
   In aeroporto mancano delle persone all'imbarco. Come si chiamano queste persone? Am Flughafen fehlen noch Passagiere beim Einchecken. Wie heißen die Passagiere?

A3 Arrivo a Milano

Luciano: Conosci Pavarotti?
Max: Certo! Conosco i cantanti famosi!
Luciano: Molti ragazzi hanno questo nome. Sei uno studente, vero?
Max: Chi, io? Sì, frequento il liceo.
5 Luciano: Anch'io.

Luciano: Oh, scusa. … Sì, mamma? Certo, stiamo bene, sì, sì. Parliamo dopo? Così paghiamo troppo. Ok, ciao! Ciao! Scusa, Max.
Max: Quanti anni hai, Luciano?
Luciano: Quindici. E tu, quanti anni hai?
10 Max: Ho quattordici anni.

18 *diciotto*

In treno 1A

Max:	E voi, quanti anni avete?
Simona:	Sandro ed io abbiamo diciannove anni. Anch'io sono una studentessa, sì, ma Sandro ed io frequentiamo già l'università. Io studio inglese e francese e lui studia matematica.
15 Max:	Che interessante! Hai due madrelingue e studi matematica? Allora sei molto intelligente!
Sandro:	Ma no, è normale. In Svizzera molti parlano due o tre lingue.
Max:	E dove studiate?
Simona:	A Venezia.
20 Luciano:	Ecco, la stazione di Milano.
Simona:	Dov'è la mia borsa? Chi ha la mia borsa?
Sandro:	Che cosa cerchi? La borsa? Beh, io non ce l'ho.
25 Simona:	Ah, ecco. Oddio, cerco sempre qualcosa! Ciao Max!
Luciano:	Ciao, Max. Ti trovo su facebook?
Max:	Certo. Io sono Max Coolonia.
30 Luciano:	Come?!
Max:	M-a-x-C-o-o-l-o-n-i-a
Luciano:	Va bene. A presto!

- mio, mia: *mein, meine*
- beh: *nun ja, nun also*

 8–10 **E 13** **Quante informazioni!** So viele Informationen!

Adesso completiamo gli identikit di Max, Sandro, Simona e Luciano.
Jetzt vervollständigen wir die Steckbriefe von Max, Sandro, Simona und Luciano.

1. Prima dell'ascolto inserisci le informazioni che conosci già. Poi ascolta il testo due volte e completa l'identikit. Vor dem Hören trägst du schon bekannte Informationen ein. Dann hörst du den Text zwei Mal und vervollständigst die Steckbriefe.

> **Identikit**
> Mi ■
> Ho ■ anni.
> ■ di ■.
> Parlo ■ lingue: ■.
> Sono ■.

2. Guarda la pianta dell'Italia e trova la risposta: perché Simona, Sandro e Luciano scendono a Milano? Schau dir die Italienkarte an und finde die Antwort: Warum steigen Simona, Sandro und Luciano in Mailand aus?

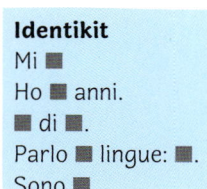 **E 14** **Il verbo *avere*** Das Verb *avere*

Raccogli le forme di **avere** e mettile nell'ordine giusto. Sammle die Verbformen von **avere** und bringe sie in die richtige Reihenfolge.

 G 1.8

1A A Roma!

E 15 Abbiamo tutto? Haben wir alles?

Prima di scendere i ragazzi controllano se hanno tutto. Completa le frasi con la forma giusta di **avere**. Bevor die Jugendlichen aussteigen, kontrollieren sie, ob sie alles haben. Vervollständige die Sätze mit der richtigen Form von **avere**.

- Oddio, la stazione! Luciano, ■ la coca?
- Sì, ■ la coca, tutto ok.
- Ma che ■ questi cani?
- E i cani? Max e Sandro, ■ i cani?
- Sì, Luciano ■ la borsa. Luciano ed io ■ la tua borsa.
- Luciano, ■ la tua borsa?
- Luciano, Sandro, ■ la mia borsa?
- Luciano ed io ■ anche i cani!
- Cerchi sempre la tua borsa! Ma quanti anni ■?!

• tua: *deine*

E 16 I verbi in -are Die Verben auf *-are*

Usa la tua logica e completa la tabella con le forme verbali che mancano. Attenzione a **pagare** e **cercare**! Benutze deine Logik und vervollständige die Tabelle mit den fehlenden Verbformen. Vorsicht mit **pagare** und **cercare**.

G 1.9

infinito/Infinitiv	■	■	■	■	■	■	cercare
io	abito	■	■	studio	■	■	■
tu	■	parli	■	■	■	■	cerchi
lui/lei/Lei	■	■	■	■	■	paga	■
noi	■	■	■	■	■	paghiamo	■
voi	■	■	frequentate	■	■	■	■
loro	■	■	■	■	trovano	■	■

E 17 Al bar della stazione Im Bahnhofscafé

1. Prima di tornare a casa Sandro, Simona e Luciano vanno al bar della stazione. Luciano vede due ragazze carine. Completa il dialogo. Bevor sie heimfahren, gehen Sandro, Simona und Luciano ins Bahnhofscafé. Luciano sieht zwei hübsche Mädchen. Vervollständige den Dialog.

   Simona: Luciano, che cosa ■ (cercare?)
   Luciano: No, io ■ (trovare)! Che belle ragazze!
   Simona: Oh, Luciano …!
   Luciano: Ciao ragazze! Anche voi ■ (frequentare) questo bar? Come ■ (chiamarsi)?

Clara: Ciao. ■ (chiamarsi) Clara e lei ■ (chiamarsi) Giulia. ■ (aspettare) due amici.
Luciano: Interessante! E dove ■ (abitare)?
Clara: Io ■ (abitare) a Berna e Giulia ■ (abitare) a Monaco.
Luciano: Clara! Un nome molto bello! ■ (parlare) bene italiano ma non sei italiana, no?
Clara: Grazie! ■ (studiare) l'italiano a casa in Svizzera.
Luciano: E Giulia? ■ (parlare) italiano anche lei?
Clara: No.
Luciano: Peccato!

• Peccato!
  Schade!

2. Al bar c'è un poster pubblicitario di Milano. Che cosa metteresti tu sul poster? Informati in internet e poi crea un poster pubblicitario su Milano o su Venezia.
In der Bar hängt ein Werbeplakat für Mailand. Was würdest du auf dem Poster abbilden? Informiere dich im Internet und fertige dann ein Werbeposter entweder für Mailand oder für Venedig an.

E 18 Gli aggettivi e sostantivi in -e Die Adjektive und Substantive auf -e

Copia la tabella nel tuo quaderno. Poi fai una lista di tutti i **sostantivi e aggettivi in -e o le loro forme al plurale in -i** e mettili al posto giusto nella tabella. Cosa noti? Übertrage die Tabelle in dein Heft. Erstelle dann eine Liste mit allen **Substantiven** und **Adjektiven** auf **-e** oder deren Pluralform auf **-i** und trage sie an der richtigen Stelle der Tabelle ein. Was fällt dir auf?

	maschile/ männlich	**femminile/** weiblich
singolare/ Singular	■	■
plurale/ Plural	■	■

 G 1.6.2

+ p. 131 **E 19 Presentiamo …** Wir stellen vor …

 E9

1. Presentiamo i ragazzi del treno. Metti i seguenti aggettivi o sostantivi al posto giusto e nella forma giusta. Wir stellen die Jugendlichen aus dem Zug vor. Füge die folgenden Adjektive oder Substantive an der richtigen Stelle in der richtigen Form ein.

studente   tedesco (2 x)   interessante   cantante   nome
intelligente   italiano

Sandro, Max e Simona sono tre ■. Sandro parla ■ e ■. Sandro: "La matematica è ■!" Luciano si chiama come un ■ famoso. Max è un nome ■. Sandro e Simona sono ■ italiani. Max: "Simona e Sandro sono ■".

2. Presenta ancora una volta Leonardo da Vinci, Mario Balotelli, Arisa, Linkin Park e Sebastian Vettel. Puoi dare informazioni in più adesso?
Stelle noch einmal Leonardo da Vinci, Mario Balotelli, Arisa, Linkin Park und Sebastian Vettel vor. Kannst du jetzt noch mehr Informationen geben?

1B A Roma!

B Max e la famiglia Schiatti

🔘 11–12   **B1** Benvenuto a Roma!

Signore:	Max? Aspetta! Ti aiuto.
Max:	Grazie mille.
Signore:	Dov'è la valigia?
Max:	La valigia? Non ce l'ho. Ecco, la borsa …
5 Signore:	… e lo zaino?
Max:	Sì, grazie!
Signore:	Stai bene, Max?
Max:	Sì, che viaggio lungo. Lei è il signor Schiatti, vero? Buongiorno! Come sta?
10 Paolo:	Bene, grazie. Noi Schiatti stiamo sempre bene. Benvenuto a Roma, Max!
Max:	Grazie. Buongiorno, Lei è la signora Schiatti?
Carlotta:	Non si chiama Schiatti. Si chiama Bianchi.
Max:	Oh, scusi!
Signora:	Mi chiamo Anna Maria, e lui è Paolo.
15 Max:	Piacere.
Anna Maria:	Siamo i genitori di Giuliano e Carlotta, la sorella gemella di Giuliano.
Giuliano:	La cara sorella minore.
Anna Maria:	Basta. Giuliano, è sempre la solita storia. Sì, sei tre minuti più grande di Carlotta, ma siete sempre gemelli o no? E adesso andiamo!
20	Hai fame e sete Max, vero?
Max:	No, grazie.
Giuliano:	Anche la tua famiglia è così?
Max:	No, non siamo così perché noi siamo solo in tre: mamma, papà ed io.
Giuliano:	Allora non hai fratelli maggiori o sorelle minori? Sei figlio unico?
25	Beato te!

• tuo, tua: *dein, deine*

Max e la famiglia Schiatti 1B

 11–12 **E1** **Max incontra la famiglia Schiatti.** Max trifft die Familie Schiatti.

Correggi le vignette secondo il dialogo. Korrigiere die Zeichnungen gemäß dem Dialogtext.

 E2 **La negazione** Die Verneinung

1. Trova nel testo la risposta o la domanda giusta alle seguenti domande o dichiarazioni. Finde im Text die richtige Frage oder Antwort zu folgenden Fragen oder Aussagen.

domanda	risposta
■	No, non sono la signora Schiatti.
La signora si chiama Schiatti?	■
■	Sì, siamo sempre gemelli!
Anche la tua famiglia è così?	■
■	Sì, è vero. Non ho fratelli maggiori o sorelle minori.

2. Formula una regola sulla negazione e poi controlla nella grammatica se è giusta. Formuliere eine Regel über die Verneinung und überprüfe sie mit Hilfe der Grammatik.   G 1.10

E3 **Tante domande già all'arrivo!** So viele Fragen schon bei der Ankunft!

E1 Max deve rispondere a tante domande. Che cosa dice? Max muss viele Fragen beantworten. Was sagt er?   G 1.11

Giuliano: Che viaggio lungo. Max, stai bene? – Max: Sì, ■.
Anna Maria: Max, hai sete? Hai fame? – Max: No, ■.
Carlotta: Max, mangi la pasta? Ami la pizza? – Max: Sì, ■.
Anna Maria: Ami parlare italiano? – Max: Sì, ■.
Giuliano: Conosci Roma? – Max: No, ■.
Carlotta: Hai un cane? – Max: No, ■.
Giuliano: Perché non domandi: Max, hai una ragazza?! – Max: No, ■.

ventitré 23

1B A Roma!

E4 Che stanchezza! So müde!

 E2 Dopo il lungo viaggio Max è stanco e si confonde. Correggi. Nach der langen Reise ist Max müde und bringt alles durcheinander. Verbessere.

Modello: – La mamma si chiama Schiatti, vero?
– No, non si chiama Schiatti, si chiama Bianchi.

1. La mamma si chiama Schiatti.
2. Anna Maria e Paolo sono gemelli.
3. Paolo si chiama Bianchi.
4. Lui è di Chiasso.
5. Chiasso è in Italia.
6. Giuliano è il fratello minore di Carlotta.
7. Carlotta è cinque minuti più grande di Giuliano.
8. Carlotta è di Milano e il Colosseo è a Milano, no?

 E5 La forma di cortesia Die Höflichkeitsform

1. La forma di cortesia si esprime con la terza persona singolare, ma non solo. Cerca nel testo le espressioni nella forma di cortesia che corrispondono alle seguenti espressioni se si dà del tu. Die Höflichkeitsform wird im Italienischen durch die dritte Person Singular ausgedrückt, aber nicht nur. Finde im Text die Entsprechungen in der Höflichkeitsform zu den folgenden Ausdrücken, die beim Duzen verwendet werden.

G 1.12

darsi del tu/ sich duzen	darsi del Lei/ sich siezen
Scusa!	Scusi
Ciao!	Boungiorno
Come stai?	Come sta?
Tu sei Paolo, vero? Sei Anna Maria, vero?	Lei è il signor Schiatti? Lei è la signora Bianci?
Benvenuto a Roma, Paolo! Benvenuta, Anna Maria!	Benvenuto a Roma, signor Schiatti Benvenuto a Roma, signora Bianci
Che bello vederti, Max!	Piacere.

• Che bello vederti!: *Wie schön, dich zu sehen!*

 2. Lavora con un partner. Uno è il ragazzo tedesco/la ragazza tedesca che arriva a Roma, l'altro è il nonno/la nonna del partner italiano. Inscenate la presentazione all'arrivo. Attenzione: il ragazzo/la ragazza dà del Lei al nonno/alla nonna e formula almeno cinque domande. Arbeite mit einem Partner. Einer ist der deutsche Junge/das deutsche Mädchen, der/das in Rom ankommt, der andere ist der Opa/die Oma des italienischen Partners. Spielt den Begrüßungsdialog bei der Ankunft. Achtung: Der Junge/Das Mädchen siezt den Opa/die Oma und stellt mindestens fünf Fragen.

Max e la famiglia Schiatti 1B

E6 Ancora domande! Noch mehr Fragen!

E3, E4 Ci sono tantissime persone alla stazione che vogliono vendere qualcosa a quelli che passano. Completa i minidialoghi. Viele Leute am Bahnhof wollen den Passanten etwas verkaufen. Vervollständige die Minidialoge.

- essere
- stare
- avere
- amare
- trovare
- pagare
- parlare
- aiutare

1. "Benvenuto a Roma, signore! ■ italiano? Di dov'■? Ah, ■ romano? Allora ecco, un CD con grandi cantanti romani!" – "Sì, parlo italiano e adesso basta!"
   parla / è, è, è

2. "Borse! Borse eleganti! Signora, come ■? ■ solo questa borsa nera? Ecco, una borsa rossa! Che cosa aspett■? È veramente carina!" – Anna Maria: "No, grazie. Sto bene e non ho solo questa borsa nera." *sta, paga, aspetta*
   "Signore, scus■, ■ due borse? Non ■ una valigia? Ecco, una valigia grande!" – Paolo: "Sì, porto due borse, ma ho una valigia grande a casa." *scusi, paga, ha*
   "Signorina, ■ le borse fantastiche? Ecco, questa borsa qui!" – Carlotta: "Sì, amo le borse fantastiche ma non questa." ~~ama~~ *ama*

3. "Buonasera, Signori! Signora, qui ■ il nuovo *Supercleaner*." – "No, grazie." "Signore, Lei ■ la moglie a casa? Ecco, il nuovo *Supercleaner*." – Paolo: "Sì, aiuto a casa ma questo *Supercleaner* ce l'ho già." *è, è, trova, aiuta*

4. "Mi chiamo Angelo, signore! Piacere! Signore, Lei ■ triste? Perché non ■? Ecco, una t-shirt con gli emoticons. Con questa t-shirt ■ subito bene!" – "No, non sono triste. Non parlo ma sto bene, grazie." – "In quanti siete? In quattro? Ecco, signore, ■ tre t-shirt e una t-shirt è gratis." – "No, grazie."
   è, aiuto, sta, paga / *parla*

- l'em**o**ticon *m*: Emoticon

E7 Il verbo *stare* Das Verb *stare*

Stiamo tutti bene? Combina. Geht es uns allen gut? Ordne zu.   *G 1.13*

| noi | lui/lei/Lei | io | loro | voi | tu | stanno | sto | sta | stiamo | state | stai |

E8 Quante voci! So viele Stimmen! *13–20*

Alla stazione Roma Termini Max sente un brusio di voci. Non capisce tutto, ma non fa niente. Ascolta i due brani e raccogli le informazioni importanti.
Am Bahnhof Roma Termini hört Max ein Stimmengewirr. Er versteht nicht alles, aber das macht nichts. Höre die zwei Auszüge an und sammle die wichtigen Informationen.

1. Che treno? Che binario? Welcher Zug? Welches Gleis?

Treno	Numero del treno/Zugnummer	Binario/Gleis
Intercity	20-11	7
Treno regionale	13-14	3
Eurocity	19-18	20
Intercity	15-17	17

2. Tu o Lei?
Decidi se le persone nei seguenti dialoghi si danno del tu o del Lei. Scrivi quali elementi del dialogo giustificano la tua decisione. Entscheide, ob die Personen in den folgenden Dialogen sich duzen oder siezen. Schreibe die Teile des Dialogs auf, die deine Entscheidung rechtfertigen.

venticinque 25

1B A Roma!

 21   **B2** **Andiamo a casa**

Anna Maria: Ecco, la macchina.
Max: Che bella macchina!
- il sed<u>i</u>le *m*:   Carlotta: È nuova e piace a tutta la famiglia. Vedi, i sedili sono perfettamente
  Autositz   puliti.
- il sistema di   5 Giuliano: E abbiamo tutti gli accessori: la musica, i DVD, il sistema di navigazione
  navigazione *m*:   … l'automobile perfetta! Piace anche a Laura.
  Navigations-   Max: Laura? Chi è?
  system   Giuliano: L'amica di Carlotta. Quasi quasi sono gemelle. Due amiche così!

Anna Maria: Giuliano, adesso basta! Gli amici sono gli amici. Su, avete tutte le
10   borse e gli zaini? Bene, allora andiamo a casa dove aspettano i nonni,
              i genitori di Paolo. Ti salutano anche zio Angelo e zia Margherita e
              le cugine Valeria e Sofia. Purtroppo non sono a Roma oggi perché
              lo zio lavora a Firenze.
Giuliano: Anche i genitori di Max lavorano spesso fuori Colonia, vero Max?
15 Max: Sì, sono architetti e così sono sempre in giro.

 21   **E9** **Tutto sbagliato!** Alles falsch!

Max è stanco e non ha capito bene. Correggi le informazioni sbagliate. Max ist müde und hat nicht alles verstanden. Korrigiere die falschen Informationen.

1. La macchina della famiglia Schiatti non è nuova.
2. A casa ci sono i nonni di Max.
3. Valeria e Sofia sono le zie di Giuliano.
4. I genitori di Max sono sempre a casa.
5. Lo zio di Carlotta lavora a Venezia.

Max e la famiglia Schiatti 1B

E 10 Gli articoli Die Artikel

E5–E9 Lavorate in due.

G 1.14

1. Copiate la tabella nel quaderno. Cercate i sostantivi con gli articoli nel testo e inseriteli nella tabella. Übertragt die Tabelle ins Heft, sucht alle Substantive mit Artikeln aus dem Text heraus und fügt sie in die Tabelle ein.

masc. sg	masc. pl.	fem. sg	fem. pl
■	■	■	■

2. Formulate una regola e controllatela con l'aiuto della grammatica. Formuliert eine Regel und überprüft sie mit Hilfe der Grammatik.

3. Mettete tutte le forme del singolare al plurale e tutte le forme del plurale al singolare. Setzt alle Singularformen in den Plural und alle Pluralformen in den Singular.

4. Tutto il viaggio con tutte le borse? Mettete la forma giusta di **tutto** davanti ai sostantivi con cui avete lavorato in 3. Die ganze Reise mit allen Taschen? Stellt die richtige Form von **tutto** vor die Substantive, mit denen ihr in 3. gearbeitet habt.

E 11 Tutto bene, mamma! Alles ok, Mama!

Max si ricorda che deve informare i genitori e scrive un messaggino su *Whats App* a sua madre. Giuliano vuole sapere se Max si trova bene e così Max riferisce a Giuliano il contenuto del messaggio. Scrivi il dialogo tra Max e Giuliano. Max erinnert sich, dass er sich bei seinen Eltern melden soll und schreibt eine Kurznachricht über *Whats App* an seine Mutter. Giuliano sorgt sich, ob Max sich wohl fühlt, und so erläutert ihm Max den Inhalt der Nachricht. Schreibe den Dialog zwischen Max und Giuliano.

Hallo Mama! 19:42

Na endlich! Alles klar bei dir? Wie war die Fahrt? 19:44

Ja, alles easy. Ging gut. 19:45

Ach, schön, da bin ja froh! Und die Familie? 19:45

Auch super. Total cool. Und bei dir? Ist Papa schon zu Hause? 19:46

Papa arbeitet noch in Dortmund und danach in Essen. 19:48

Wie immer 19:49

Leider. Aber Grüße von Papa auch an Giuliano. 19:49

Ok. Muss weiter. 19:51

Dicken Kuss, Großer. 19:52

Ja, tschüss Mama. 19:52

ventisette 27

2 A casa e in giro

L'appartamento della famiglia

la cucina

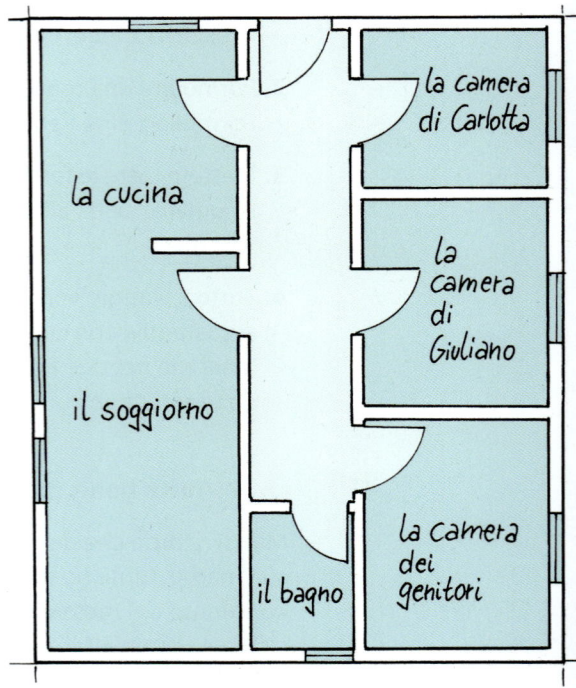

la camera di Giuliano

Ingresso 2

il soggiorno

la camera di Carlotta

il bagno

> **!** Am Ende dieser Lektion kannst du
> - über dein Zuhause und dein Zimmer sprechen.
> - sagen, wem etwas gehört.
> - über Essen und Trinken sprechen und sagen, was du (nicht) magst.
> - Vorschläge machen.
> - ein Eis bestellen.

2A A casa e in giro

A A casa di Giuliano

 22–23 **A1 Finalmente a casa!**

Max arriva a casa di Giuliano.

Giuliano: Ecco il nostro appartamento!
Max: Che bello!
Giuliano: E questa è la mia camera, anzi scusa, la nostra camera. Questo è il nostro armadio e qui è il tuo letto.
Max: Perfetto! … È nuovo il computer? È troppo bello!
Giuliano: Sì, è proprio nuovo. E qui sotto la scrivania ci sono i miei giochi. C'è anche l'ultimo – *Calcio Hero* – il mio gioco preferito! Quali sono i tuoi giochi preferiti?
Max: Anche *Calcio Hero*, ma il mio computer non è così nuovo. E questo, che cos'è?
Giuliano: È un gioco di Carlotta ed è poco interessante. Questi sono i giochi di Simone. I suoi giochi sono nuovi nuovi.
Max: E i miei amici non hanno giochi così nuovi. Giochiamo sempre i miei giochi con i loro computer.
Giuliano: Perché non giochiamo?
Max: Sì, certo!
Anna Maria: Ragazzi, basta con i vostri giochi! Non guardate le altre camere? Il soggiorno? La cucina? Max, ecco il bagno! Qui ci sono i tuoi asciugamani. Forse vuoi fare la doccia, dopo un viaggio tanto lungo. Che ne pensi?
Max: Sì, magari. Grazie!
Paolo: E dopo mangiamo in soggiorno.
Max: Grazie. A dopo.

• ne: *davon, darüber*

 22–23 **E1 Quanti pensieri!** So viele Gedanken!

1. Abbina i pensieri alle persone. Ordne die folgenden Gedanken den jeweiligen Personen zu.

Questi ragazzi parlano solo di giochi e di computer.

Che bello fare la doccia dopo il lungo viaggio!

Perché la mia mamma non ama i nostri giochi?

Ragazzi, mangiamo.

Che bella la casa di Giuliano!

Che bello giocare con il mio amico tedesco!

Che bello un computer così nuovo!

 E1 2. E Carlotta, che pensa? Scrivi cinque frasi come nell'esercizio 1.
Und was denkt sich wohl Carlotta? Schreibe fünf Sätze nach dem obigen Muster.

A casa di Giuliano 2A

 E2 Esserci: *c'è* o *ci sono*? Esserci: *c'è* oder *ci sono*?

Leggi queste frasi e decidi. Lies diese Sätze und entscheide.

"E qui sotto la scrivania ci sono i miei giochi. C'è anche l'ultimo – *Calcio Hero* – il mio gioco preferito!"

Quando usiamo **c'è** e quando invece usiamo **ci sono**? E come li traduciamo in tedesco? E in inglese? Wann verwenden wir **c'è** und wann **ci sono**? Was sagen wir dafür im Deutschen? Und im Englischen?

G 2.2

E3 Dov'è il cellulare di Carlotta? Wo ist Carlottas Handy?

Carlotta vuole fare una foto, ma non trova il cellulare. Adesso cerca nella sua camera. Guarda il disegno dell'ingresso: che cosa c'è o non c'è? Carlotta möchte ein Foto machen, findet aber ihr Handy nicht. Jetzt sucht sie in ihrem Zimmer. Schau dir die Zeichnung des *Ingresso* an: Was ist (nicht) dort?

Modello: C'è l'armadio, ma non c'è lo zaino.
Ci sono …, ma non ci sono … .

 E4 Ma di chi è? Di chi sono? Wem gehört dies?

Che cosa indica la preposizione **di** nella frase "Questi sono i giochi di Simone."? Was gibt die Präposition **di** in dem Satz "Questi sono i giochi di Simone." an?

G 2.3

E5 La camera di Giuliano Giulianos Zimmer

 E2 Dopo la doccia Max ammira tutte le cose nella camera di Giuliano. Ma non tutto è di Giuliano. Scrivi il dialogo. Nach der Dusche bewundert Max all die Sachen in Giulianos Zimmer. Aber vieles gehört diesem gar nicht, sondern jemand anderem. Schreibe den Dialog.

Modello: bello/CD (Sandro)   Max: Che bello questo CD.
Giuliano: Eh, sì. È di Sandro.

grande/zaino (Carlotta)   carino/giochi (Simone)   bello/sedia bianca (Paolo)
triste/libro (Anna Maria)   elegante/borsa (Carlotta)
bello/foto (Franca)   interessante/DVD (Carlotta e Anna Maria)
nuovo/computer (Giuliano)   unico/gioco (Loredana)

 E6 Gli aggettivi possessivi Die Possessivbegleiter

1. La mamma di Giuliano dice: "Basta con i vostri giochi!" Che differenza noti tra l'italiano e il tedesco? Giulianos Mutter sagt: "Basta con i vostri giochi!" Welcher Unterschied zwischen dem Italienischen und dem Deutschen fällt dir auf?

2A A casa e in giro

 2. Completa la tabella con le forme mancanti che trovi in A1. Vervollständige die Tabelle mit den fehlenden Formen, die du im Text A1 findest.

io e …	■	■	■	le mie (cose)
tu e …	■	■	■	le tue (amiche)
lui/lei/Lei e …	il suo/Suo (treno)	■	■	■
noi e …	■	■	■	■
voi e …	il vostro (gioco)	■	■	le vostre (camere)
loro e …	il loro (cane)	la loro (famiglia)	■	le loro (scrivanie)

E7 **E com'è la tua casa?** Wie ist dein Zuhause?

1. Max e Giuliano vanno in cucina e incontrano Anna Maria. Anna Maria vuole sapere tante cose da Max. Completa con l'aggettivo possessivo corretto. Max und Giuliano gehen in die Küche und begegnen Anna Maria, die natürlich viel von Max wissen möchte. Vervollständige den Text mit dem richtigen Possessivadjektiv.

Anna Maria: E com'è ■ casa in Germania? E com'è ■ camera?
Max: ■ casa è grande e anche ■ camera è grande.
Così ■ genitori hanno ■ cose in due camere, e io ho una camera grande per ■ cose: ■ giochi, ■ stereo, ■ libri, ■ letto, ■ scrivania.
Anna Maria: E ■ genitori che macchina hanno?
Max: Per ■ papà ■ macchina è molto importante. E anche ■ amici sono così. ■ macchine sono grandi grandi! Anche ■ è molto grande, così è perfetta per ■ valigie grandi. ■ genitori hanno una macchina molto bella.

 2. Le macchine non sono solo **grandi**, ma sono **grandi grandi**. E non sono solo **importanti**, ma **molto importanti** (o **troppo importanti**?). E che cosa è **poco importante**? Immagina: Anna Maria chiede a te. Fai un disegno di alcuni oggetti di casa tua e rispondi alle domande. Se c'è una parola che non conosci usa il dizionario bilingue. Poi scambiate ruoli. Stell dir vor, Anna würde dich fragen: Zeichne einige Objekte deines Zuhauses und beantworte die Fragen. Unbekannte Wörter kannst du in einem zweisprachigen Wörterbuch nachschlagen. Dann tauscht ihr die Rollen.

Modello: Anna Maria: È tua, questa scrivania? È bella bella!/È vostra, questa tavola? È molto grande.
Max: Sì, è mia./No, è di Claudia. È sua./No, è della mia mamma. È sua./No, è di tutti noi. È nostra.

  **Dove siamo?** Wo sind wir?

Prima di andare a letto Giuliano porta Max da una camera all'altra con gli occhi bendati e Max deve indovinare dove si trovano. Scrivi le cinque risposte di Max nel tuo quaderno. Bevor sie ins Bett gehen, führt Giuliano Max mit verbundenen Augen von Zimmer zu Zimmer und Max muss erraten, wo sie sich befinden. Schreibe Max' fünf Antworten in dein Heft.

A casa di Giuliano 2A

A2 Il soggiorno con la tavola apparecchiata

a sinistra   al centro   a destra

- le posate *f*: *Besteck*
- la tovaglia: *Tischtuch*
- il divano: *Sofa*
- la rivista: *Zeitschrift*

uno scaffale
un armadio
un divano
una rivista
un giornale
un televisore
uno stereo
una sedia

un piatto
un bicchiere

un coltello
una forchetta   le posate
un cucchiaio
un cucchiaino

una bottiglia
un tovagliolo
un'acqua minerale
una tovaglia

E9 L'articolo indeterminativo — Der unbestimmte Artikel

1. Completa la tabella con le parole di A2 e trova una regola per l'articolo indeterminativo. Vervollständige die Tabelle mit den Wörtern von A1 und finde eine Regel für den unbestimmten Artikel.

G 2.1

un ...	uno ...	una ...	un'...
■	■	■	■

2. Completa la tabella con altre 15 parole che conosci già. Vervollständige die Tabelle mit weiteren 15 Wörtern, die du schon kennst.

trentatré

2A A casa e in giro

E 10 **Diamo un'occhiata alle altre camere!** Lasst uns einen Blick in die anderen Zimmer werfen!

E4   Guarda i disegni dell'ingresso. Che cosa vedi nelle camere di Giuliano e Carlotta? Dove sono le cose? Schau dir die Zeichnungen des *Ingresso* an. Was siehst du in Giulianos und Carlottas Zimmer? Wo sind die Sachen?

> A sinistra vedo/c'è un …
> A destra vedo/ci sono una … e un …
> C'è uno …

🔵 29–30   **A 3** **Buon appetito!**

In soggiorno. È ora di cena.

    La madre: Allora, buon appetito a tutti.
    Tutti: Grazie. Altrettanto.
    Il padre: Max, ti piacciono gli antipasti?
5 Max: Sì, mi piacciono. Il prosciutto e melone mi piace tanto e anche la bruschetta è molto buona.
    La madre: Max, che cosa vuoi da bere? Bevi l'acqua minerale gassata o naturale?
    Max: Come, scusa …?
    La madre: Acqua naturale o gassata?
10 Max: Gassata, per favore. L'acqua naturale non mi piace.
    La madre: Ecco!
    Il padre: Un po' di pane, Max?
    Carlotta: Ti piace il pane italiano?
    Max: Sì, grazie. Il pane italiano mi piace molto.
15 La madre: Ecco il primo piatto. Oggi ci sono le lasagne. Ti piacciono?
    Max: Sì, sono molto buone. Anche a casa mia mangiamo le lasagne, ma solo con le verdure cioè senza carne perché la mia mamma è vegetariana.

- **la bruschetta:** *geröstete Weißbrotscheibe mit Öl, Knoblauch und Tomaten*

A casa di Giuliano 2A

Carlotta: Le lasagne piacciono anche a Lino …
Il padre: No, Carlotta, per favore! Lino non mangia con noi.
20 Carlotta: Scusa, papà.
Giuliano: Mamma, che cosa c'è come secondo?
La madre: Oggi c'è una specialità romana per Max – pollo con i peperoni.
Giuliano: Pollo con i peperoni! Buono!!! Il mio piatto preferito!

 29–30   **E 11**   **La lista della spesa di Anna Maria**   Anna Marias Einkaufszettel

Che cosa ha preparato Anna Maria per Max? Che cosa ha comprato stamattina?
Scegli i piatti e i prodotti giusti.   Was hat Anna Maria für Max gekocht?
Was hat sie heute Morgen eingekauft? Wähle die richtigen Speisen und Produkte aus.

Oggi per cena preparo …	**Lista della spesa**
• antipasti di verdura	• prosciutto
• bruschetta	• carne
• prosciutto e melone	• pollo
• pizza	• pesce
• spaghetti alle vongole	• acqua minerale gassata
• lasagne	• acqua minerale naturale
• carne con i peperoni	• coca cola
• il piatto preferito di Carlotta	• pane
• una specialità romana	• formaggio
	• peperoni
	• insalata
	• melone
	• banane
	• mele
	• olive

• la banana:
Banane

trentacinque **35**

2A A casa e in giro

  E 12 **Il verbo** *piacere* Das Verb *piacere*

1. Che cosa dicono le persone? Completa le frasi.
Was sagen die Personen? Vervollständige die Sätze.

G 2.5, 2.6

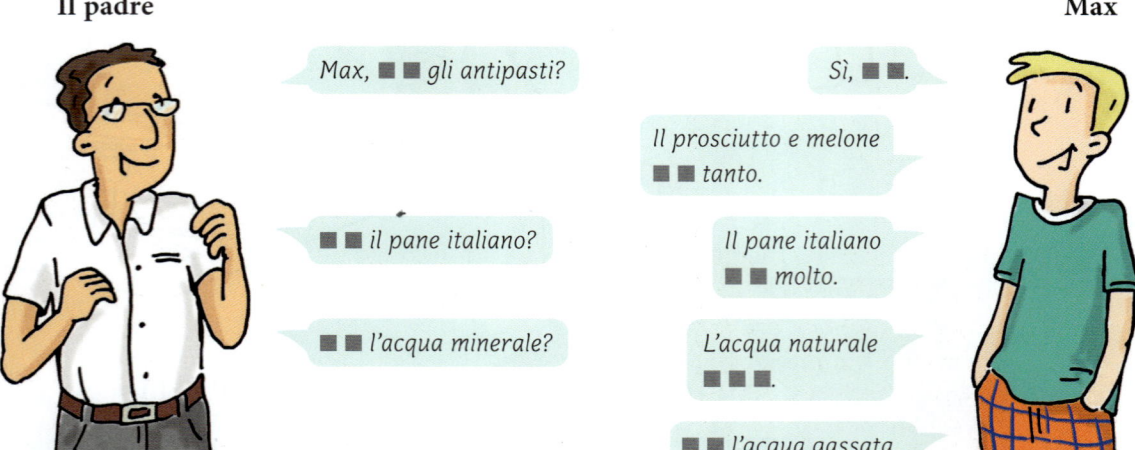

Il padre

Max, ■ ■ gli antipasti?

■ ■ il pane italiano?

■ ■ l'acqua minerale?

Max

Sì, ■ ■.

Il prosciutto e melone ■ ■ tanto.

Il pane italiano ■ ■ molto.

L'acqua naturale ■ ■ ■.

■ ■ l'acqua gassata.

Carlotta

Le lasagne ■ anche ■ Lino.

2. Quando usiamo **piace** e quando **piacciono**? Come si forma la negazione?
Che diciamo per esprimere che cosa piace a un'altra persona? Trova una regola e
paragonala con il tuo partner. Wann sagen wir **piace** und wann **piacciono**?
Wie bildet man die Verneinung? Wie drückt man aus, was einer anderen Person
gefällt? Finde eine Regel und vergleiche sie mit deinem Partner.

  E 13 **Il verbo** *bere* Das Verb *bere*

Un verbo importante: **bere**. Combina. Ein wichtiges Verb: **bere**. Kombiniere.

G 2.6

| io, tu, lui/lei/Lei, noi voi, loro (infinito)   beviamo, bevono, bere, bevi, bevete, beve, bevo |

A casa di Giuliano 2A

E 14 **Che cosa piace a Max?** Was mag Max?

1. Carlotta e Giuliano sono curiosi e vogliono sapere che cosa piace a Max. Completa il loro dialogo con la forma giusta di **piacere** o **bere**.
Carlotta und Giuliano sind neugierig und möchten wissen, was Max mag. Vervollständige ihren Dialog mit der richtigen Form von **piacere** oder **bere**.

Giuliano: Max, ■ il prosciutto? *ti piace*
Max: Sì, ■ tanto. È molto buono. *mi piace*
Carlotta: Max, ■ le olive? *ti piacciono*
Max: Sì, ■. *mi piacciono*
Carlotta: Max, ■ l'acqua minerale naturale? *bevi*
Max: No, ■ l'acqua naturale. ■ solo l'acqua gassata. *non bevo, bevo*
Carlotta: Max, tu ed i tuoi genitori ■ la birra? *bevete*
Max: No, non ■ la birra. *beviamo*
Giuliano: Ed i tuoi amici?
Max: Anche loro non ■ la birra. A loro ■ la coca. *bevono, ~~bevone~~ piace*

• la birra: *Bier*

2. E se chiedessero a voi? Lavorate con un partner. Formulate domande e risposte secondo il modello. Und wenn sie euch fragen würden? Arbeitet mit einem Partner. Formuliert Fragen und Antworten gemäß dem Modell.

Modello:
Partner A: Ti piace il prosciutto?   Partner B: Sì, mi piace (molto).
                                                È (molto) buono.
                                                No, non mi piace.

Partner B: Ti piacciono le lasagne? Partner A: Sì, mi piacciono.
                                                Sono (molto) buone.
                                                No, non mi piacciono.

3. Adesso parla del tuo partner. Jetzt sprich über deinen Partner.

Modello: **A** Johanna **piacciono** le lasagne.
             Il prosciutto **non piace a** Johanna.

+ *p. 131*   **E 15** **Fare bella figura!** Einen guten Eindruck machen!

E5, E6 1. Max vuole fare bella figura e fa un ripasso di espressioni importanti. Come deve completare la mappa concettuale? Max möchte einen guten Eindruck machen und wiederholt wichtige Ausdrücke. Wie muss er die *Mindmap* vervollständigen?

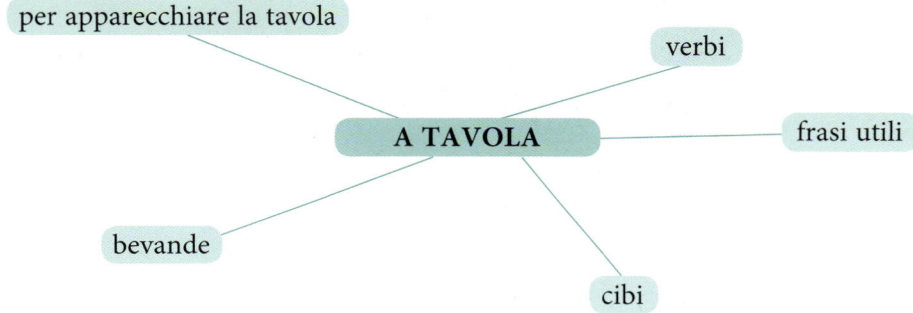

trentasette 37

2A A casa e in giro

2. Anche tu vuoi fare bella figura in Italia. La famiglia di Giuliano e Carlotta ti ha invitato a cena. Che cosa rispondi a quello che dicono e ti chiedono? Auch du willst in Italien einen guten Eindruck machen. Die Familie von Giuliano und Carlotta hat dich zum Abendessen eingeladen. Wie antwortest du auf das, was sie dich fragen? Ordne zu.

e)	1. Buon appetito!	a.	Figurati!
h)	2. Ti piace il dolce?	b.	Gassata, per favore./Naturale, per favore.
b)	3. Acqua naturale o gassata?	c.	Sì, mi piacciono molto. Sono molto buoni.
c)	4. Ti piacciono gli antipasti?	d.	Sì, sono molto buone.
d)	5. Ti piacciono le lasagne?	e.	Grazie. Altrettanto.
f)	6. Ecco un cucchiaino per te!	f.	Grazie.
g)	7. Un caffè?	g.	Sì, volentieri./No, grazie.
a)	8. Grazie. Sei molto gentile.	h.	Sì, mi piace.

3. Lavora con un partner. Usate alcune delle espressioni utili e le seguenti parole per scrivere un breve dialogo e presentatelo in classe. Arbeite mit einem Partner. Benutzt einige nützliche Wendungen und die folgenden Wörter, um einen kurzen Dialog zu schreiben. Präsentiert ihn dann vor der Klasse.

> gli spaghetti   acqua naturale o gassata   il pollo con i peperoni
> il tuo dolce preferito   caffè

E 16 **E per colazione?** Und zum Frühstück?

1. Proprio quando Max sta per andare a dormire, Anna Maria gli chiede che cosa di solito mangia per colazione. Con l'aiuto delle foto di una bella colazione tedesca Max spiega alla madre di Giuliano com'è la colazione in Germania. Scrivi il dialogo tra la madre e Max. Gerade als Max schlafen gehen will, fragt ihn Anna Maria, was er gewöhnlich frühstückt. Mit Hilfe einiger Fotos von einem deutschen Frühstück erklärt Max Giulianos Mutter, wie ein Frühstück in Deutschland aussieht.

i cereali
salzig: salato,
süß: dolce,
Vollkornbrot/-brötchen: il pane integrale/i panini integrali,
gekochtes Ei: l'uovo sodo, *Rührei:* le uova strapazzate,
Aufschnitt: gli affettati

Deutsches Frühstück

A casa di Giuliano — 2A

2. Quali di queste foto sceglierà Max per il forum per parlare della colazione a casa degli Schiatti? Quali invece sceglierà per descrivere la colazione al bar? Scegli le foto, descrivi (con l'aiuto di un dizionario) che cosa fanno vedere e scrivi l'articolo di Max per il forum. Welche dieser Fotos wird Max für das Forum auswählen, um über das Frühstück im Hause Schiatti zu berichten? Welche wird er hingegen auswählen, um ein Frühstück in einem Café zu beschreiben? Wähle die Fotos aus, beschreibe (mit Hilfe eines Wörterbuchs), was darauf zu sehen ist, und schreibe Max' Artikel für das Forum.

A

B

C

D

E

F

G

H

> **Info** **La colazione italiana**
> La colazione è il primo pasto della giornata. Tradizionalmente gli italiani bevono un caffè, un caffellatte, una tazza di latte o di tè e mangiano biscotti, pane, burro e marmellata oppure brioches, fresche o confezionate. Solo pochi italiani mangiano prodotti come i cereali e di solito non mangiano cose salate per colazione. Molti italiani fanno colazione fuori casa, al bar.

B In giro con Giuliano

B1 Giuliano ed i suoi amici

Il giorno dopo Giuliano e Max sono in centro. Aspettano gli amici e due compagne di classe di Giuliano.

Giuliano, cosa fai nel tuo tempo libero?

Faccio molto sport. La sera vado spesso in piazza per incontrare i miei amici Simone e Fabrizio. O andiamo al cinema insieme. Spesso ci sono anche Loredana e Paola, le nostre compagne di classe. Stiamo molto bene insieme! La scuola mi piace, ma purtroppo non so parlare il tedesco, so solo parlare l'italiano e l'inglese.

Devi conoscere Simone. È un po' pazzo, ma simpatico. È un tipo aperto, dà il suo nickname a tutti. A Simone non piace la scuola. Lui ama fare sport e andare al cinema.

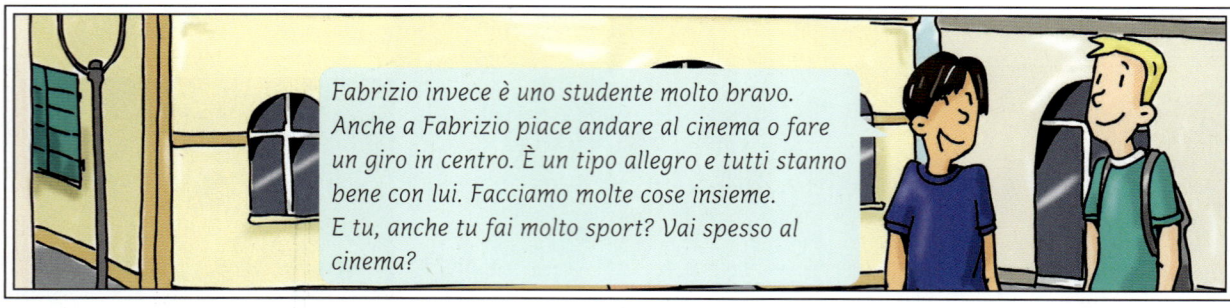

Fabrizio invece è uno studente molto bravo. Anche a Fabrizio piace andare al cinema o fare un giro in centro. È un tipo allegro e tutti stanno bene con lui. Facciamo molte cose insieme. E tu, anche tu fai molto sport? Vai spesso al cinema?

Sì, sono molto sportivo. E vado spesso al cinema con i miei amici. Di solito guardo film d'azione, anche film fantasy se ci sono Anna e Saskia, le nostre amiche.

• il film d'azione: *Actionfilm*   • il film fantasy: *Fantasyfilm*

In giro con Giuliano 2B

2B A casa e in giro

 31–33   **E1** **Ma chi è chi? Max fa mille domande …**
Aber wer ist wer? Max stellt Giuliano tausend Fragen … G 2.8

Scrivi le domande (con o senza parola interrogativa) di Max alle risposte di Giuliano.
Schreibe die Fragen (mit oder ohne Fragewort) von Max zu den Antworten von Giuliano.

Modello: Max: …?
Giuliano: Si chiamano Simone e Fabrizio. Sì, Fabrizio è il mio amico.
Max: Come si chiamano i tuoi amici? Fabrizio è il tuo amico?
Giuliano: Si chiamano Simone e Fabrizio. Sì, Fabrizio è il mio amico.

1. Max: …?
 Giuliano: Simone è il mio amico.
2. Max: …?
 Giuliano: È un po' pazzo, ma simpatico. È un tipo aperto.
3. Max: …?
 Giuliano: Ama fare sport e andare al cinema.
4. Max: …?
 Giuliano: Sì, è uno studente molto bravo.
5. Max: …?
 Giuliano: La sera andiamo spesso in piazza.
6. Max: …?
 Giuliano: No, è solo una compagna di classe.
7. Max: …?
 Giuliano: Ho 19 compagni di classe.
8. Max: …?
 Giuliano: L'amica di Loredana si chiama Paola.
9. Max: …?
 Giuliano: Loredana sa parlare tre lingue.
10. Max: …?
 Giuliano: Paola fa molto sport per stare in forma.

In giro con Giuliano 2B

E2 Verbi irregolari e importanti: *andare, fare, dare, stare, sapere*
Wichtige unregelmäßige Verben: *andare, fare, dare, stare, sapere*

E1, E2 Completa la tabella con le forme che trovi nel testo B 1.
Vervollständige die Tabelle mit den Formen, die du in Text B 1 findest.

andare	fare	dare	stare	sapere
■ vado	■ faccio	■ do	sto	■ so
■ vai	■ fai	■ dai	stai	sai
■ va	■ fa	■ dà	sta	■ sa
■ andiamo	■ facciamo	diamo	■ stiamo	sappiamo
■ andate	■ fate	■ date	state	sapete
vanno	fanno	■ danno	■ stanno	■ sanno

+ p. 132 **E3 E Carlotta? Perché non è in piazza con gli altri?** Und Carlotta? Warum ist sie nicht mit den anderen auf der Piazza?

 E3 Davanti al bar sotto casa, una ragazza si rivolge a Carlotta. Completa con la forma giusta dei verbi. Devi usare alcuni verbi più volte. Vor der Bar unten im Haus wird Carlotta von einem Mädchen angesprochen. Vervollständige mit der richtigen Form der Verben. Einige Verben musst du mehrfach einsetzen.

abitare   andare   avere   cercare   chiamarsi   dare   essere
esserci   fare   frequentare   piacere   sapere   stare   telefonare

Cinzia: Scusa, io ■ l'autobus. Tu ■ dov'è? cerco, sai

Carlotta: Sì, ■ lì. Ma tu ■ nuova, vero? è, sei
Cinzia: Sì, ■ qui da poco. La mia famiglia ■ di Napoli, ma adesso noi ■ qui. sono, è, abitiamo
           ■ Cinzia, e tu come ■? Mi chiamo, ti chiami
Carlotta: Io ■ Carlotta. Questa ■ casa mia. ■ anche tu il liceo? sono, è, frequenti
Cinzia: Sì, la mia nuova scuola ■ Vittoria Colonna. è
Carlotta: Ah, ■ anche la mia scuola! è
Cinzia: Che bello! Forse tu ■ la mia compagna di classe! sei
           E che cosa ■ nel tuo tempo libero? fai
Carlotta: Mi ■ fare sport per ■ in forma. E tu? ■ sportiva? piace, stare, sei
Cinzia: Sì, ■ molto sport. faccio
Carlotta: Ti ■ il mio numero di cellulare e il mio numero di telefono. do
           Forse ■ a ■ shopping insieme? andiamo
Cinzia: Sì, volentieri. A presto!

2B A casa e in giro

B2 **Che cosa facciamo adesso?** 34–35

Giuliano:	Ehi, Loredana, Paola, dove andate? Siamo qui!
Paola:	Ciao Giuliano.
Loredana:	Salve. Come stai, Giuliano?
5 Giuliano:	Sto bene, grazie. Ragazze, questo è Max.
Paola:	Ciao Max. Sono Paola.
Loredana:	E io sono Loredana. Piacere.
Max:	Ciao.
10 Giuliano:	Ecco! Arrivano i ragazzi. Ciao Simone, ciao Fabrizio, come state?
I ragazzi:	Bene, grazie.
Fabrizio:	E tu sei Max, vero?
15 Max:	Sì.
Simone:	Benvenuto a Roma.
Max:	Grazie.
Loredana:	Ragazzi, sapete che questa settimana al "Barberini" danno il nuovo film di Fausto Brizzi? Avete voglia di andare al cinema stasera?
20 Giuliano:	Sì, certo!
Paola:	Buon'idea! I film di Fausto Brizzi mi piacciono molto.
Giuliano:	E domani c'è un concerto in piazza Navona.
Loredana:	O, che bello!
Simone:	E adesso che cosa facciamo?
25 Fabrizio:	Perché non andiamo in centro? Cerco un regalo per un amico.
Giuliano:	Che cosa cerchi?
Fabrizio:	Boh, non so … forse un CD o un DVD?
Paola:	Allora cerchiamo qualcosa insieme! E dopo, andiamo da "Giolitti", no?
30 Max:	Dove?
Simone:	Da "Giolitti". È una gelateria. Fanno un ottimo gelato. Ti piace il gelato, Max?
Max:	Come no!
Giuliano:	Ah, finalmente! Arriva Carlotta.

• Salve!: *Hallo!*

E4 **Scusate, che cosa facciamo …?** *Entschuldigt, was machen wir …?* 34–35

1. Carlotta è arrivata in ritardo. Giuliano le spiega che cosa vogliono fare i ragazzi. Chi ha avuto quale idea? Abbina e formula delle frasi. *Carlotta kommt zu spät. Giuliano erklärt ihr, was sie machen wollen. Wer hat welche Idee gehabt? Ordne zu und bilde Sätze.*

Modello: Adesso andiamo … per … È l'idea di …

In giro con Giuliano 2B

Quando?	Dove?	Che cosa?	Di chi è l'idea?
Adesso	in piazza Navona	mangiare un gelato	Giuliano
Dopo	al "Barberini"	ascoltare la musica	Paola
Stasera	da "Giolitti"	cercare un regalo	Loredana
Domani	in centro	guardare un film	Fabrizio

2. Che cosa puoi dire per fare una proposta? Come puoi reagire a una proposta? Raccogli le frasi utili dal testo. Wie kannst du einen Vorschlag machen? Wie reagierst du auf einen Vorschlag? Sammle die nützlichen Sätze aus dem Text.

3. Anche Max vuole fare delle proposte. Che cosa dice a Giuliano? Che cosa risponde Giuliano? Auch Max will Vorschläge machen. Was sagt er zu Giuliano? Was antwortet Giuliano?

- guardare un film in TV stasera
- andare al bar a bere una coca
- mangiare un panino
- cercare un regalo per il mio amico in Germania
- andare in piazza dopo cena

 36–37   **E5** **Da "Giolitti"** Bei „Giolitti"

- un cono
- una coppetta
- vaniglia (Vanille)
- limone (Zitrone)
- cioccolato (Schoko)
- caffè (Kaffee)
- fragola (Erdbeere)
- pistacchio (Pistazie)
- lampone (Himbeere)
- bacio (Schoko-Nougat)

Frasi utili:
Vorrei un cono da tre euro!
Vorrei una coppetta con due gusti!

1. I ragazzi sono da "Giolitti" e comprano un gelato. Che cosa prendono? Ascolta e completa la tabella. Die Jungen und Mädchen sind bei „Giolitti" und kaufen sich ein Eis. Was nehmen sie? Höre zu und vervollständige die Tabelle.

- il cono: *Kegel;* *(Eis-)Tüte,* *Waffel(-eis)*
- la coppetta: *(Eis-)Becher*
- la panna: *Sahne*

Chi?	Cono o coppetta?	Da quanti euro?	Quali gusti prende?	Con o senza panna?
Paola	■	■	■	■
Max	■	■	■	■

2. Adesso tocca a voi! Lavorate in due. Uno/a di voi compra un gelato, l'altro/a è il gelataio. Poi cambiate i ruoli. Jetzt seid ihr dran! Arbeitet zu zweit. Der eine Partner kauft ein Eis, der andere ist der Eisverkäufer. Dann tauscht ihr die Rollen.

quarantacinque **45**

Competenze 1

Presentarsi ad una famiglia italiana ospite in un video messaggio
Sich einer italienischen Gastfamilie in einer kurzen Videobotschaft vorstellen

Come Max anche tu vuoi andare in Italia per un anno. Per trovare una famiglia prepari un video messaggio di 2–3 minuti. Ti presenti e dici in che tipo di famiglia ti piacerebbe abitare.
Wie Max möchtest auch du ein Jahr in Italien verbringen. Um eine Gastfamilie zu finden, stellst du dich in einer kurzen Videobotschaft (2–3 Minuten) auf Italienisch vor. Stelle dich zuerst vor und äußere dann Wünsche, wie deine zukünftige Gastfamilie sein sollte.

1. Tu …

Per presentarti: ecco alcune idee. Hier sind einige Ideen, um dich vorzustellen.

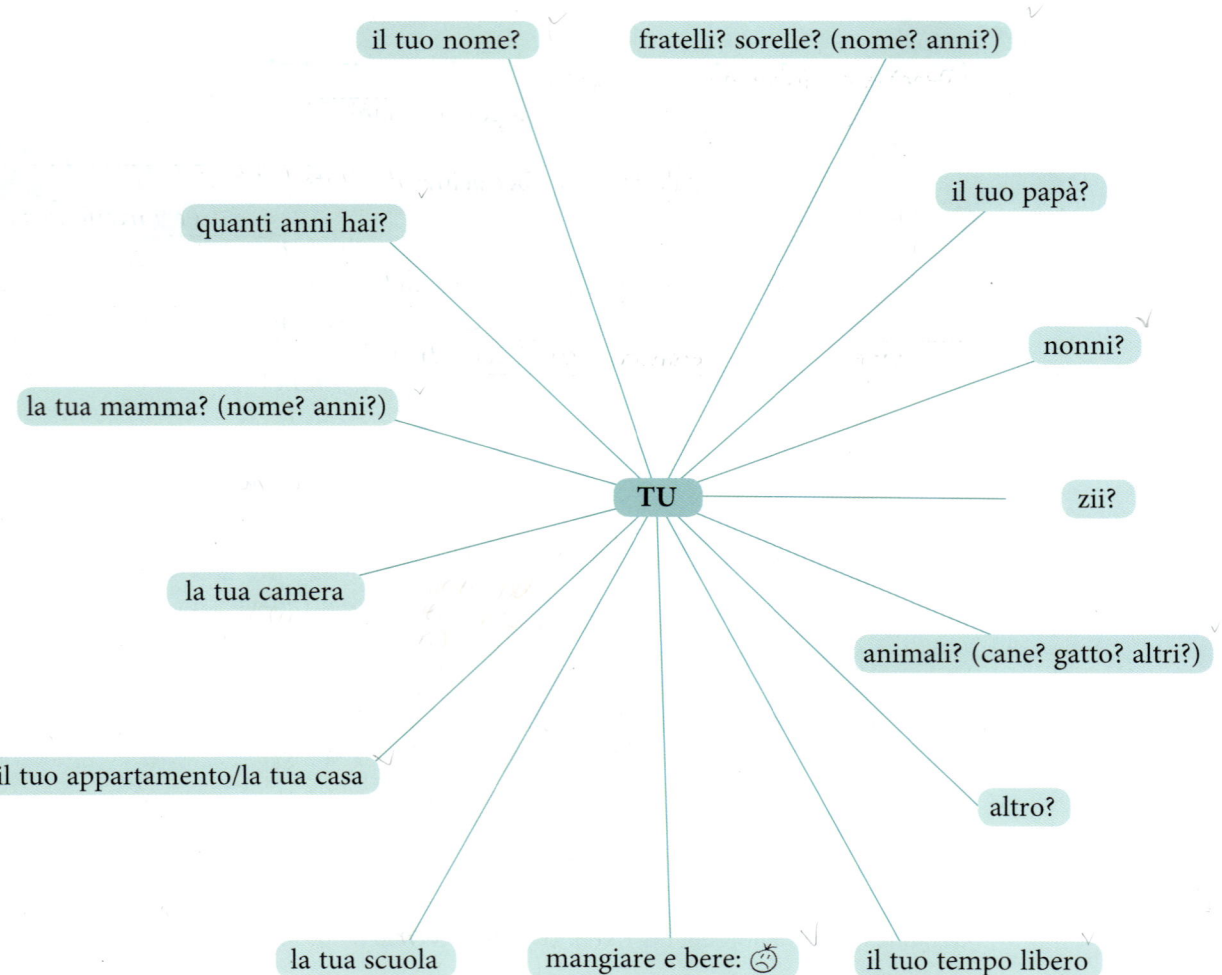

Competenze 1

2. … e la tua futura famiglia

In che tipo di famiglia ti piacerebbe abitare? Prendi appunti.
Wie soll die Familie sein, bei der du gerne wohnen möchtest? Mach dir Notizen.

Comincia così: Beginne folgendermaßen:
"Mi piacerebbe una famiglia così: la famiglia è/ha/fa/abita/ama/…"

3. E via! Und los geht's!

Adesso registri il tuo video messaggio per esempio con il tuo cellulare o con una camera digitale. Nimm schließlich deine Videobotschaft auf, z. B. mit deinem Handy oder mit einer Digitalkamera.

4. Tutto ok? Alles ok?

Guarda il video messaggio e fallo vedere ad un'amica o un amico, se vuoi. Ci sono cose che puoi migliorare? Sì? Allora pensa ad alternative e comincia una seconda registrazione. Sieh dir die Aufnahme an und zeige sie einer Freundin oder einem Freund, wenn du möchtest. Gibt es Dinge, die du noch verbessern kannst? Ja? Dann überlege dir Alternativen und starte eine zweite Aufnahme.

Attenzione a questi punti importanti:
Beachte die folgenden wichtigen Punkte:
• Parli in modo chiaro? Sprichst du gut verständlich?
• Guardi lo spettatore? Hältst du Blickkontakt mit dem Betrachter der Botschaft?
• Qual è la tua frase iniziale? E qual è quella finale? Mit welcher Formulierung beginnst du die Videobotschaft? Wie beendest du sie?
• È adatto il luogo dove registri (a casa, a scuola, …)? Ist der Drehort geeignet (zu Hause, in der Schule, …)?
• Come ti vede lo spettatore? Wie wirkst du auf den Betrachter?

quarantasette **47**

3 A scuola!

Ingresso 3

> **Info** Le pagelle di fine anno sono esposte all'ingresso del liceo.
> Die Jahreszeugnisse werden an der Eingangstür des Gymnasiums ausgehängt.

	Religione	Italiano	Latino	Inglese	Storia/ Geografia	Matematica	Fisica	Scienze naturali/ Chimica/ Geografia	Storia dell'arte/ Disegno	Educazione fisica
D'Angelo Roberta	7	6	4	6	7	10	9	7	5	8

E 1 Come va a scuola, Roberta?

E1 Trova le risposte alle seguenti domande. Finde die Antworten auf die folgenden Fragen.

1. Quali materie studia Roberta che anche tu studi? Welche Fächer hat Roberta, die du auch hast?

2. Quali materie studia Roberta che tu non studi? Welche Fächer hat Roberta, die du nicht hast?

3. È brava nelle lingue e/o nelle scienze naturali? Ist sie gut in Sprachen und/oder in Naturwissenschaften?

4. Con l'uso del dizionario fai un elenco delle materie che frequenti tu che Roberta non frequenta. Erstelle mit Hilfe eines Wörterbuches eine Liste der Fächer, die du hast, Roberta aber nicht.

> **!** Am Ende dieser Lektion kannst du
> - ein Ticket für den öffentlichen Nahverkehr lösen.
> - in einem Café zu essen und zu trinken bestellen.
> - dich über das Thema Schule unterhalten.
> - wichtige Anweisungen und Fragen im Unterrichtsgespräch verstehen.

3A A scuola!

A Andiamo a scuola!

 38–39 **A1** Per strada

Giuliano: Ecco, l'edicola dove compriamo sempre i biglietti per l'autobus. Buongiorno Signor Rossi!
Signor Rossi: Salve Giuliano! Tua sorella oggi non c'è?
Giuliano: No, è in ritardo. Due biglietti, per favore.
5 Signor Rossi: Ecco! Tre euro, grazie. Prendete anche *Focus Junior*. È di oggi! Leggere fa diventare intelligenti, sai!
Giuliano: Certo, ma noi siamo già intelligenti, non vede? E adesso corriamo a prendere l'autobus. Ci vediamo dopo la scuola. Arrivederci!
Signor Rossi: Ciao! E saluta tua madre e tuo padre!
10 Giuliano: Certo, come no.
Max: Non facciamo l'abbonamento?
Giuliano: Sì, certo, dopo la scuola con calma. Ecco i biglietti. Questo è tuo. Ecco il nostro autobus, vedi?
Max: Sì, e vedo anche che è tutto pieno! È lontana la scuola?
15 Giuliano: No, non è lontana. Sono solo nove fermate in autobus. Su, saliamo! Mi piace questa linea perché passiamo per la Piramide, il Circo Massimo e il Colosseo. Niente male, eh? Così vedi già tre monumenti famosi di Roma. Conosci il Colosseo?
Max: Ma certo! È molto famoso! Tutti conoscono il Colosseo! È …
20 Giuliano: Ecco, questa è la nostra fermata! Scendiamo qui.
Max: E andiamo a scuola.
Giuliano: Sì, ma prima andiamo al bar. Vediamo se ti piace.

• l'abbonamento: *Abonnement*

Andiamo a scuola! 3A

 38–39 **E1** **Quanto c'è da vedere!** Wie viel es da zu sehen gibt!

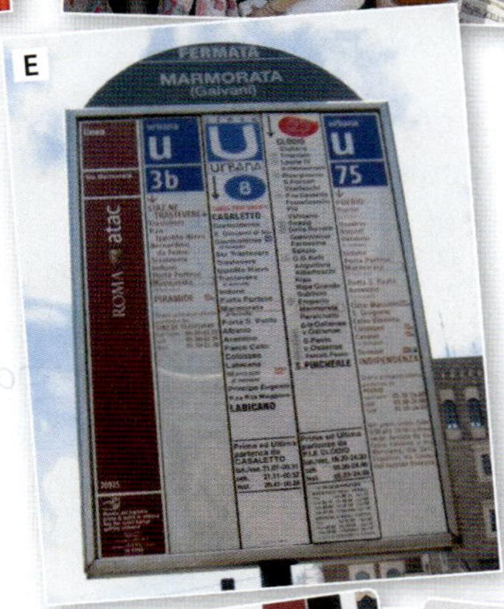

 E1
1. Andando a scuola Max vede tante cose. Metti le foto nell'ordine giusto, così come capitano a Max. Auf dem Weg zur Schule sieht Max viele Sachen. Bringe die Fotos in die richtige Reihenfolge, so wie sie Max begegnen.

2. Cerca in internet informazioni su a) la Piramide, b) il Circo Massimo o c) il Colosseo e presenta i risultati alla classe. Suche im Internet Informationen über a) Piramide, b) Circo Massimo oder c) Colosseo und stelle die Ergebnisse in der Klasse vor.

 E2 **I verbi in -ere** Die Verben auf -ere

Leggi il testo A 1 e combina. Quali differenze noti tra i verbi in **-are** e quelli in **-ere**?
Lies Text A 1 und kombiniere. Welche Unterschiede fallen dir zwischen den Verben auf **-are** und denen auf **-ere** auf?

G 3.2.1

| io, tu, lui/lei/Lei, noi voi, loro (infinito) | prendete, leggere, vede, corriamo, vedi, vedo, conoscono, piace |

3A A scuola!

 p. 132 **E3 Chiacchiere in autobus** Schwätzchen im Bus

Max e Giuliano non sono gli unici a chiacchierare in autobus. Max und Giuliano sind nicht die einzigen, die sich im Bus unterhalten.

- la vecchietta: ältere Dame

1. Parlano due vecchiette accanto a loro. Completa il dialogo con i seguenti verbi.
   Es sprechen zwei ältere Damen neben ihnen. Vervollständige den Dialog mit den folgenden Verben.

andare · correre · essere (2x) · leggere (2x) · piacere · prendere (3x) · scendere (2x) · vedere · parlare

Signora 1: ■ tutto il giorno! ■ un caffè al bar, ■ il giornale … *corro, prendo, leggo*
Signora 2: Sì, un vero incubo! Ma ■ di cose belle: ■ sempre thriller, vero? *parliamo, leggi*
Signora 1: Sì, perché mi ■ molto! *piacciono*
Signora 2: Allora, perché non ■ la linea due e ■ in Piazza del Popolo per comprare il nuovo libro di Alessia Gazzola? Questa Gazzola ■ una scrittrice nuova, moderna … *prendiamo, scendiamo, è*
Ecco Chiara e Elisabetta! Ma non ■ che noi ■ già qui? Ehi, ciao! *vedono, siamo*
Signora 1: Ma prima noi quattro ■ un caffè al bar, no? *prendiamo*
Signora 2: Certo, ■ alla prossima fermata e ■ al bar. *scendiamo, andiamo*

- l'incubo: Albtraum
- il thriller: Thriller

 E2

2. Chi altro chiacchiera in autobus? Lavorate in coppie: scegliete due persone e mettete in scena il dialogo! Wer unterhält sich sonst noch im Bus? Arbeitet zu zweit: Sucht zwei Personen aus und spielt den Dialog.

 40–41 **A2 La colazione insieme**

Giuliano: Ci siamo. Salve, ragazzi!
Fabrizio: Ciao! Tutto bene?
Max: Sì, molto bene, grazie! Gli autobus sono un po' pieni. E voi?
5 Simone: Così così. Preferisco i fine settimana e le ferie e dormire più a lungo la mattina, capisci?
Fabrizio: E chiacchierare con le ragazze e mandare foto … il solito Simone.
10 Soffre sempre quando c'è scuola e spegne il telefonino sempre all'ultimo minuto.
Simone: Ma mica sono l'unico, sai?
Fabrizio: Sì, soffriamo anche noi e soffrono anche tutti gli studenti e non
15 capiscono perché la scuola comincia troppo presto la mattina.
Giuliano: Oddio, finite questo discorso, vi prego! Vado a fare lo scontrino. Che cosa prendi, Max?
Max: Non lo so … che cosa c'è?
Giuliano: Io bevo un cappuccino e mangio una pasta. I cornetti sono ottimi!
20 Simone e Fabrizio prendono sempre le stesse cose: Simone preferisce un caffè, Fabrizio beve un tè.

52 cinquantadue

Andiamo a scuola! 3A

Max: Io odio il tè! Vorrei un cornetto anch'io e da bere un caffellatte. Quant'è?
Giuliano: Oggi offro io.
Max, ecco i nostri baristi: Sandro e Flavio.
Sandro: Ciao, Max. Ma non sei italiano, vero?
Giuliano: Sì, è vero. È il mio amico tedesco.
Ecco lo scontrino. Un cappuccino e un caffellatte, per favore. Prendiamo anche due paste.
Sandro: Ci sono i cornetti e le crostatine.
Max: Una crostatina, grazie.
Giuliano: Potrei avere un cornetto alla marmellata?
Sandro: Purtroppo sono finiti! Mi dispiace! Oggi ci sono solo i cornetti vuoti.
Giuliano: Allora prendo un cornetto vuoto.

• la crostatina: Mürbeteig-Kuchen mit Marmelade oder Obst

E4 **La colazione da Sandro** Frühstück bei Sandro

1. Chi prende che cosa e quanto costa? Aiuta Sandro!
Wer bestellt was, und wie viel kostet es? Hilf Sandro.

Modello: Fabrizio prende un … e paga … euro.
Simone …

2. E tu? Che cosa prendi? Ordina la tua colazione al bar!
Und was nimmst du? Bestelle dein Frühstück an der Bar.

E5 **Il plurale degli aggettivi e dei sostantivi** Der Plural der Adjektive und Substantive

1. Guarda queste forme del plurale, forma dei gruppi di parole e formula delle regole. Poi controlla nella grammatica.

G 3.1

il bar – i bar   la foto(grafia) – le foto(grafie)   il DVD – i DVD
il caffè – i caffè   il bus – i bus   il tè – i tè   il barista – i baristi
il blog – i blog   la città – le città   mega(galattico, -a) – mega(galattici, -che)
il turista – i turisti   il cinema(tografo) – i cinema(tografi)

• mega-(galattico, -a): super(galaktisch), mega(galaktisch)

2. Quali sono allora le forme del plurale delle seguenti parole? Wie lauten demnach die Pluralformen der folgenden Wörter?

la radio(grafia) — *le radio*
il giornalista — *i giornalisti*
il nick — *i nick*
il tiramisù — *i tiramisù*
il CD — *i CD*
il prof — *i prof*
la prof — *le prof*
chic — *chic*
la t-shirt — *le t-shirt*
l'università (f) — *le università*

• chic agg./inv.: schick

3A A scuola!

E6 **Il sogno di Sandro** Sandros Traum

Sandro vuole aprire un altro bar. Sandro möchte ein weiteres Café eröffnen.

1. Lavorate in gruppi: scegliete un nome e un luogo per il bar. Create un menù e un cartello con gli orari di apertura. Decidete se organizzare eventi speciali. Arbeitet in Gruppen: Sucht einen Namen und einen Ort aus für das Café. Erstellt eine Preisliste und ein Eingangsschild mit den Öffnungszeiten. Entscheidet, ob ihr besondere Veranstaltungen organisieren wollt.

2. Presentate il vostro locale alla classe. Gli altri scelgono il loro locale preferito. Präsentiert euer Lokal der Klasse. Die anderen wählen, welches Café sie bevorzugen.

E7 **I verbi in -ire** Die Verben auf -ire

1. Leggi il testo A 2 e combina. Quali differenze noti tra i verbi in **-are/-ere** e quelli in **-ire**? Lies Text A 2 noch einmal und kombiniere. Welche Unterschiede fallen dir zwischen den Verben auf **-are/-ere** und denen auf **-ire** auf?   **G** 3.2.2

| io, tu, lui/lei/Lei, noi, voi, loro (infinito) | preferisco, dormire, soffre, soffriamo, soffrono, capiscono, finite, senti, preferisce, offro |

 E6

2. Quali dei due gruppi dei verbi in **-ire** sai formare? In welche zwei Gruppen kannst du die Verben auf **-ire** einteilen?

E8 **Simone e le ragazze!** Simone und die Mädchen!

1. Completa i dialoghi con le forme giuste dei verbi. Vervollständige die Dialoge mit den richtigen Verbformen.

Simone: Ciao che fai?
Loredana: ■ (dormire). *Dormo*
Simone: Allora buon giorno!
Loredana: E tu?
Simone: ■ (soffrire) perché non ■ *Soffro,* (essere) con me. Tutti ■ *soffriamo* (soffrire) a scuola!
Loredana: Oddio, Simone! Ho mal di testa e ■ (soffrire) anch'io. *soffro* ■ (preferire) andare a scuola! *Preferisco*
Simone: Va bene, XXX!
Loredana: TVB! XXX!

• TVB (Ti voglio bene): *Ich hab dich lieb.*

Simone: Ciao che fai?
Franca: Che ■ (fare)? ■ (andare) a scuola! E tu? *faccio; vado*
Simone: ■ (preferire) stare qui al bar con Max. Tutti ■ (soffrire) a scuola! *Preferisco, soffriamo*
Franca: Max? L'amico tedesco? E che cosa ■ (preferire) bere: un caffè o un *preferisce* cappuccino?

54 cinquantaquattro

Simone: Un cappuccino. Ma ■ (sentire), noi ragazzi ■ (soffrire) quando le *senti, soffriamo* ragazze parlano di altri ragazzi. Allora parliamo di me?

Franca: Oddio! Ecco la fermata! TVB!

Simone: Ciao che fai?
Sara: Simone? ...

 E7, E8

2. Lavorate in due: inventate l'ultimo dialogo. Arbeitet zu zweit: Denkt euch den letzten Dialog aus.

3. Soffrono davvero tutti a scuola? Pensa alla tua classe: abbina un pronome indefinito a un verbo e fai delle frasi. Leiden wirklich alle in der Schule? Denke an deine Klasse: Verbinde ein Indefinitpronomen mit einem Verb und bilde Sätze. G 3.5

42   **A3** Il programma di oggi

interrogare: abfragen

Simone: Senti, Max, parli bene l'inglese? La prof d'inglese mi interroga domani. Mi aiuti?
Max: Certo. E quali lezioni avete oggi?
Giuliano: Prima matematica, poi inglese, chimica, e dopo storia dell'arte, fisica
5   ed educazione fisica.
Max: Come? Due lezioni di fisica?
Fabrizio: No, ma che dici! L'educazione fisica è lo sport ... Avete le stesse materie anche voi?
Max: No, storia dell'arte in Germania non c'è.
10 Simone: Vorrei anch'io una vita senza la Bardelli! Beato te!
Giuliano: La Bardelli! Dice sempre "Ragazzi, perché dormite sempre a scuola?"
Simone: "Perché chiacchierate sempre e non prendete appunti?"
Fabrizio: "Come compito rispondete a queste domande ..."
Giuliano e Simone: Basta!

42   **E9** Gli appunti di Max Max' Notizen

Per il suo forum Max prende appunti durante la giornata. Quale dei tre foglietti è il suo? Giustifica la tua decisione. Für sein Forum macht sich Max den ganzen Tag über Notizen. Welcher der drei Zettel ist seiner? Begründe deine Entscheidung.

• il tram: *Tram, Straßenbahn*

andare in tram
ascoltare due vecchiette
fare colazione al bar
pagare un cappuccino e
    un cornetto
aiutare Giuliano

comprare i biglietti in edicola
andare in autobus
fare colazione al bar
parlare con i ragazzi
aiutare Simone

comprare i biglietti in edicola
andare in autobus
ascoltare due vecchiette
parlare con le ragazze
aiutare Fabrizio

3A A scuola!

E10 **Un po' di tempo libero? Subito nel forum!** Ein wenig freie Zeit? Gleich ins Forum!

Giuliano ed i suoi amici parlano di compagni che Max non conosce ancora, allora legge nel forum. Giuliano und seine Freunde sprechen über Klassenkameraden, die Max noch nicht kennt, also liest er im Forum.

1. Abbina gli aggettivi e i sostantivi con le persone nel disegno. Ordne den Personen im Bild Adjektive und Substantive zu.

interessante   aperto   intelligente   perfetto   elegante
studente   tipo   amico   buono   caro   grande   simpatico
compagno di classe   dolce   triste   ottimo   cantante   inglese
bravo   francese   intelligente   sportivo   importante

1

2

3

4

Andiamo a scuola! 3A

2. Parla di una delle immagini (o inventane una nuova?) e usa anche le seguenti espressioni. Il partner disegna secondo la descrizione. Sprich über eines der Bilder (oder denk dir ein neues aus?) und benutze auch die folgenden Ausdrücke. Der Partner skizziert das Bild gemäß der Beschreibung.

- a destra — *rechts*
- a sinistra — *links*
- al centro — *in der Mitte*
- in alto — *oben*
- in basso — *unten*

 E9 **3.** Parla di una delle persone e descrivila dettagliatamente. Usa anche le seguenti espressioni. Il partner deve indovinare chi stai descrivendo. Sprich über eine der Personen und beschreibe sie genau so, wie du sie dir vorstellst. Benutze die folgenden Ausdrücke. Der Partner muss erraten, wen du beschreibst.

- veramente
- secondo me — *meiner Meinung nach*
- forse — *vielleicht*
- insieme — *zusammen*
- troppo — *zu*
- magari
- tanto
- molto — *sehr*
- proprio

E11 Il verbo *dire* Das Verb *dire*

Un verbo importante: **dire**. Combina. Ein wichtiges Verb: **dire**. Kombiniere. G 3.3

| io, tu, lui/lei/Lei, noi voi, loro (infinito) | dicono, dico, dice, dite, diciamo, dire, dici |

+ p. 133   **E12** **Anche i maschi sono chiacchieroni!** Auch Jungs sind Klatschmäuler!

1. Simone, Max, Giuliano e Fabrizio parlano di Loredana con Dario, un compagno di classe. Completa il dialogo con i seguenti verbi. Simone, Max, Giuliano und Fabrizio sprechen mit Dario, einem Klassenkameraden, über Loredana. Ergänze den Dialog mit den folgenden Verben.

- leggere
- conoscere (2x)
- preferire (3x)
- capire
- essere (3x)
- dire (2x)
- studiare
- parlare
- piacere (2x)

• Cavolo! *escl.*: *Donnerwetter!*

Simone: Max, ■ Loredana? ■ la mia ragazza.
Dario: Cavolo! Non ti ■. Questa Loredana ■ sempre, ■ sempre, non ■ molto.
Fabrizio: A me ■ molto. ■ molto carina e simpatica! Mi ■ le ragazze intelligenti! Ma che cosa ■ gli altri?
Simone: Non ■ molto. ■ non dire ancora niente.
Fabrizio: Ti ■ tutti! Oggi ■ Loredana, domani ■ un'altra ragazza, e …
Giuliano: ■ invidioso?

2. Che cosa dicono di Loredana? Was sagen sie über Loredana?

Simone dice che …, Dario dice che … Fabrizio dice che …

3. Max ha già conosciuto Loredana (→ lez. 2 B). Raccogli tutte le informazioni e scrivi poi una descrizione di Loredana. Usa anche le espressioni **dice che – è vero che – è certo che**. Max hat Loredana schon kennengelernt (→ L 2 B). Sammle alle Informationen und verfasse eine Beschreibung von Loredana. Benutze auch die Ausdrücke **dice che – è vero che – è certo che**.

cinquantasette **57**

3B A scuola!

B Tutti in classe!

B1 La 1ªC

(numero ■?) 5

	Franca:	Ehi, Tizi, ma chi è il ragazzo biondo vicino a Simone?
	Tiziana:	Il ragazzo alla porta? Ma è l'amico tedesco di Giuliano!
	Franca:	Che carino! Ma come si chiama?
	Tiziana:	Non lo so. Fritz? Helmut?
5	Franca:	Franz-Ferdinand? Ah, ah, ah.

(numero ■?)

	Giuliano:	Ecco, la nostra aula. Come vedi è un'aula normale con sedie e banchi un po' sporchi …
	Max:	Ed io? Qual è il mio posto?
	Fabrizio:	C'è ancora un posto libero accanto a Simone. Ma dov'è la sedia?
10		Vediamo …

(numero ■?) 4

	Dario:	Oh, no! La lavagna è tutta sporca e non c'è la spugna. Come faccio? Manca anche il gesso.
	Enzo:	Beh, chiamiamo il bidello.

(numero ■?) 3

	Luigi:	Come?! Non c'è la luce?
15	Carlo:	Sei sicuro? Eh no, hai ragione. Allora: buona notte. Andiamo a dormire un po'.

Tutti in classe! 3B

(numero ■?)

Sara: Simone, hai tu il mio astuccio?
Simone: Io? Ma perché sempre io? Il tuo astuccio non mi piace. È troppo pesante con tutte le matite che hai, il tuo righello gigante, la penna rossa. Senti, ma perché hai due gomme?
Sara: Voglio subito il mio astuccio!
Simone: Ma io non ce l'ho!!!

E1 43–47 **Di che cosa parlano gli studenti?** Worüber sprechen die Schüler?

1. Ascolta i dialoghi e poi abbinali al numero giusto secondo il loro contenuto.
Höre die Dialoge an und ordne ihnen dann entsprechend ihrem Inhalt die richtige Nummer im Bild zu.

E2 2. Che cosa c'è? Che cosa non c'è? Was ist vorhanden? Was ist nicht vorhanden?

porta · aula · sedie · banchi · spugna · gesso · bidello · sedia per Max · lavagna sporca · astuccio di Sara · luce · posto libero per Max

48–49 **B2 La lezione comincia**

Fabrizio: Simone ama provocare. Hai amici così anche tu, Max? La mia mamma dice sempre che tutti sono uguali perché "tutto il mondo è paese".
Max: Eh, sì. La gente è la stessa in tutti i paesi. Come sono i vostri prof?
Simone: Beh, che vuoi che ti dica? Alcuni sono troppo severi, altri sono troppo noiosi e solo pochi sono bravi. E devo anche dire che … Arriva la Cassati!
La prof: Buongiorno ragazzi!
Tutti: Buongiorno professoressa.
Simone: Oddio, oggi sembra proprio arrabbiata!
La prof: Ragazzi, vogliamo cominciare. Dovete stare zitti, c'è troppo rumore. Aprite i libri e chiudete le finestre. Mondini, Baldelli, siete senza libri? Chi dà un libro a Mondini e Baldelli? Grazie, Rubini. Schiatti, puoi descrivere l'immagine a pagina 34?
Fabrizio: Professoressa, ma deve interrogare Giuliano proprio oggi? Oggi è il primo giorno che c'è in classe anche il suo amico tedesco.
La prof: Un ragazzo tedesco? E dov'è? Tu sei l'amico di Giuliano? Ah, allora no, non posso interrogare Schiatti oggi. Interrogo Franchini, allora. Franchini, che cosa mi sai dire tu?
Simone: Io?! Eh grazie, Fabrizio! Un'altra insufficienza. Boh, a pagina 34 possiamo vedere …

• Che vuoi che ti dica?: Was soll ich dir sagen?

cinquantanove 59

3B A scuola!

 48–49   **E2** **Allora chi fa che cosa?** Wer macht denn hier was?

E3 Abbina le persone alle azioni e formula delle frasi. Verbinde die Person mit der Aktion und formuliere Sätze.

• pulire (-isc-): reinigen

 E3 **Che caos in classe!** Was für ein Chaos in der Klasse!

Mentre Simone sta parlando …

1. … Tiziana e Franca stanno disegnando. Quali sono i loro disegni? Giustifica la tua scelta. Während Simone spricht, zeichnen Tiziana und Franca. Welche sind ihre Zeichnungen? Begründe deine Wahl.

2. … la prof scrive qualcosa e riflette. Formula le domande che si sta facendo la prof. Während Simone spricht, macht sich die Lehrerin Notizen und überlegt. Formuliere die Fragen, die sich die Lehrerin stellt.

Modello: ■? – Mondini e Baldelli sono senza libri.
– Chi è senza libri? – Mondini e Baldelli sono senza libri.

1. ■? – Rubini dà un libro a Mondini e Baldelli.
2. ■? – Dice che c'è un ragazzo tedesco in classe oggi.
3. ■? – Non interrogo Schiatti perché il ragazzo tedesco è il suo amico.
4. ■? – Non so come si chiama.
5. ■? – Sta accanto a Franchini.
6. ■? – Interrogo Franchini allora.
7. ■? – Dice "Grazie, Fabrizio!" e comincia a descrivere.

E4 **I verbi *volere*, *potere* e *dovere*** Die Verben *volere*, *potere* und *dovere*

Mettete in ordine le forme dei verbi modali. Bringt die Formen der Modalverben in die richtige Reihenfolge.

G 3.6

3B A scuola!

 E5 Quanto c'è da fare! Es gibt viel zu tun!

La lezione continua e la prof e gli studenti dicono molte cose e fanno tante domande. Che cosa dicono? Lavorate in due e create un poster con espressioni che usiamo in classe. Se non conosci le espressioni giuste chiedi alla tua prof/al tuo prof d'italiano. Die Stunde geht weiter, und die Lehrerin und die Schüler sagen viel und stellen viele Fragen. Was sagen sie? Arbeitet zu zweit und entwerft ein Poster mit Ausdrücken, die im Unterricht benutzt werden. Wenn du die richtigen Ausdrücke nicht kennst, frage deine/n Italienischlehrer/in.

le frasi dei prof	le frasi degli studenti
• Puoi descrivere l'immagine a pagina 34?	• Può ripetere, per favore?
• Devi …	• Deve …
• …	• …

 E6 Poveri studenti! Die armen Schüler!

 E4 Che cosa vogliono fare? Che cosa non possono fare e che cosa devono fare? E tu? E voi? Formula delle frasi. Was würden sie gerne tun? Was können sie nicht machen und was müssen sie tun? Und du? Und ihr? Bilde Sätze.

Modello: I ragazzi vogliono stare al bar, ma non possono. Devono andare in aula.

Chi? Simone e Fabrizio / Giuliano / noi / io …

volere
- parlare con i compagni
- cantare insieme
- mangiare un gelato
- bere …

non potere
- chiacchierare
- bere in classe
- fare i compiti per casa durante le lezioni …
- andare a casa

dovere
- imparare i vocaboli
- stare a sentire
- prendere gli appunti
- fare gli esercizi
- fare i lavori di gruppo
- aiutare il mio vicino
- scrivere dei compiti in classe …

Tutti in classe! 3B

 E7 **Attenzione alla differenza tra *potere* e *sapere*!** Beachte den Unterschied zwischen *potere* und *sapere*.

Leggi le seguenti affermazioni e traducile in tedesco. Che cosa hanno in comune i verbi in grassetto? In che cosa si differenziano? Formula una regola e poi controlla nella grammatica. Lies die folgenden Aussagen und übersetze sie ins Deutsche. Was haben die fett gedruckten Verben gemeinsam? Inwieweit unterscheiden sie sich? Formuliere eine Regel und vergleiche sie mit der Grammatik. G 3.6.3

> Schiatti, **puoi** descrivere l'immagine a pagina 34?
> Ah, allora no, **non posso** interrogare Schiatti oggi.
> Franchini, che cosa mi **sai** dire tu?

 E8 **Che tipo di studente sei?** Welche Art Schüler bist du?

1. Tiziana e Franca hanno creato un test per Max: vogliono sapere che tipo di studente è e che cosa (non) sa fare. Ecco le sue risposte. Lavorate in due: formulate le domande di Tiziana e Franca e le risposte di Max.
Tiziana und Franca haben einen Test für Max ausgearbeitet: Sie wollen wissen, was für eine Art Schüler er ist und was er kann. Hier sind seine Antworten. Formuliert die Fragen von Tiziana und Franca sowie Max' Antworten.

Attività	Max
giocare a carte?	✓
suonare il pianoforte?	✗
fare i nostri compiti?	✗
sapere tutti i vocaboli di tutte le lingue che studi?	✗
andare in bici?	✓
studiare l'inglese con noi?	✓
mangiare una pizza con noi oggi?	✗

 E5 **2.** E che cosa (non) sai fare tu? E il tuo compagno/la tua compagna? E che cosa (non) potete fare? Und was kannst du (nicht)? Und dein Mitschüler/deine Mitschülerin? Was könnt ihr (nicht) tun?

3B A scuola!

E9 Notizie dai compagni di classe Neuigkeiten von den Schulfreunden

Max trova una nuova e-mail con un articolo di giornale che parla della sua scuola! Fa vedere l'articolo a Giuliano che però non capisce che cos'è il "Taaldorp". Max spiega il concetto al suo amico. Max findet eine neue E-Mail mit einem Zeitungsartikel, der von seiner Schule handelt! Er zeigt den Artikel Giuliano, der jedoch nicht versteht, was „Taaldorp" ist. Max erklärt seinem Freund das Konzept.

Due cappucci, per favore! – Taaldorp auch diesmal ein toller Erfolg

Am 1. Juni 2015 hat am städtischen Gymnasium der Stadt Köln bereits zum fünften Mal das jährliche Taaldorp im Fach Italienisch stattgefunden. Hinter der Bezeichnung Taaldorp verbirgt sich ein Sprachendorf. Schülerinnen und Schüler der 11. Klasse, die seit einem Jahr Italienisch lernen, werden hier an verschiedenen Stationen mit realistischen Kommunikationssituationen konfrontiert. Das Taaldorp, das die letzte Klausur des Schuljahres ersetzt, fordert die Schülerinnen und Schüler auf, ihre Sprachkenntnisse an der Bar, im Kiosk, auf dem Markt und in einem Modegeschäft in der Fremdsprache unter Beweis zu stellen. Der Gesprächsverlauf wird von einem Fachlehrer beobachtet und bewertet. Lehrer und Schüler sind von dem Projekt gleichermaßen begeistert. Die 16-jährige Svenja ist überzeugt: „Ohne Taaldorp hätte ich mich nie getraut, so oft im Unterricht etwas zu sagen. Aber nun wusste ich ja, was am Ende des Schuljahres auf mich zukommt. Es ist toll zu sehen, dass ich schon nach einem Jahr Italienisch so viele Alltagssituationen bewältigen kann. Nun will ich im Sommer auf jeden Fall nach Italien!". Auch Herr Wagner, einer der beiden Italienischlehrer des Gymnasiums, freut sich über die tollen Ergebnisse: „Der Unterricht erhält durch das Taaldorp-Projekt eine ganz neue Dynamik. Die sprachliche Kompetenz und die interkulturelle Handlungsfähigkeit rücken deutlich in den Vordergrund, und das kommt gerade dem Nachmittagsunterricht zugute." Nun will auch die Fachschaft Französisch ins Taaldorp-Boot einsteigen und die Schülerinnen und Schüler der Klasse 8 Baguette und Croissant am Rhein einkaufen lassen.

E10 La posizione delle parole nella frase Die Wortstellung im Satz

Guarda queste frasi e decidi: dove mettiamo il soggetto nella frase? E il verbo? Dove mettiamo l'oggetto diretto e dove l'oggetto indiretto? E quali parole corrispondono al tedesco *Nominativ, Genitivo, Dativ, Akkusativ*?
Sieh dir diese Sätze an und entscheide: Wo steht das Subjekt im Satz? Und das Verb? Wo stehen direktes und indirektes Objekt? Und welche Begriffe entsprechen Nominativ, Genitiv, Dativ, Akkusativ?

G 3.4

Simone ama provocare.
Aprite i libri.
Tu sei l'amico di Giuliano?
Chi dà un libro a Mondini e Baldelli?
Schiatti, puoi descrivere l'immagine a pagina 34?

Tutti in classe! 3B

E 11 Com'è la scuola in Germania? Wie ist die Schule in Deutschland?

1. Max vuole spiegare com'è la sua scuola. Aiutalo a sistemare le idee. Max will erklären, wie seine Schule zu Hause ist. Hilf ihm, seine Gedanken zu ordnen.

E6 **2.** E come sarebbe la tua scuola ideale? Fai delle frasi con **c'è/ci sono**, **non c'è/ci sono**, **solo qualche volta**, **spesso**, **sempre**. Und wie wäre deine ideale Schule? Bilde Sätze mit **c'è/ci sono**, **non c'è/ci sono**, **solo qualche volta**, **spesso**, **sempre**.

E 12 Partecipiamo ad un concorso! Lasst uns an einem Wettbewerb teilnehmen!

Nell'aula Max vede un poster che invita ad un concorso. Vuole capire: 1. Chi organizza il concorso?, 2. Qual è il tema del concorso?

E7–E10 Leggi il poster e scrivi le risposte sul quaderno.
Im Klassenzimmer sieht Max ein Poster, das zur Teilnahme an einem Wettbewerb einlädt. Er möchte Folgendes herausfinden: 1. Wer organisiert den Wettbewerb?, 2. Was ist das Thema des Wettbewerbs? Lies den Text und schreibe die Antworten in dein Heft.

Concorso PLAY MUSIC – STOP VIOLENCE 2016–17

Il contest musicale "PLAY MUSIC – STOP VIOLENCE", organizzato dalla Comunità di Sant'Egidio e da Fondazione Musica per Roma, offre la possibilità a giovani musicisti di confrontarsi attraverso la musica su temi importanti e attuali: la pace, la solidarietà, il razzismo, la violenza, la guerra, il rispetto per la vita, la pena di morte, l'accoglienza verso chi è costretto a lasciare il proprio paese, il convivere tra culture diverse.

La musica è forte e può fare molto per cambiare il mondo. I giovani musicisti con "PLAY MUSIC – STOP VIOLENCE" sono chiamati a comporre brani che insieme lancino un grande messaggio: stop violence! No alla violenza, alla guerra, al razzismo, alla povertà; sì alla pace, al rispetto per l'altro, alla solidarietà. Proprio la musica può lanciare questo messaggio e diffonderlo tra i giovani.

"PLAY MUSIC – STOP VIOLENCE": i musicisti possono, e devono fare la loro parte!

http://www.playmusicstopviolence.com/it/concorso (adattato)

sessantacinque 65

4 In giro per Roma

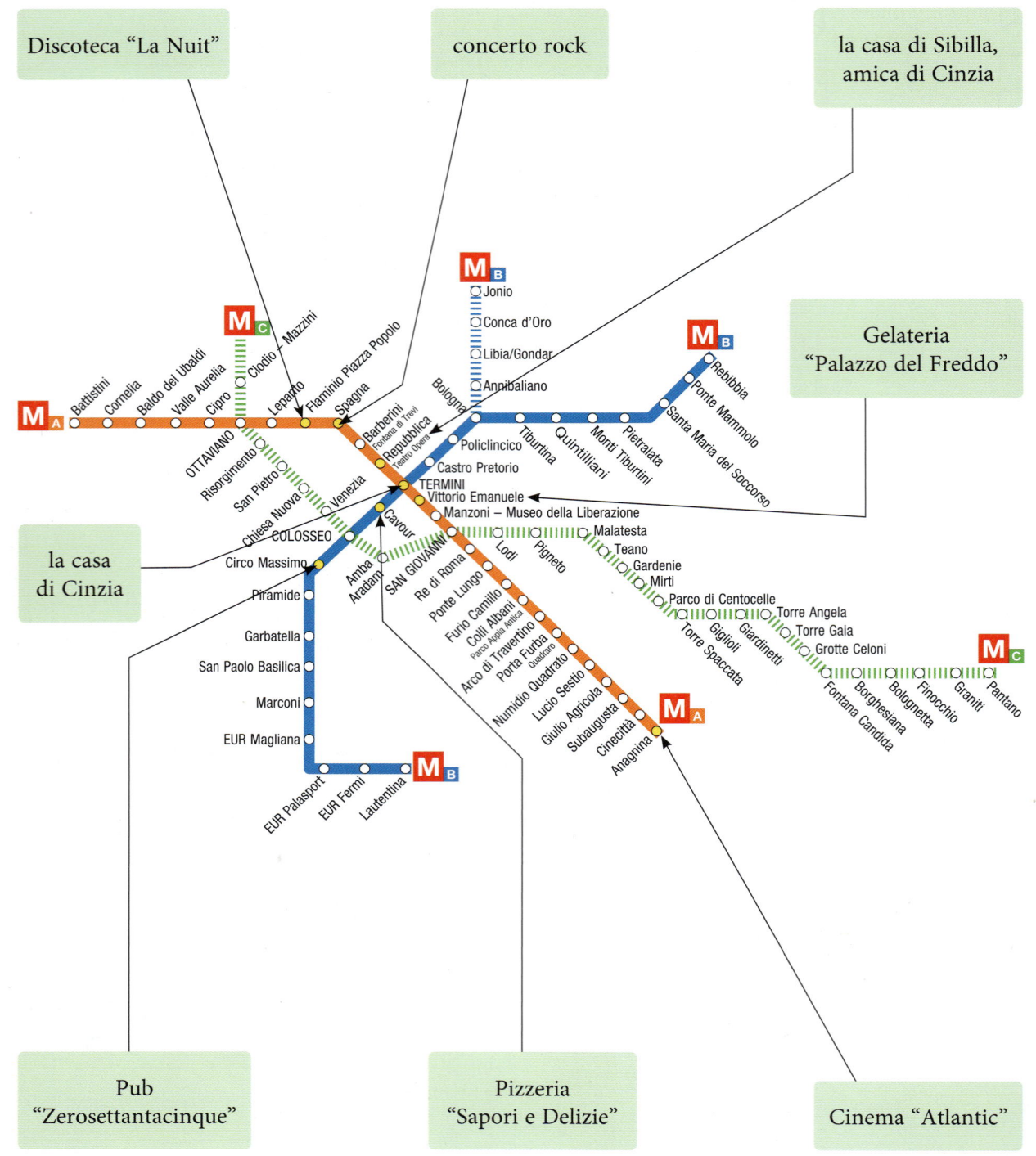

Ingresso 4

🎵 2–7 **E 1** **Una città piena di rumori** Eine Stadt voller Geräusche

1. Ascoltate i rumori e i dialoghi e abbinateli alle immagini. Attenzione! Ci sono più immagini che rumori/dialoghi! Hört die Geräusche und die Dialoge an und ordnet sie den Bildern zu. Achtung! Es sind mehr Bilder als Geräusche/Dialoge!

2. E tu? Conosci Roma? Quali luoghi riconosci dalle foto? Und du? Kennst du Rom? Welche Orte zeigen die Fotos?

> ! Am Ende dieser Lektion kannst du
> - Anzahl und Reihenfolge sowie Jahreszahlen benennen.
> - Auskunft geben über wichtige Sehenswürdigkeiten in Rom.
> - nach dem Weg fragen und Wegbeschreibungen geben.
> - dich in Italien öffentlicher Verkehrsmittel bedienen.
> - Aufforderungen erteilen.
> - das für deinen Einkauf passende Geschäft auswählen und dich auf einem Markt orientieren.

sessantasette **67**

4A In giro per Roma

A Scoprire Roma

A1 Giuliano e Max in giro per Roma

Giuliano: Max, oggi facciamo un giro per Roma, cosa ne dici? Non conosci ancora tanti monumenti, vero?
Max: Hai ragione! Finora conosco solo la Piramide, il Circo Massimo ed il Colosseo.
Giuliano: E non sono mica le uniche attrazioni a Roma! Oggi ti faccio vedere San Pietro, d'accordo?
Max: D'accordo, ottima idea! Andiamo in metropolitana o in autobus?
Giuliano: Andiamo prima a San Pietro in metropolitana – sono circa dieci fermate. E dopo andiamo in centro in autobus. Prendiamo la famosa linea 64.
Max: Cosa bisogna sapere di San Pietro, Giuliano?
Giuliano: Beh, è la sede del Papa e …
Max: Questo è chiaro! E qualcos'altro?
Giuliano: Mhmm – vediamo cosa trovo in internet …

• la sede: *Sitz*

La Basilica di San Pietro

La Fontana di Trevi

Il Vaticano

Il Vaticano è lo stato più piccolo del mondo (44 ettari). A capo c'è il Papa. Lui è anche il capo della chiesa cattolica. Dal 1929 è uno stato indipendente con circa 400 abitanti. Molto famosi sono la Basilica di San Pietro e Piazza San Pietro, ma anche i Musei Vaticani con la Cappella Sistina di Michelangelo e Castel Sant'Angelo. Per sapere di più clicca su: http://www.vaticanstate.va/content/vaticanstate/it.html

• cattolico, -a: *katholisch*

Scoprire Roma 4A

15 Dalla cupola si vede un panorama spettacolare.

- ammazza! *escl.*: Wahnsinn!

Max: Ammazza! Che panorama fantastico! È stupendo! Quant'è grande Roma!!!
Giuliano: Ma è chiaro, no! È la capitale d'Italia!
20
Max: Quanti abitanti vivono qui? Più di un milione, un milione e mezzo, un milione settecento mila …?
25 Giuliano: Max, 2,7 milioni! … Adesso andiamo in Piazza di Spagna e poi vediamo anche una fontana famosa in tutto il mondo.
30 Max: Piazza di Spagna? È famosa?
Giuliano: Ma sì, ci sono sempre tanti turisti. Andiamo!

 8–10 **E 1** **Quante informazioni! E quanto rumore!** So viele Informationen! Und so viel Lärm!

Max parla bene l'italiano, ma con il rumore a Roma non capisce sempre tutto.
Max spricht gut Italienisch, aber im römischen Lärm versteht er nicht immer alles.

1. Quale informazione è giusta? Welche Information ist richtig?
1. Giuliano dice che domani fanno un giro per Roma perché Max non conosce ancora tante attrazioni.
2. Giuliano sa molte cose e trova anche delle informazioni in internet.
3. Il Vaticano è uno stato molto grande con pochi abitanti.
4. Il Papa è il capo della chiesa cattolica, ma non è il capo dello stato del Vaticano.
5. Dopo la visita a San Pietro i ragazzi vogliono andare in Piazza Venezia.
6. Vanno anche a vedere una fontana famosa in tutta l'Italia.

2. Quale numero è giusto? Abbina la parola alla cifra. Welche Zahl ist richtig? Ordne das Wort der Ziffer zu.

Con la metropolitana sono circa 10 fermate.	due virgola sette milioni
Prendono l'autobus della linea 64.	un milione e mezzo/ un milione cinquecentomila
44 ettari	dieci
Dal 1929 è uno stato indipendente.	quattrocento
Con circa 400 abitanti.	quarantaquattro
1 500 000	sessantaquattro
2,7 milioni	millenovecentoventinove

sessantanove **69**

4A In giro per Roma

 E2 **I numeri cardinali** Die Grundzahlen

 E2 Guarda i numeri di E 1 e parla con un compagno. Chi trova la regola per la formazione dei numeri? Sieh dir die Zahlen in E 1 an und sprich mit einem Partner. Wer findet die Regel für die Zahlenbildung? G 4.1.1, 4.1.2

 **E3** **Aiutooo! Quale biglietto devo fare?** Hilfe! Welche Fahrkarte muss ich lösen?

 E3 Anche Cinzia e Carlotta vanno in centro oggi. Alla stazione metropolitana Piramide incontrano
1. un turista che gli chiede aiuto e
2. tre turisti (un ragazzo di 14 anni con i suoi genitori) che gli chiedono aiuto.
Inscenate i dialoghi. Usate le informazioni e le frasi utili che trovate qui sotto.
Auch Cinzia und Carlotta fahren heute ins Zentrum. An der U-Bahnhaltestelle Piramide treffen sie
1. einen Touristen, der sie um Hilfe bittet und
2. drei Touristen (einen 14jährigen Jungen mit seinen Eltern), die sie um Hilfe bitten.
Entwickelt die Dialoge. Benutzt die Informationen und Ausdrücke, die ihr hier im Anschluss findet.

```
BIT (Biglietto Integrato a Tempo)        1,50 EUR   valido per 100 minuti
BIG (Biglietto Integrato Giornaliero)    6,00 EUR   valido per   1 giorno
BTI (Biglietto Turistico Integrato)     16,50 EUR   valido per   3 giorni
CIS (Carta Integrata Settimanale)       24,00 EUR   valido per   7 giorni
```

Quelle: http://www.roma-antiqua.de/rom-reise-informationen/unterwegs_in_rom/metro_bus_tram

- Posso farvi una domanda?: *Kann ich euch eine Frage stellen?*

- Possiamo essere d'aiuto?: *Können wir helfen?*

X salutare
turista:
Scusate, posso farvi una domanda?
Salve ragazze, siete di Roma?
Avete un secondo?
Cinzia e Carlotta:
Buongiorno, signore.
Sì, siamo di Roma.
Possiamo essere d'aiuto?
Ha una domanda?
Ha bisogno di aiuto?

X chiedere un'informazione
Quanti giorni rimane a Roma?
Quale biglietto devo prendere?

X dare un'informazione
Sto a Roma un giorno/ due, tre, quattro, … giorni.
Preferisco prendere i mezzi pubblici e non andare a piedi.
Secondo me deve prendere il biglietto …
Se prende il biglietto … può risparmiare un po'.

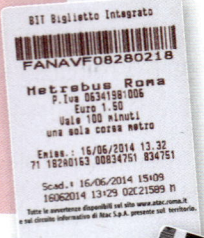

X ringraziare e salutare
Grazie mille!
Grazie del vostro aiuto.
Non c'è problema.
Di niente.
Arrivederci e buona giornata.

X calcolare
+ più   : diviso (per)
− meno   = fa / è
x per

Scoprire Roma — 4A

 11–12 **E 4** **In giro per Roma – proseguiamo!** Unterwegs in Rom – weiter geht's!

 E4 Come continua il tour di Max e Giuliano? Ascolta il dialogo. Wie geht die Tour von Max und Giuliano weiter? Höre den Dialog an.

1. Dove vanno prima? Cosa fanno dopo? Metti in ordine le parti del dialogo.
Wohin gehen sie zuerst? Was machen sie danach? Bringe die Dialogteile in die richtige Reihenfolge.

- la moneta: *Münze*
- il gradino: *Stufe*
- la scalinata: *Freitreppe*

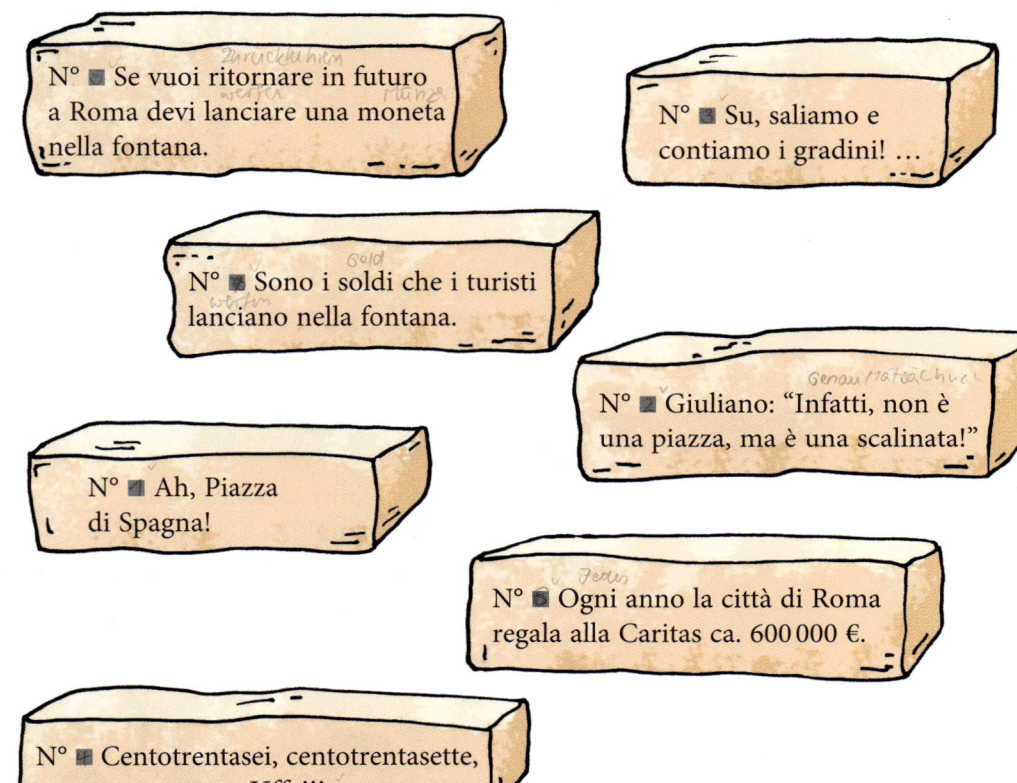

N° ☐ Se vuoi ritornare in futuro a Roma devi lanciare una moneta nella fontana.

N° ☐ Su, saliamo e contiamo i gradini! …

N° ☐ Sono i soldi che i turisti lanciano nella fontana.

N° ☐ Giuliano: "Infatti, non è una piazza, ma è una scalinata!"

N° ☐ Ah, Piazza di Spagna!

N° ☐ Ogni anno la città di Roma regala alla Caritas ca. 600 000 €.

N° ☐ Centotrentasei, centotrentasette, centotrentotto … Uffa!!!

2. Appunti per il forum: metti in ordine le informazioni e formula le domande.
Notizen für das Forum: Ordne die Informationen und formuliere Fragen.

Modello: …? 138 gradini.
→ Quanti gradini vedi in Piazza di Spagna?
138 gradini.

1. …? – Piazza di Spagna
2. …? – Circa 200 turisti
3. …? – La Fontana di Trevi
4. …? – Lancia una moneta nella fontana
5. …? – Circa 600 000 euro

3. Max guarda la pianta di Roma e cerca di capire dove sono i posti che conosce adesso. Trova i posti sulla pianta alla fine del libro. Max schaut den Stadtplan Roms an und versucht zu verstehen wo die Orte liegen, die er jetzt kennt. Finde die Orte auf dem Stadtplan am Ende des Buches.

4A In giro per Roma

A2 In giro per Roma – incontro con le ragazze!

Dopo un tour di quasi due ore.
Giuliano: Facciamo un salto alla galleria.
Max: E cosa c'è lì?
Giuliano: Ci sono diversi negozi. Ecco:

- la galleria: Gallerie; Tunnel

La Galleria in via del Corso
Via del Corso nel centro di Roma è la via dello shopping. C'è per esempio la "Galleria Alberto Sordi" (è il nome di un attore famoso del cinema italiano). Si chiama così dal 2003. Ci sono diversi negozi e anche spettacoli di musica, di danza, d'arte e di moda. Per scoprire quali negozi ci sono vai sul sito: http://www.galleriaalbertosordi.it

La Galleria Alberto Sordi

5 Max: Perfetto! Possiamo comprare una cartolina della Fontana di Trevi per i miei nonni lì?
Giuliano: Certamente – in edicola! E il francobollo dal tabaccaio!
Giuliano: E adesso hai voglia di prendere un gelato?
Max: Eccome! Andiamo alla gelateria "Giolitti".

- il tabaccaio: Inhaber eines Tabakladens

10 Max e Giuliano entrano in gelateria …

Giuliano: Ah, ma guarda chi c'è!
Carlotta: Ciao ragazzi! Come va?

Scoprire Roma 4A

Max e Giuliano: Ciao ragazze! Tutto bene?
Giuliano: Cinzia, ti presento Max.
15 Cinzia: Ma noi ci conosciamo già.
Max: Eh, sì. Da casa nostra e dal forum.
Cinzia: Tu scrivi davvero tanto in questo forum!
E5 Max: E tu scrivi molti commenti!

E5 Cinzia fa la spiritosa. Cinzia spielt den Witzbold.

13–14

Cinzia domanda tante cose a Max. Completa il dialogo. Cinzia stellt Max viele Fragen. Vervollständige den Dialog.

Cinzia: Allora scrivi del tuo tour stasera e di questa galleria in via del Corso? Come si chiama la galleria?
Max: …
Cinzia: Che bella questa galleria! Mi piace molto perché mi piace fare shopping.
Max: Ma non ci sono solo negozi, ci sono anche spettacoli alla galleria.
Cinzia: Davvero? E quali spettacoli ci sono?
Max: …
Carlotta: Ma Cinzia, che domande! Tu conosci bene Roma!

E6 Alla gelateria: come continua l'incontro? In der Eisdiele: Wie geht das Treffen weiter?

Come continua il dialogo tra i quattro ragazzi nella gelateria? Inventate la fine del dialogo e non dimenticate il gelataio. Ricordatevi del vocabolario della lezione 2 B. Wie geht das Gespräch der vier Jugendlichen in der Eisdiele weiter? Erfindet das Ende des Dialogs und vergesst dabei den Eisverkäufer nicht. Denkt an das Vokabular von Lektion 2 B.

E7 Le preposizioni articolate Die Präpositionen mit Artikeln

Max va in molti posti e parla anche di molti posti. Che cosa dice Max? E che cosa dicono gli altri? Max geht an viele Orte und er spricht auch von vielen Orten. Was sagt er? Und was sagen die anderen?

G 4.2

1. Trova le preposizioni nei testi. Finde die Präpositionen in den Texten.
   alla galleria, *della* Fontana di Trevi, *dal* tabaccaio, via *del* Corso, *nel* centro, ■ shopping, ■ cinema, ■ 2003, ■ sito, ■ gelateria
   dello   *del*   *dal*   *sul*   *alla*

2. Parla con un compagno di classe: quali preposizioni identificate in queste forme? Scambiate idee per capire il sistema e mettete poi le preposizioni e gli articoli. Sprich mit einem Klassenkameraden: Welche Präpositionen entdeckt ihr in diesen Formen? Tauscht eure Ideen aus, um das System zu erkennen und setzt dann die Präpositionen und die Artikel ein.

   alla galleria (a + la ➞ alla)
   ■ Fontana di Trevi (■ + la ➞ ■)
   ■ tabaccaio (■ + il ➞ ■), …

4A In giro per Roma

p. 133 **E 8** **Cinzia, una ragazza in gamba!** Cinzia, die hat's drauf!

Dopo il gelato i quattro amici decidono di passare un po' di tempo insieme.
Nach dem Eis wollen die vier Freunde ein wenig Zeit zusammen verbringen.

1. Metti la preposizione e l'articolo. Ergänze die Präposition und den Artikel.

Modello **al** (a + il) Pantheon

Giuliano: Max conosce già San Pietro, Piazza di Spagna, Fontana di Trevi e via ▪ *del* (di + il) Corso.
Cinzia: Allora è chiaro che adesso dobbiamo andare ▪ *al* (a + *il*) Pantheon!
Max: Che cos'è il Pan… cosa?
Cinzia: Il Pantheon è una chiesa. Ma, non è una chiesa normale! È molto speciale! Su, andiamo ragazzi!
Carlotta: Max, devi sapere che Cinzia sa tutto di Roma – è un'ottima guida!
Max: Non come Giuliano che guarda sempre ▪ *sull'* (su + *l'*) ipod!
Cinzia: Guarda Max, questo è il Pantheon!
Max: Wow, non sembra una chiesa!
Cinzia: È ▪ *dell'* (di + *l'*) antica Roma. "Nasce" ▪ *nel* (in + il) 118 dopo Cristo come tempio. ▪ *Dal* (da + *il*) 609 il Pantheon però è una chiesa cattolica. Entriamo?
Max: Volentieri!

• il tempio: Tempel

2. Trova le forme corrette nella casella. Finde die richtigen Formen in der Box.

nel✓	della	dell'✓	sui	nella✓	del	della✓	allo

• la lapide: Steinplatte
• la tomba: Grab
• la cupola: Kuppel

Max: Questi lapidi **sui** muri cosa sono?
Cinzia: Sono "tombe"! Le più famose sono quelle ▪ *dell'* artista Raffaello, ▪ *della* sua fidanzata e quello ▪ *del* re Vittorio Emanuele II d'Italia.
Max: E perché c'è un buco ▪ *nella* cupola? Così entra la pioggia ▪ *nel* Pantheon!
Cinzia: Sì, ma così entra la luce.
Max: Carlotta ha ragione, sei veramente un'ottima guida!
Cinzia: Allora se ti piace sono contenta! Ma dove sono Carlotta e Giuliano?!
Max: Guarda, sono fuori ▪ *sui* gradini ▪ *della* fontana.
Cinzia: Giuliano guarda le ragazze e Carlotta pensa ▪ *allo* shopping!

3. Max cerca di ricordare le cose che ha detto Cinzia ma fa degli errori. Aiutalo! Max will sich an alles erinnern, was Cinzia gesagt hat, aber er macht Fehler. Hilf ihm! **G** 4.1.4

Il Pantheon è una chiesa *non* normale. Nasce nell'811 avanti Cristo come tempio. Dal 609 dopo Cristo al 1790 dopo Cristo è una chiesa cattolica. Dentro ci sono le tombe di Michelangelo e Vittorio Emanuele II, due famosi artisti d'Italia. Non c'è una cupola, solo un grande buco. Così entrano la pioggia e anche la luce.

E6–E9

4. Seduti sui gradini Max prende appunti per il forum. Che cosa scrive? Fai un elenco di otto idee. Während sie auf den Stufen sitzen, macht sich Max Notizen für sein Forum. Was schreibt er? Erstelle eine Liste mit acht Ideen.

Il Pantheon:
• chiesa speciale
• tempio dell'antica Roma
• …

Scoprire Roma 4A

E9 Un giro particolare — Eine besondere Tour

Il giorno dopo Cinzia chiede a Max di fare un altro giro, ma uno particolare! "È una sorpresa, Max! Ci vediamo domani direttamente a Villa Borghese!" Am Tag darauf fragt Cinzia, ob Max eine weitere Tour machen will, aber eine besondere! „Das ist eine Überraschung, Max! Wir treffen uns gleich in der Villa Borghese!"

1. Che cosa vuole fare Cinzia? Leggi questo testo. Non è necessario capire ogni parola. Scambiate con il vostro partner le informazioni che avete compreso. Was will Cinzia unternehmen? Lies diesen Text. Du musst nicht jedes Wort verstehen. Tauscht zu zweit die Informationen aus, die ihr verstanden habt.

2. Hanno capito anche gli altri? Formulate tre domande che si riferiscono a queste informazioni e presentatele ai vostri compagni di classe: Chi sa rispondere? Haben die anderen auch verstanden? Formuliert drei Fragen, die sich auf diese Informationen beziehen und stellt sie euren Klassenkameraden: Wer kann antworten?

① Dove ci sono anche Bike Sharing?
② Dove si trova nelle stazioni?
③ Für was ist das Fahrrad ideal?

Roma Bike Sharing

… è un servizio di mobilità per cittadini e turisti che vogliono noleggiare biciclette dal centro storico fino a Ostia! Come a Parigi, Barcellona, Milano o Londra, adesso anche a Roma puoi noleggiare delle biciclette dal "Bike Sharing". Questa è un'alternativa ecologica e anti-traffico che è ideale per piccole distanze e per zone dove altri mezzi pubblici non possono entrare.

Come iscriversi

Per poter usare queste biciclette devi comprare una tessera elettronica al costo di 10,00 euro (la card costa 5,00 euro, e la prima ricarica costa 5,00 euro) presso una delle dieci biglietterie autorizzate, che si trovano nelle stazioni: Termini (metro A e B – capolinea ATAC), Lepanto (metro A), Piazza di Spagna (metro A), Anagnina (metro A – capolinea ATAC / COTRAL), Ottaviano S. Pietro (metro A), Cornelia (metro A – capolinea COTRAL), Battistini (metro A), Ponte Mammolo (metro B), Eur Fermi (metro B), Laurentina (metro B)

I costi

Il costo del servizio è di 0,50 euro per ogni mezz'ora. Sul sito www.bikesharing.roma.it, puoi controllare il tuo credito (con nome utente e password).

Se hai domande …

… chiama qui: telefono: 06.57003 … o vai su uno di questi siti:
http://www.agenziamobilita.roma.it,
http://www.bikesharing.roma.it

settantacinque 75

4B In giro per Roma

B Testaccio … un labirinto!

15–16 **B1** Fare la spesa a Testaccio

Anna Maria: Max, vieni! Senti, ti vorrei chiedere un piccolo favore … Giuliano è dal dentista e Carlotta da Cinzia: puoi fare tu la spesa oggi?
5 Max: Ma certo, volentieri! Che cosa devo comprare?
Anna Maria: Sei un tesoro! Quindi … vai prima in farmacia, sai dov'è? Non è lontana da qui.
10 Max: Sì, so dov'è, è vicina a casa nostra. In via Branca, no?
Anna Maria: Bravo! Poi compra la carne in macelleria. Dalla farmacia vai sempre diritto in direzione
15 Piramide e gira a sinistra dopo la terza traversa. Di fronte al vecchio mercato c'è "Nasini Carni". Abbi un po' di pazienza se c'è tanta gente …
20 Max: Va bene …
Anna Maria: Nella stessa strada, dopo il secondo incrocio c'è un negozio di generi alimentari con prodotti biologici sulla destra. E nella strada parallela, dietro l'isolato, la
25 mia salumeria preferita. Compra il resto al mercato nuovo, dal fruttivendolo, dal pescivendolo e …
30 Max: Sì, okay … ma che cosa devo comprare esattamente?
Anna Maria: Stai tranquillo! Adesso prepariamo una bella lista della spesa … e poi ti spiego bene la strada!

- il/la secondo, -a: *der/die zweite*
- l'isolato: *Häuserblock*

E1

Testaccio … un labirinto! 4B

 15–16 **E1** **Dove deve andare Max?**

In quali negozi deve andare Max per fare la spesa? Metti le foto dei negozi e delle persone nominate nell'ordine giusto. A F D B G

 E2 **Quanti negozi e quanti prodotti!**

Max conosce già tutti i negozi. Basta nominare un tipo di negozio e si crea subito un'immagine del negozio e delle cose che vende. Lavorate in gruppi. Scegliete un tipo di negozio e, con l'aiuto del dizionario, fate una lista di dieci prodotti che vende. Disegnate su un poster il negozio con i suoi prodotti e scrivete i vocaboli accanto ai prodotti. Presentate i vostri risultati alla classe.

 E3 **Al mercato nuovo di Testaccio** (Partner A)

Sei Partner B? Vai a pagina 134.
Aiuta Max ad orientarsi al mercato nuovo di Testaccio.

1. Abbina le frasi.

Una ragazza vende i formaggi	accanto al pane. 5
Il fruttivendolo è	vicino al pescivendolo. 1
Una signora aspetta	a destra. 4
La salumeria è	di fronte a Max. 6
Il pescivendolo si trova	a sinistra della ragazza. 2
Tante persone sono	davanti al fruttivendolo. 3
Un cane	è sotto il banco del fruttivendolo. 7

2. Domanda al compagno dove sono la bicicletta, la signora con il baby, il gatto.

 E2 **3.** Adesso tocca a te: pensa ad un negozio nella tua città. Poi descrivi ai tuoi compagni di classe dove si trova. Chi indovina per primo di quale negozio stai parlando?

4B In giro per Roma

 17–20 **B2** **Tanti negozi e tante strade**

[mappa di Roma – zona Testaccio]

 17–20 **E4** **Quante informazioni!**

Ascolta i dialoghi e rispondi alle seguenti domande.

- la piantina: (Stadt-)Plan

1. Quale numero sulla piantina corrisponde a quale negozio?
   la farmacia: N° ■, la macelleria: N° ■, il negozio di generi alimentari: N° ■, la salumeria: N° ■, il mercato nuovo: N° ■

2. Come si chiamano le strade che prende Max?
   Comincia così: per andare da casa sua in farmacia, Max prende via Vespucci, via Gessi e via Branca. Per andare dalla farmacia in macelleria …
   Continua.

Testaccio … un labirinto! 4B

 E5 L'imperativo Die Befehlsform

1. Trova le forme dell'imperativo nei testi B 1 e B 2 per i seguenti verbi e inserisci l'infinito e imperativo nella tabella.

-are	-ere	-ire	irregolari
■	■	senti! (sentire)	■

Verbi regolari: sentire comprare girare scusare continuare aspettare correre attraversare prendere seguire

Verbi irregolari: andare avere stare fare dare sapere dire

2. Come si forma l'imperativo (1ª plurale) dei verbi in -are e dei verbi in -ere e -ire?

3. Come si forma l'imperativo (2ª sing.) dei verbi regolari in -are e dei verbi in -ere o -ire? Come si forma l'imperativo negativo?

4. Come si forma l'imperativo (2ª plurale) dei verbi in -are e dei verbi in -ere o -ire? Come si forma l'imperativo negativo?

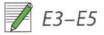 E3–E5   5. Controlla le tue idee con l'aiuto della grammatica.   G 4.3

+ p. 134   **E6** Terribili, i genitori!

1. Mentre Max fa la spesa, Carlotta è a casa di Cinzia. Le amiche parlano dei loro genitori. Completa il dialogo con i verbi all'imperativo.

ascoltare [hören]   aprire [öffnen]   fare (2x) [machen]   dire [sagen]   guardare [anschauen]   comprare [kaufen]
ripetere [wiederholen]   essere [sein]   spegnere [ausschalten]   salutare [begrüßen]   studiare [lernen]   dimenticare [vergessen]
passare [vergehen]   mettere [setzen, stellen]   andare [gehen]   accendere [anschalten]   aiutare [helfen]

Carlotta: Mia madre è terribile, dice sempre: Carlotta e Giuliano, **fate** la spesa! **comprate** questo, non **dimenticate** quell'altro, **passate** da lì, **andate** là!
Cinzia: È normale! Anche mia madre è così. Dice sempre: Cinzia, **metti** in ordine la tua camera, **apri** le finestre, **spegni** il computer, **accendi** la luce e cose così.
Carlotta: Sì, anche mia madre dice queste cose. E poi c'è mio padre che pensa sempre alla scuola: ragazzi, non **guardate** la TV, ma **studiate**! Non **ascoltate** sempre la musica, ma **fate** i compiti e **ripetete** i vocaboli d'inglese!
Ciniza: È uguale a mio padre! In più mi ricorda sempre di essere educata: Cinzia, **aiuta** tua madre in cucina! Non **dire** parolacce! **Sii** gentile con i vicini! **Saluta** i vicini! Che noia!
Carlotta: Hai ragione. Eh sì, i genitori sono veramente terribili!

2. Anche i tuoi genitori dicono queste cose? Che cosa dicono a te/ai tuoi fratelli/alle tue sorelle?

3. Che cosa vorresti dire tu ai tuoi genitori?

settantanove 79

4B In giro per Roma

E7 I numeri ordinali Die Ordnungszahlen

1. Metti in ordine i seguenti numeri ordinali: G 4.4

   undicesimo, -a (11) · quarto, -a (4) · primo, -a (1) · decimo, -a (10) · settimo, -a (7) · trentesimo, -a (30) · sesto, -a (6) · diciottesimo, -a (18) · nono, -a (9)

E6–E9 2. Formula una regola per i numeri ordinali e trova le forme per:

   12° · 17° · 20° · 31° · 54° · 78° · 100°

E8 Che cosa facciamo stasera?

E10 Stasera Cinzia e Carlotta vogliono uscire e parlano delle loro idee. Cinzia spiega a Carlotta quali metropolitane devono prendere. Preparate il dialogo con l'aiuto della mappa che trovate all'ingresso di questa lezione.

Modello:
Carlotta: Come arriviamo a casa della tua amica Sibilla?
Cinzia: Prendiamo la linea A in direzione Battistini e scendiamo alla prima fermata.
Carlotta: E se andiamo alla discoteca "La Nuit", …?

• la discoteca: Diskothek

E9 Spieghiamo la strada (21–23)

La sera Cinzia e Carlotta spiegano la strada a molti turisti che incontrano.

1. Ascolta come Cinzia e Carlotta spiegano la strada ai turisti che incontrano e delinea i loro percorsi sulla pianta di Roma che trovi alla fine del libro.

2. Le ragazze usano sempre le stesse espressioni. Cerca nei testi altri vocaboli ed espressioni utili per spiegare la strada!

si trova | vicino | alla piazza | … | …

gira | …

attraversa | …

devi andare | diritto | fino | all'incrocio | … | … | al quarto semaforo …

Testaccio … un labirinto! 4B

3. Paragona i tuoi risultati con un compagno di classe. Poi inventate altri dialoghi tra le ragazze e i turisti con l'aiuto della pianta del testo B 2. Non dimenticate le congiunzioni:

G 4.5

prima   dopo   poi   se   ma   però

1. Da San Francesco a Ripa alla Piramide.
2. Dalla Piramide a Sant'Alessio.
3. Da Sant'Alessio a Piazza di Porta Portese.
4. Da Porta Portese a Santa Sabina.

E 10 Venite a Milano!

Suona il telefonino di Carlotta: è Laura, l'amica di Carlotta che da poco vive a Milano! Invita Carlotta per il weekend! Carlotta è molto contenta.

1. Laura ha già tante idee su dove vuole portare Carlotta quando viene a Milano. Copia la sua mappa delle idee nel tuo quaderno e scrivi le parole al posto giusto.

Il Duomo di Milano

da	da + articolo		a	a + articolo
da Martina		**Porto Carlotta …**		
• …				
	in	in + articolo		
	• in centro			

amici – Brera – casa mia – centro – cinema – discoteca "Rocket" – Duomo – famiglia di Federica – Federica – Galleria Vittorio Emanuele – bar in via Santa Margherita – gelateria "Grom" – il mio ragazzo Luca – mia zia – Leonardo – piazza del Duomo – pizzeria – pizzeria "El Brellin" – pub – Rinascente – scuola – teatro – Teatro della Scala – via Montenapoleone – zona dei Navigli

2. Fai una ricerca in internet.
Cerca una pianta del centro di Milano e delle metropolitane.
Chi trova per primo i posti che Laura vuole visitare con Carlotta?

3. Decidi cosa vuoi visitare tu se vai a Milano (cinque o sei attrazioni).

4. Lavorate in due: immaginate di essere in Piazza del Duomo. Chiedi a un signore di spiegare la strada (a piedi o in metropolitana) per visitare una delle attrazioni che vuoi vedere. Presentate il dialogo.

E 11 Il verbo *venire*   Das Verb *venire*

Un verbo importante: **venire**. Abbina.

G 4.6

io   tu   lui/lei/Lei   noi   voi   loro (infinito)

veniamo   vengono   vengo   venire   vieni   venite   viene

ottantuno 81

4B In giro per Roma

E 12) Fare la spesa in Italia e in Germania

Fare la spesa in Italia non è come fare la spesa in Germania! Per spiegare ai suoi amici italiani le differenze, Max scrive un testo sul suo forum. Spiega che cosa scrive la sua guida turistica tedesca sulla spesa a Roma e che cosa è strano per un tedesco.

Ecco che cosa dice la guida turistica:

> „Es gibt in Rom nicht ein einziges Warenhaus, in dem man alles bekommt, was der Mensch zum Leben braucht. Die Kaufhäuser im Zentrum sind weitgehend auf Mode spezialisiert. Größere Supermärkte gibt es meist nur außerhalb des Stadtkerns. Zwar hat das gute alte Einzelhandelsgeschäft im Zentrum überlebt, dafür zahlt der Kunde hier aber Spitzenpreise.
> Für Italien-Neulinge ist das Einkaufen nicht ganz leicht: Fleisch gibt es beim Fleischer, Obst beim Obsthändler, soweit ist die Welt noch in Ordnung. Die Obsthändler verkaufen aber auch Wein, Weinhändler auch frische Eier. Brot bekommt man beim Lebensmittelhändler, denn reine Bäckereien sind selten. Dafür verkaufen viele Geschäfte ausschließlich frische Pasta. Wenn Sie Ihre Zahnbürste vergessen haben, können Sie sie im Lebensmittelgeschäft bekommen, aber nicht in jedem. Einen Kamm hingegen finden Sie nur in der *Profumeria*, dem Parfümladen."
> (zitiert aus: ADAC Reiseführer Rom von Herbert Rosendorf, München 2009: S. 166 f.)

- l'uovo, *Pl.* le uova: *Ei*
- lo spazzolino da denti: *Zahnbürste*
- il pettine m: *Kamm*

Aiuta Max a scrivere il testo per il suo forum!
Ecco alcuni vocaboli utili:
il prezzo alto · la carne · le uova · il pane · il pettine

Testaccio … un labirinto! 4B

 17–20 **Tanti negozi e tante strade** (→ pagina 78)

Non è tanto facile per Max trovare tutti i negozi. Quindi chiede la strada a diversi passanti.

Max: Scusa, vorrei chiedere un'informazione …
Ragazzo: Sì?
5 Max: Sai dov'è "Canestro", il negozio alimentare biologico?
Ragazzo: Certo, è in questa strada, dopo la seconda traversa. Continua sempre diritto!
Max: Grazie!
Ragazzo: Figurati!

10 Max: Scusi, cerco la salumeria "Volpetti".
Signora: È in via Marmorata. Vai avanti fino al semaforo e poi gira a sinistra. La salumeria è subito sulla tua sinistra, di fronte alla fermata dell'autobus!
15 Max: Tante grazie!
Signora: Prego!

- fare il bravo:
  sich anständig verhalten
- fare il monello:
  sich unartig (wie ein Lausbub) benehmen

Max: Scusi, … per il mercato nuovo?
Signore: Buffy, Lilly, aspettate! Fate i bravi! Scusa … prego?
20 Max: Quale strada porta al mercato nuovo?
Signore: Al mercato nuovo? Non lo so, mi dispiace. Non sono di qui.
Max: Ah … okay.
Signore: Su, Buffy, Lilly! Venite! Andiamo avanti. Non fate i monelli, dai, correte …!

25 Max: Scusi, come faccio ad arrivare al mercato nuovo?
Signora: Il mercato nuovo? Beh, attraversa prima l'incrocio e poi prendi …
Signore: Ma che dici? Non ascoltare mia moglie! Sappi che non conosce bene
30 Testaccio. Non attraversare l'incrocio, ma segui via Galvani e …
Signora: Di', non è di là il mercato?
Signore: Ma no, è di qua! Dopo la sesta, anzi, la quinta traversa, sulla destra. Sicuro!
35 Max: Va bene … grazie mille!
Signore: Di niente!

ottantatré 83

Competenze 2

Progettare una gita di classe
Eine Klassenfahrt planen

In classe volete organizzare un viaggio studio, avete tre giorni a disposizione. L'idea è di andare a Verona o a Ravenna. Lavorate in due gruppi: il gruppo A progetta il viaggio a Verona, il gruppo B progetta il viaggio a Ravenna. Informatevi sui seguenti punti: 1. come andarci, 2. dove pernottare, 3. che cosa fare/visitare.
Lavorate in gruppetti da tre o quattro studenti. Decidete chi è responsabile di che cosa.

Gruppo A: VERONA

Gruppetto 1: Come andare a Verona?
- Per il viaggio informatevi sui mezzi di trasporto che potete prendere (aereo, treno, pullman, altro mezzo?).
- Presentate gli orari (ora e punto di partenza, dove cambiare?). Dite quanto tempo dura il viaggio e quanto costa.
- Cercate su una pianta della città dove sono l'aeroporto e la stazione.
- Discutete le vostre proposte nel vostro gruppo.

Piazza Bra a Verona

Gruppetto 2: Dove pernottare a Verona?
- Scegliete un albergo adatto in internet e presentate informazioni sugli alberghi.
- Cercate su una pianta della città dove si trovano gli alberghi e dite se ci sono mezzi di trasporto nelle vicinanze per andare in centro.
- Discutete le vostre proposte nel vostro gruppo.

Gruppetto 3: Che cosa fare/visitare a Verona?
- Informatevi in internet su quello che potete fare a Verona e presentate informazioni sui luoghi d'interesse (Che cos'è? Come andarci? Quando andarci? Quanto costa?).
- Discutete con il vostro gruppo le vostre proposte. Decidete quale proposta volete presentare alla classe.
- Presentate il vostro viaggio al gruppo B.

Modello:
Hotel Siena; categoria: *; prezzo: 90 Euro la camera singola
indirizzo: Via G. Marconi, 41, nel centro di Verona
caratteristiche dell'hotel: colazione a buffet gratuita, connessione wireless a internet gratuita, reception aperta 24/24

Gruppo B: RAVENNA

Gruppetto 1: Come andare a Ravenna?
- Per il viaggio informatevi sui mezzi di trasporto che potete prendere (aereo, treno, pullman, altro mezzo?).
- Presentate gli orari (ora e punto di partenza, dove cambiare?). Dite quanto tempo dura il viaggio e quanto costa.
- Cercate su una pianta della città dove sono l'aeroporto e la stazione.
- Discutete le vostre proposte nel vostro gruppo.

Piazza del Popolo a Ravenna

Gruppetto 2: Dove pernottare a Ravenna?
- Scegliete un albergo adatto in internet e presentate informazioni sugli alberghi.
- Cercate su una pianta della città dove si trovano e dite se ci sono mezzi di trasporto nelle vicinanze per andare in centro.
- Discutete le vostre proposte in gruppo.

Gruppetto 3: Che cosa fare/visitare a Ravenna?
- Informatevi in internet su quello che potete fare a Ravenna e presentate informazioni sui luoghi d'interesse (Che cos'è? Come andarci? Quando andarci? Quanto costa?).
- Discutete con il vostro gruppo le vostre proposte. Decidete quale proposta volete presentare alla classe.
- Presentate il vostro viaggio al gruppo A.

Dopo le presentazioni di gruppo A e B decidete dove volete andare.

Alcune espressioni utili per preparare il viaggio in classe
Come arriviamo a …? Dove arriviamo esattamente?
Quali mezzi di trasporto ci sono?
Quanto tempo ci vuole per viaggiare da … (luogo di partenza) a …?
Dove si trovano gli alberghi? Dove sono i luoghi di interesse?

Possiamo andare a …/ visitare …
… è un museo, una chiesa, un castello, una galleria, un centro commerciale/artistico
… è famoso/famosa per …
… è conosciuto/ conosciuta per …

L'albergo è comodo/semplice, caro/economico, tranquillo/ rumoroso, in centro/in periferia

… è una città grande/media/piccola, d'arte/industriale, moderna/antica/provinciale.

Secondo me quest'idea è … ☺
stupendo/stupenda
meraviglioso/meravigliosa
splendido/splendida
magnifico/magnifica
eccitante

Secondo me quest'idea è … ☹
brutto/brutta
orrendo/orrenda
orribile
modesto/modesta
noioso/noiosa

5 La vita non è solo scuola

Che ora è ? Che ore sono ?

G 5.1.1

è mezzogiorno/mezzanotte

meno un quarto/e tre quarti

meno venti/e quaranta

e un quarto

e venti

e mezzo/e mezza

Ingresso

Andiamo allo stadio olimpico! 24–25

E1

! Am Ende dieser Lektion kannst du
- über deine täglichen und jahreszeitlich bedingten Gewohnheiten Auskunft geben.
- Verabredungen mit Datum und Uhrzeit treffen.
- über vergangene Erlebnisse berichten.
- dich über Sportarten und wichtige Sportler unterhalten.
- erste Eindrücke des CINEMA ITALIANO wiedergeben.

- la serie A *f*: entspricht der 1. Bundesliga

5A La vita non è solo scuola

A È ora di muoversi!

A1 Mente sana in corpo sano

Prima della lezione di educazione fisica: Max e Giuliano sono negli spogliatoi e parlano con gli altri compagni di classe dei loro sport preferiti.

Max: Io in Germania il sabato mi sveglio verso le sette e mezza. Faccio colazione, mi vesto e poi mi alleno. Anche i miei genitori si svegliano presto e si allenano con me. In inverno andiamo a sciare. In estate, cioè da giugno a settembre, ci piace correre nel parco. Se però il tempo è bello, andiamo a correre già in maggio.
Fabrizio: Ma non andate a scuola il sabato in Germania?
Max: Per fortuna no. In Germania di solito non andiamo a scuola il sabato.
Fabrizio: Allora, vi riposate?
Max: Sì, io e i miei genitori ci alziamo un po' più tardi.
Fabrizio: Beati voi. Noi invece abbiamo lezione anche il sabato. Ma quando non devo andare a scuola non riesco a svegliarmi presto. La domenica mi alzo con calma. Anche mio padre si sveglia tardi mentre la mia mamma si alza alle sette. Verso le dieci usciamo e facciamo una passeggiata a Villa Borghese. Noi camminiamo volentieri, soprattutto in primavera e in autunno.

E1 Due fine settimana a confronto

E3 Giuliano riflette su quello che fa di solito Max il fine settimana in Germania. Max invece riflette su quello che fa di solito Fabrizio il fine settimana. Usa le seguenti frasi per completare i loro pensieri!

Si sveglia alle 7.30. – Verso le dieci esce con i genitori e fanno una passeggiata a Villa Borghese. – La domenica invece si alza con calma. – In inverno vanno a sciare. – Fa colazione, si veste e poi si allena. – Va a scuola il sabato. – I suoi genitori si allenano con lui. – Camminano volentieri, soprattutto in primavera e in autunno. – In estate corrono nel parco. – Se il tempo è bello vanno a correre già in maggio. – Lui ed i suoi genitori si alzano più tardi.

Allora, il sabato Max si sveglia ...

Allora, il sabato Fabrizio ... La domenica invece ...

È ora di muoversi! 5A

 E2 I verbi riflessivi

Non riesco a svegliarmi presto! La domenica ci alziamo con calma.

Fabrizio si alza tardi, ma Max riesce a svegliarsi presto.

Mi sveglio presto per allenarmi e i miei genitori si allenano con me.

1. A che cosa bisogna fare attenzione con i verbi riflessivi? Trova gli altri verbi riflessivi nel testo e scrivi le loro forme nel tuo quaderno. Poi completa la coniugazione dei verbi riflessivi del testo con i pronomi giusti. Pensa al verbo **chiamarsi**. Ti può aiutare! **G** 5.2

2. Ci sono verbi nel testo A1 che sono riflessivi solo in italiano ma non in tedesco – come **chiamarsi**. Quali sono gli altri?

 E3 Il nuovo prof di educazione fisica memorizza

E2, E4 Aiuta il prof e completa i suoi pensieri con le forme adatte dei seguenti verbi:

allenarsi   alzarsi   andare   dire   dovere   fare
riposarsi   vestirsi (2x)   svegliarsi (2x)

In Germania Max ■ verso le sette e mezzo. Poi ■ colazione e ■. Anche i suoi genitori ■ presto e ■ con lui. Fabrizio ■ che i tedeschi il sabato ■ perché non ■ a scuola. Lui e sua madre ■ tardi la domenica e Fabrizio ■ con calma, perché non ■ andare a scuola.

5A La vita non è solo scuola

E4 Anche Fabrizio memorizza

E4 1. Trova le forme dei verbi **uscire** e **riuscire** nel disegno e scrivi la coniugazione nel tuo quaderno.

G 5.3

2. Chi esce con chi? Chi riesce a fare cosa? Completa i pensieri di Fabrizio con le forme adatte di **uscire** e **riuscire a**.
Max ■ svegliarsi verso le sette e mezzo anche il sabato, quando non deve andare a scuola. Io non ■ alzarmi presto quando non devo andare a scuola.
La domenica io e i miei genitori ■ spesso insieme e facciamo una passeggiata a Villa Borghese.
Max vuole ■ con noi ma abbiamo sempre molto da fare. Anche a me piace tanto ■ di sera con i compagni ma durante la settimana non ■ di sera perché abbiamo lezioni dal lunedì al sabato. ■ incontrarci quasi solo il sabato sera.
Simone non ■ spesso con noi perché va a nuotare tre volte alla settimana. Tante volte non ■ studiare o a fare i compiti perché torna a casa tardi. Ma ■ sempre ad essere costante nell'allenamento. Che grinta!!!

- la grinta: Entschlossenheit, fester Wille

3. Adesso tocca a voi: domandate a tre compagni di classe che cosa (non) riescono a fare (mai). Ecco alcune idee da usare; per più idee guardate l'ingresso di questa lezione.
alzarsi presto la mattina – essere costanti nell'allenamento – fare i compiti subito dopo la scuola – studiare ogni giorno – andare a spasso con il cane ogni mattina/pomeriggio/sera …

Modello: – Riesci ad alzarti …?
– Sì, riesco (sempre) ad alzarmi./No, non riesco (mai) ad alzarmi.

4. Presentate i vostri risultati alla classe.

Modello: Lisa ed io riusciamo a …/Luis non riesce a …/Peter e Hannes …

A2 Giuliano prende la parola

Giuliano: Io invece la domenica pomeriggio gioco a calcio. Max mi accompagna sempre allo stadio. A mezzogiorno mangiamo un panino perché dobbiamo prendere l'autobus già all'una. La partita è poi dalle due alle quattro meno un quarto.

Max: Anch'io amo il calcio da quando vado allo stadio con Giuliano. Mercoledì andiamo a vedere la partita.

Giuliano: Non vedo l'ora!

Max: In Italia avete tanti bravi giocatori. Il mio preferito è Mario Balotelli. Fabrizio, ti piacciono anche gli sport di squadra?

Fabrizio: Sì, molto. Infatti il martedì gioco a pallavolo mentre il giovedì gioco a basket.

Max: Io vado pazzo per il basket.

Fabrizio: Veramente? Giovedì prossimo ti porto all'allenamento. Così mi puoi far vedere quanto sei bravo a giocare a basket …

Max: Io ci sto! Venite anche voi?

Giuliano: Non so, mi fa male il piede.

Fabrizio: E come ti fa male il piede? Ma tu hai sempre qualcosa: una volta il piede, un'altra volta la mano, la testa, la schiena … Non è possibile! Dai!

Giuliano: È vero comunque. E poi ho troppo da studiare. Mi devo preparare per l'interrogazione di matematica e lunedì c'è un compito d'italiano.

Fabrizio: Figurati, il compito d'italiano … ma l'interrogazione è un altro discorso. Preparati bene, il prof di matematica è molto severo.

Simone: Anch'io giovedì devo studiare perché sono molto impegnato tutta la settimana. Amo nuotare. Mi alleno tre volte alla settimana dalle sei meno un quarto alle otto meno un quarto. Però devo partire molto prima perché la piscina "Delle Rose" è un po' lontana. Perciò il lunedì, il mercoledì e il venerdì non ho tanto tempo per studiare. Spesso non riesco ad andare a letto prima di mezzanotte.

Max: Oddio! E la mattina a che ora ti alzi?

Simone: Verso le sei.

Max: Che grinta! E riesci sempre ad essere costante nell'allenamento?

Simone: In inverno ci riesco, anche perché allenarsi fa bene al corpo e alla mente!

Giuliano: Sbrigati Max!

5A La vita non è solo scuola

 27–29   **E 5** **Quante attività!**

Max vuole uscire con i compagni di classe ma i ragazzi hanno sempre molto da fare. Perciò cerca di memorizzare le loro attività. Aiuta Max!

A Primo ascolto
Ascolta e poi abbina le attività alle persone. Attenzione! Alcune persone fanno diverse attività.

1. giocare a pallavolo
2. fare una passeggiata
3. correre nel parco
4. giocare a basket
5. nuotare
6. giocare a calcio

a. Max   b. Fabrizio   c. Giuliano   d. Simone

B Secondo ascolto
Completa la tabella:
Quando fanno le loro attività i ragazzi?

nome	l'ora	il giorno della settimana	il mese/ la stagione
Max			
…			

   E 6 **Parliamo dei giorni, dei mesi e delle stagioni.**

Dai un'occhiata ai giorni, ai mesi e alle stagioni nei testi A 1 e A 2! Poi completa queste frasi:

Uso l'articolo quando … Non uso l'articolo quando …
Uso la preposizione **in** con … e la preposizione …

G 5.1.2, 5.1.3

E 7 **E quando ci incontriamo?**

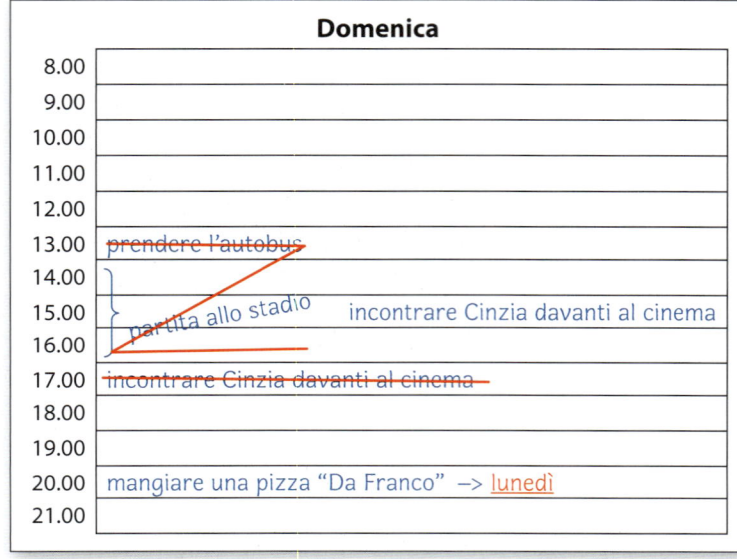

Max è in crisi: trova un nuovo messaggino di Cinzia sul telefonino. Fa già molte cose, deve studiare, ma vuole anche incontrarsi con Cinzia. Ricorda la chiamata di ieri.

Completa il dialogo del giorno prima con l'articolo se necessario.

È ora di muoversi! 5A

Cinzia: Pronto.
Max: Ciao Cinzia. Sono Max.
Cinzia: Ciao Max. Tutto a posto?
Max: Insomma. Sono nervoso perché ■ lunedì scrivo il mio primo compito in classe e …
Cinzia: Vuoi dire che non hai tempo ■ domenica?
Max: Non possiamo incontrarci un altro giorno? Devo studiare con Giuliano.
Cinzia: Per il calcio però hai tempo! Sai, anch'io devo studiare molto!
Max: Non ti arrabbiare! Di solito ■ domenica vado allo stadio con Giuliano ma ■ domenica prossima non giochiamo a calcio. Studiamo. Cinzia, ho un'idea. ■ domenica mattina studio con Giuliano e noi ci incontriamo ■ domenica pomeriggio alle tre davanti al cinema.
Cinzia: E la pizza?
Max: Andiamo a mangiare la pizza ■ lunedì dopo la scuola. Sei d'accordo?
Cinzia: Va bene! Allora ci vediamo ■ domenica alle tre davanti al cinema.
Max: Ciao Cinzia.

E8 Oddio, il messaggino di Cinzia!

 E8, E9

1. Il messaggino di Cinzia è una poesia: *Le stagioni* di Roberto Piumini. Purtroppo i versi sono in disordine. Qual è l'ordine giusto dei versi? Lavorate in gruppi e mettete in ordine i versi.

> poi Estate calda e chiara
> poi Autunno bruno e quieto
> quando la cicala canta,
> poi Inverno infreddolito
> Prima viene Primavera
> con castagne e foglie rosse,
> con starnuti, gelo e tosse.
> con i fiori sulla pianta,

2. Scrivi la risposta di Max: parla di questi due aspetti. Perché ti piace questa poesia? Quale poesia tedesca è la tua preferita e perché?

 30–33

E9 Via i pensieri!

Max è ancora in pensieri: pensa al suo programma per i prossimi giorni. Offre tante attività, cerca di capire gli orari.

> Partita dell'AS Roma su RAI I: oggi   Museo di Roma: lunedì
> Nuotare con Simone: domani   Incontro in Piazza Navona: sabato

5A — La vita non è solo scuola

E 10 Quando partiamo?

Un altro messaggio sul telefonino! È da parte di Luciano. Invita Max ad andare a trovarlo d'estate a Verona dai suoi nonni insieme ai suoi amici. Gli amici cominciano subito ad organizzare la gita.

G 5.1.4

1. Aiutate gli amici a trovare il periodo giusto per la gita a Verona.

> ferie: dal 15 giugno al 10 settembre
> Fabrizio lavora: dal 2 agosto al 31 agosto
> Carlotta e Cinzia vanno in Inghilterra: dal 25 luglio al 10 agosto
> Giuliano va dai nonni: dal 12 agosto al 20 agosto
> Max parte con i suoi genitori: dal 22 luglio al 15 agosto

 E7–E10

2. Adesso comincia la discussione: che cosa vogliono fare a Verona? Create un programma di visita: "Due giorni a Venezia".

E 11 Un'ora libera!

Una prof è malata, allora i ragazzi decidono di fare il compito per casa insieme.

A Max e Giuliano devono fare una ricerca su uno sportivo e decidono di presentare Max Bertolani.

1. Leggono un'intervista e fanno il ritratto di Max Bertolani. Usa queste domande:
- Quanti anni ha?
- Che lavoro fa?
- Com'è di carattere?
- Quali sport fa?
- Quante volte alla settimana si allena?
- Cosa mangia?

Bello fuori e bello dentro

Ciao Max, presentati ai nostri lettori!
Mi chiamo Max Bertolani, sono del 1966, sono uno sportivo. Il mio motto è "Volere e potere". Mi batto per la difesa dei bambini, degli anziani e degli animali.

Descriviti con tre aggettivi.
Sono ambizioso, generoso e leale.

Qual è il tuo sogno nel cassetto?
Aiutare i giovani ad amare lo sport!

Quali sport fai o hai fatto in passato?
Da piccolo ho fatto molti sport. Ma la mia passione è il football americano. Dal 1981 al 1998 ho giocato con i Rhinos Milano e poi con i Frogs di Legnago. Adesso faccio Body Fitness.

Che cos'è il body fitness?
Il body fitness è diverso dal culturismo. Il body fitness rispetta l'armonia, le proporzioni e la funzionalità del corpo.

Quante volte ti alleni alla settimana?
Mi alleno tre volte alla settimana. Di solito la mattina. Mi sveglio presto. Faccio colazione e poi vado in palestra.

Curi molto la tua alimentazione?
Mangio di tutto. Carne, pesce, uova, frutta e verdure. Amo la pasta. Mi trattengo solo davanti ai dolci!

Un consiglio per i nostri giovani lettori?
Amate e rispettate il vostro corpo! Curate la vostra alimentazione e non esagerate con diete drastiche!

Grazie Max!
Grazie a voi!

da: http://www.maxbertolani.it/intervista.html
(testo abbreviato e leggermente semplificato)

È ora di muoversi! 5A

2. Max non capisce tutte le espressioni usate nell'articolo. Aiuta Max e abbina le espressioni che hanno lo stesso significato.

1. il sogno nel cassetto	fare attenzione a che cosa si mangia
2. andare in palestra	desiderio
3. curare l'alimentazione	aiutare
4. trattenersi davanti a	controllarsi
5. battersi per	allenarsi

3. Giuliano invece vuole fare un'intervista. Fai una lista con tutte le espressioni utili per fare un'intervista. Cerca, dov'è possibile, anche delle alternative, per esempio "ciao Max" → "buongiorno Max".

B Gli altri ragazzi della classe presentano i seguenti sportivi.

1. Ma quali sport fanno? Abbina.

1. Alberto Tomba
2. Filippo Magnini
3. Maurizia Cacciatori
4. Gianmarco Pozzecco

a.    b.    c.   d.

 E11

2. Trova delle informazioni su uno di loro e fai un'intervista (l'intervista con Max Bertolani ti può essere di aiuto). Presenta la tua intervista davanti alla classe.

 **C** Intervista i tuoi compagni. Ad ogni persona puoi fare due domande. Chi completa per primo la lista?

attività
giocare a tennis
andare in palestra
amare sciare
nuotare
giocare a pallavolo
giocare a basket

Federica Pellegrini

Francesco Totti

Roberto Nani

Danilo Gallinari

novantacinque **95**

5B La vita non è solo scuola

B Attività … serali

B1 Tra una lezione e l'altra …

I ragazzi parlano del loro tempo libero.

Giuliano: Ragazzi, che cosa avete fatto ieri sera?
Fabrizio: Sono stato al bar con Marco. Abbiamo giocato con un videogioco strafigo e poi siamo tornati a casa.
Tiziana: Io sono stata in pizzeria con mia madre. Abbiamo mangiato una pizza e poi siamo andate in gelateria. Sapete chi ho incontrato lì? La prof d'inglese. E sapete la novità? Ho conosciuto suo figlio. Che figo!
Simone: Davvero! Io invece ho passato tutta la serata seduto alla scrivania a preparare questo maledetto compito d'italiano. Ho cominciato alle otto e ho finito a mezzanotte!
Loredana: Avete visto il concerto di Zucchero in televisione ieri sera?
Luigi: No, io ho dormito tutto il giorno e la sera Max è venuto a trovarmi. A dire la verità abbiamo ascoltato tutto il tempo il nuovo album dei Modà. Piace molto a Max.
Simone: Sapete che è uscito il nuovo film di Alice Rohrwacher? La prossima settimana vorrei andare al cinema e vedere questo film.
Tiziana: Perché non domandiamo alla prof d'italiano se andiamo al cinema tutti insieme?
Giuliano: Adesso abbiamo italiano! Domandiamo alla prof se è d'accordo!
Fabrizio: Oddio è cominciata la lezione. Facciamo presto!

Alice Rohrwacher

Modà

Zucchero

E1 Chi ha fatto che cosa?

Abbina! Poi paragona i risultati con il tuo compagno di banco.   G 5.4

Tiziana	ha giocato con i videogiochi
Loredana	ha dormito tutto il giorno
Simone	è venuto a trovare l'amico
Luigi	sono stati al bar
Fabrizio	è andata in pizzeria
Max	sono stati in gelateria
il figlio della prof	ha studiato
	ha guardato la televisione
	hanno ascoltato la musica

Attività ... serali 5B

E2 Quali sono le tue attività serali da sogno?

1. Metti i verbi al posto giusto. G 5.4

giocare   fare   essere   andare   parlare

- a mangiare una pizza
- a sciare   a vedere un film
- in palestra   a cavallo   in gelateria
- in pizzeria   a trovare un amico

- al cinema
- in gelateria   al bar
- allo stadio olimpico

- uno sport di squadra
- i compiti per il giorno dopo
- una passeggiata
- a Villa Borghese

- con gli amici
- degli sport preferiti
- degli amici
- del tempo libero

- a tennis   a calcio
- a basket   a pallavolo
- a pallamano
- con un videogioco

- la goccia: *Wassertropfen*

2. "Una serata bellissima": scegli un'attività per goccia e descrivi in cinque frasi con chi esci, come cominciate, come finite la serata, e che cosa fate dopo.

E3 Il passato prossimo

1. Copia e completa la seguente tabella nel quaderno con le espressioni del testo.

verbo	oggi	ieri sera	participio passato
gio**care**	Giochiamo con un videogioco.	Abbiamo giocato con un videogioco.	-are ➔ ■ to
	Conosco suo figlio.		
	Finisco a mezzanotte.		

2. Come si forma il participio passato dei verbi regolari? Quali verbi nel testo **A1** sono irregolari? G 5.5

3. Trova tutte le forme del passato prossimo nel testo (participio e ausiliare). Secondo te, quando (non) cambia il participio? Trova anche esempi per la tua regola.

4. Il passato prossimo di alcuni verbi in italiano si forma sia con l'ausiliare **essere** che con **avere**. Guardate gli esempi e cercate di capire la differenza.

È cominciato il concerto in TV.
Zucchero ha cominciato il concerto con *Baila*.
Il concerto è finito alle undici.
Ho finito i compiti a mezzanotte.
Max è cambiato molto in Italia.
I Modà hanno cambiato stile.

5B La vita non è solo scuola

+ p. 135

E4 Max è curioso

E3–E5   Max non riesce a capire e domanda direttamente ai suoi amici che cosa hanno fatto ieri sera. Completa i dialoghi con i seguenti verbi.

> capire   mangiare (3x)   finire
> venire   giocare   andare   uscire (2x)   dormire

Max: Tiziana e Simone, ■ con un videogioco, vero?
Tiziana: No, Max. Io ■ una pizza con mia madre e Simone ■ il compito di matematica.
Max: ■. E tu Luigi? ■ un gelato, vero?
Luigi: No, non ■ un gelato. Prima ■ tutto il giorno e poi …
Max: … e poi io ■ a casa tua. E tu, Loredana? ■ ieri sera?
Loredana: Ieri sera non ■, ma sabato sera Tiziana ed io ■ in centro.

> noi/cominciare   cominciare   uscire   potere uscire
> volere uscire   noi/ascoltare   cambiare   dovere studiare

Tiziana: Ma, Max: tu e Luigi ■ insieme?
Max: No, ■ il nuovo album dei Modà. Che bello! Luigi dice che la loro musica ■ veramente molto dal 2002. Io non posso dire se è vero o no, perché ■ ad ascoltare la loro musica da poco tempo. Verso le dieci ■ a guardare un film in TV. E tu, Simone, vuoi venire al cinema con noi?
Simone: Sì, volentieri perché vorrei vedere il nuovo film di Alice Rohrwacher.
Max: Simone, perché non ■ ieri sera?
Simone: Non ■. ■ per il compito di matematica.

36 **B2 Al cinema "Maestoso"**

La prof accetta la proposta dei ragazzi e si incontrano al cinema. Dopo il film alcuni di loro vanno a bere qualcosa e parlano del film.

Franca: Che stupido film! Mi sono annoiata tantissimo.
5 Fabrizio: Perché ti sei annoiata?
Franca: Non guardo i film sentimentali. Preferisco i thriller.
Tiziana: Noi invece ci siamo divertite tantissimo.
Giuliano: Come mai vi siete divertite così tanto?
10 Elisa: Quando il film è cominciato, Simone si è seduto vicino a noi e non ha fatto altro che raccontare barzellette. La prof si è arrabbiata con noi. Si è avvicinata e si è lamentata del nostro comportamento. Non possiamo più dire a lei di venire con noi al cinema.
15 Giuliano: Siete sempre i soliti stupidi! Ma vi siete almeno scusati con la prof?
Tiziana: Non abbiamo fatto in tempo! Dopo il film è andata subito via.
Fabrizio: Ah, adesso ho capito perché non è venuta con noi.

• le meraviglie: Wunder

Attività … serali 5B

 36 **E5** **Gli appunti di Max**

p. 136   Dopo il cinema Max torna a casa e vuole continuare a scrivere sul suo forum italiano.
Aiuta Max con i suoi appunti!
Completa le frasi!
1. Franca si è annoiata perché ■.
2. Elisa e Tiziana si sono divertite molto perché ■.
3. La prof si è arrabbiata perché ■.
4. Elisa e Simone sono sempre i soliti stupidi perché ■.
5. Elisa e Tiziana non si sono scusate con la prof perché ■.
6. La prof non è andata con loro a bere qualcosa perché ■.

E6 **I verbi riflessivi al passato prossimo**

Guarda queste frasi e formula una regola sulla formazione dei verbi riflessivi al passato prossimo. Poi paragona il risultato con il tuo compagno di classe.   G 5.5.3

Ci siamo divertite!

Io mi sono annoiata!

Perché vi siete divertite?

Perché Simone si è seduto vicino a noi!

5B La vita non è solo scuola

p. 136

E7 **A casa Giuliano parla della serata con sua madre.**

Completa il dialogo con i seguenti verbi al posto giusto.

> è cominciato · sono stata · è andata · si sono divertite
> mi sono seduta · mi sono arrabbiata · Hanno parlato · mi sono divertito
> hai finito · ha raccontato · Hai passato · si è annoiata
> si è seduto · si sono scusate · si sono scusati · hai passato

Anna Maria: Ciao, Giuliano. ■ una bella serata?
Giuliano: Ciao, mamma. Beh, io ■, ma Franca ■.
Anna Maria: E perché?
Giuliano: Perché lei non guarda i film sentimentali. Ma Elisa e Tiziana ■ tanto, perché Simone ■ accanto a loro e ■ barzellette anche quando ■ il film.
Anna Maria: Non bisogna comportarsi così al cinema. Quando io ■ al cinema la settimana scorsa, ■ accanto a due ragazze. ■ tanto e ■ io con loro. Ma poi le due ragazze ■.
Giuliano: Purtroppo Elisa, Tiziana e Simone non ■ con la prof, perché dopo il film ■ via subito. E come ■ la giornata tu, mamma?
Anna Maria: La mia giornata? Mah, insomma … ah, ciao Max! ■ a scrivere il tuo blog? Vieni, siediti!

E8 **Bruno Filippini: *Sabato sera* (1965)**

E6, E7

Dopo un po' arriva anche il nonno di Giuliano. Secondo lui i ragazzi d'oggi fanno troppe cose e comincia a cantare una vecchia canzone che a Max piace molto. Quando è via, Max ascolta questa canzone in Internet.

1. Max cerca di capire le parole. Ascolta la canzone e completa la tabella.

- l'io lirico:
  das lyrische Ich

La settimana dell'io lirico. Che cosa fa da lunedì a sabato?					
lunedì	martedì	mercoledì	giovedì	venerdì	sabato

2. Secondo te, che cosa fa la domenica? Aggiungi un verso alla canzone.

3. E tu, che cosa fai il prossimo fine settimana? Racconta!

Bruno Filippini

Attività ... serali   5B

E9 **Il cinema italiano in Germania**

E8 A Colonia c'è la "Settimana del cinema italiano" e Lukas, un amico di Max in Germania, vuole andare a vedere il film "NOI 4". Max conosce questo film e trova un sito internet dove parlano del film. Adesso scrive un'e-mail (in tedesco!) al suo amico. Parla della trama e spiega perché il film è interessante.

Noi 4 ★★★★☆ (mymo*net*ro: 3,54)

Con un occhio vigile e un orecchio attento Bruni racconta l'Italia di oggi con leggerezza solo apparente

Consigliato: Sì *media giudizi di pubblico, critica e dizionari.

Regia di Francesco Bruni. Con Ksenia Rappoport, Fabrizio Gifuni, Lucrezia Guidone, Francesco Bracci, Raffaella Lebboroni.
Genere Commedia, produzione Italia, 2014. Durata 90 minuti circa.

Tutto accade in una giornata di giugno, in una Roma assediata dal traffico metropolitano. Per il serio e timido Giacomo è il momento più atteso e temuto dell'anno: non solo deve affrontare gli esami orali di terza media, ma pure dichiararsi ad una sua compagna di scuola, segretamente amata. Intorno a questo importante appuntamento si muovono freneticamente anche gli altri membri della sua scombinata famiglia. La sorella Emma, ventenne idealista ed irrequieta che sogna di fare l'attrice di teatro, è tanto affezionata al padre quanto distante dalla madre. I genitori sono da tempo separati. Ma mentre Ettore, il padre, è il tipo di artista bohemien, simpatico ma chiaramente inaffidabile, specie agli occhi del figlio, la mamma Lara, ingegnere, si è dedicata anima e corpo ai figli e alla sua professione.

Recensione → Critica (6) → Pubblico (5) → Forum (21) →
http://www.mymovies.it

- stella: *Stern*
- vigile, attento: *aufmerksam*
- temuto: *befürchtet, gefürchtet*
- scombinato: *auseinandergefallen*

Gli attori del film "Noi 4"

6 Ma che bella vita!

giallo, gialla

celeste

azzurro, azzurra

blu

verde chiaro

verde scuro

rosa

arancione

grigio, grigia

viola

rosso, rossa

rosso fuoco

marrone

bianco su nero

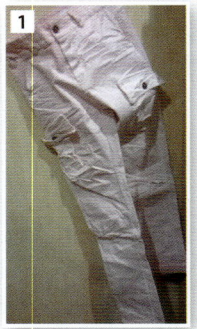
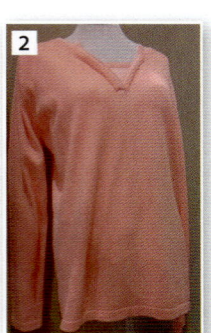

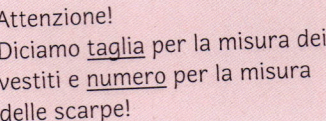

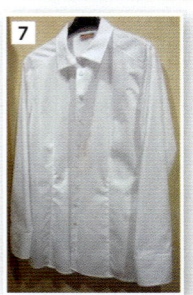

Attenzione!
Diciamo <u>taglia</u> per la misura dei vestiti e <u>numero</u> per la misura delle scarpe!

Ingresso 6

in tinta unita

a quadri

a righe

a fiori

a pois

E 1 Quanta roba da vestire!
Abbinate i nomi alle immagini.

la camicetta   la gonna   il vestito   i jeans   la cintura   gli stivali

la camicia   il maglione   la giacca   la maglietta   le scarpe

la felpa   i pantaloni   la sciarpa   il cappello   i calzini

> ! Am Ende dieser Lektion kannst du
> - dich über Farben und Muster unterhalten.
> - Preis, Größe und Beschaffenheit von Kleidung kommentieren.
> - Verkaufsgespräche in Geschäften und auf dem Markt führen.
> - ein Fest zusammen mit Freunden organisieren.

centotré 103

6A Ma che bella vita!

A Sempre il solito problema

A1 Non ho niente da mettermi!!!

Cinzia e Carlotta sono invitate al compleanno di Luca. Cinzia vuole comprare un bel vestito perché sa che alla festa c'è anche Max. Vanno a fare shopping.

Carlotta: Guarda che bella! Vedi la gonna azzurra lì?
Cinzia: Non è affatto bella. È troppo lunga. Stasera voglio mettermi una
5   minigonna rossa o un vestito corto. Sai che c'è Max.
Carlotta: Ma hai già tanti vestiti.
Cinzia: Sì, ma sono tutti vecchi e anche un po' stretti. Ti piace questo vestito nero? Non è né troppo lungo né troppo corto.
Carlotta: Sì, hai ragione. È bellissimo. E non costa neanche troppo. Il colore ti
10   piace?
Cinzia: Il nero mi sta benissimo ma per la festa di stasera vorrei comprare un vestito rosso. Non ho mai indossato un vestito rosso. Guarda il vestito rosso lì! Ti piace?
Carlotta: No, qui non hanno niente di bello. Andiamo nel negozio accanto.
15   In vetrina ho visto una bella camicia rosso fuoco e i pantaloni bianchi con la cintura rosso chiaro.

Sempre il solito problema — 6A

 37–38   **E1**   **Tra un negozio e l'altro (parte 1)**

p. 136   Carlotta e Laura chattano tramite *Whats App*. Laura è molto curiosa di sapere le novità. Rispondi alle sue domande!

   E2   **I colori**

E1, E2   Una camicia bianca, i pantaloni azzurri, una cintura marrone e gli stivali viola? Raccogli i colori (con i loro sostantivi) nel testo 6 A. Fai attenzione alle desinenze degli aggettivi: in quali tre gruppi puoi dividere i colori? Qual è la regola? Paragona con un compagno e poi presenta il risultato al tuo prof.   **G** 6.1

   E3   **I nuovi vestiti di Cinzia?**

1. Cinzia segue la moda. Ecco che cosa indossa in un negozio. Formate gruppi: uno descrive un'immagine e fa un errore. Gli altri devono correggere.

E3   **2.** Anche voi seguite la moda? Descrivete i vestiti di un compagno di classe! Gli altri devono dire di chi parli.

6A Ma che bella vita!

E4 Vestiti bellissimi!

Cinzia è contentissima: vede tante cose bellissime.

1. Completa il dialogo con il superlativo assoluto. G 6.2

Carlotta: Ti piacciono questi pantaloni?
Cinzia: Sì, sono ■ (bello). Ma sono anche ■ (pesante).
Carlotta: È vero. E non fa affatto freddo. Questi pantaloni invece sono ■ (leggero). E guarda queste scarpe. Sembrano megacomode. Che ne dici?
Cinzia: È vero, sono ■ (comodo). Guarda questa cintura! È ■ (brutto).
Carlotta: Con che cosa vuoi abbinare i pantaloni?
Cinzia: Con una maglietta nera.
Carlotta: Allora, prendi questa! È ■ (leggero)!
Cinzia: Per carità! Forse con questa maglietta non sento caldo, ma è iperlunga! Le magliette iperlunghe non mi piacciono affatto.
Carlotta: Mah, che dici?
Cinzia: Eh sì, è ■ (lungo).

- Per carità!: *Um Himmels willen!*

2. Lavorate a coppie e continuate il dialogo con altri vestiti e commenti sempre diversi. Usate il superlativo assoluto.

3. I giovani conoscono altri modi per esprimere il superlativo. Quali? Cerca i "superlativi alternativi" in questo esercizio. Poi prova anche tu a formare "superlativi alternativi".

🔊 39–40 **A2 Shopping mania …**

- la mania: *Manie, Sucht*

Davanti alla vetrina di un negozio.

Cinzia: No, la camicia non mi piace per niente. È lunghissima e anche troppo pesante. E poi non ho mai indossato una camicia a una festa. È troppo da uomo.
5 Carlotta: Davvero? Ma non ho visto te in una camicia così alla festa di Franca?
Cinzia: Hai visto me? Così? Mai e poi mai! Senti, ti piace quella maglietta blu?
Carlotta: A me non piace proprio. Ma comunque deve piacere a te.
Cinzia: Non deve piacere solo a me, ma anche a lui.
Carlotta: Guarda questa maglietta azzurra e questi pantaloni corti.
10 Cinzia: Hai ragione tu! Sono bellissimi.

- mai e poi mai: *nie und nimmer*

Carlotta e Cinzia entrano nel negozio.
Cinzia: C'è la 42?
Carlotta: Chiediamo alla commessa!
Cinzia: Scusi, vorrei provare questi pantaloni.
15 Commessa: Che taglia porti?
Cinzia: La 42.

Cinzia va nella cabina e prova i pantaloni.

Carlotta: Ti stanno benissimo!
Cinzia: Sì, è vero. Mi piacciono moltissimo e stanno anche bene con
20 le ballerine grigie o con gli stivali celesti che ho comprato ieri!

Sempre il solito problema — 6A

Adesso mancano soltanto gli accessori! Guarda questa collana con la farfalla! È bellissima!

Carlotta: Ma anche carissima! In via del Corso c'è un negozio che vende delle collane bellissime. Sono originalissime!

25 Cinzia: Allora su, andiamo! Quello è il negozio adatto a noi!

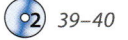 39–40 **E5** Tra un negozio e l'altro (parte 2)

p. 137 Carlotta e Laura continuano a chattare. Laura è sempre molto curiosa di sapere le novità. Rispondi alle sue domande.

  E6 La doppia negazione

Per la negazione usiamo talvolta più di una parola. Abbina i contrari e cerca di capire il significato in tedesco. **G** 6.3

1. **non** è **affatto** bella	a. e costa pure molto
2. **non** è **né** troppo lungo **né** troppo corto	b. mi piace tantissimo
3. **non** costa **neanche** troppo	c. voglio ancora fare shopping
4. **non** mi piace **per niente**	d. è davvero bella
5. **non** ho **mai** indossato una camicia ad una festa	e. la lunghezza non va bene
6. **non** mi piace **niente**	f. ho molte idee
7. **non** voglio **più** fare shopping	g. ho sempre indossato camicie alle feste
8. **non** ho **nessuna** idea	h. mi piace tutto

centosette **107**

6A Ma che bella vita!

+ p. 137   **E7** La chat continua

✏️ E5   Laura e Carlotta continuano a chattare. Completa la chat con le forme della doppia negazione.

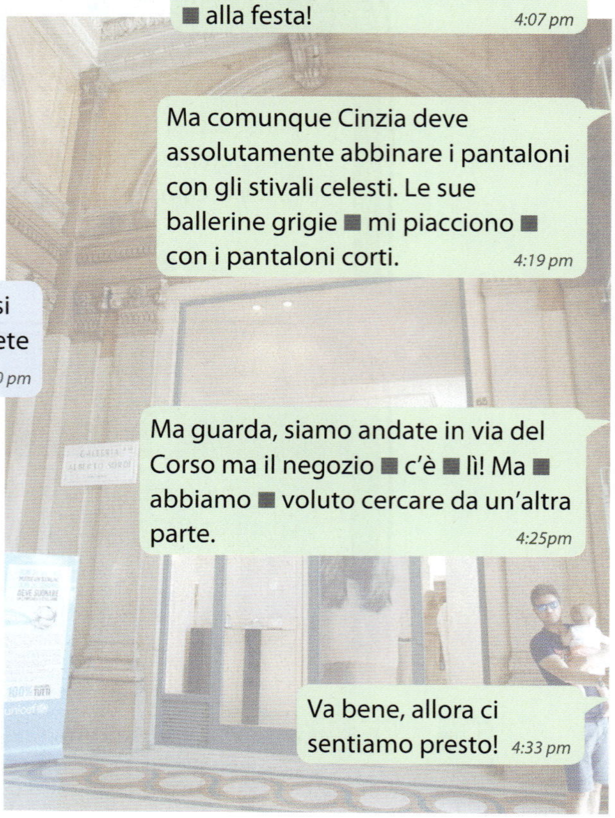

> Ehi ciao, com'è andata oggi? *4:03 pm*

> Siamo ancora in giro. A Cinzia ■ manca più ■. I pantaloni sono perfetti, ■ sono ■ troppo corti, ■ troppo lunghi. E poi sono speciali. Un paio di pantaloni così ■ li porta ■ alla festa! *4:07 pm*

> È vero. *4:15 pm*

> Ma comunque Cinzia deve assolutamente abbinare i pantaloni con gli stivali celesti. Le sue ballerine grigie ■ mi piacciono ■ con i pantaloni corti. *4:19 pm*

> Hai ragione! E poi le ballerine ■ si portano ■ di sera. Ma dimmi, avete trovato anche gli accessori? *4:20 pm*

> Ma guarda, siamo andate in via del Corso ma il negozio ■ c'è ■ lì! Ma ■ abbiamo ■ voluto cercare da un'altra parte. *4:25pm*

- non importa: *das macht nichts, ist nicht wichtig*

> Non importa. Forse Cinzia può mettersi una bella collana di sua madre. *4:33 pm*

> Va bene, allora ci sentiamo presto! *4:33 pm*

> Ciao! *4:40 pm*

E8 Hai visto me o lei? È per me o per voi?
I pronomi tonici in funzione di complemento

- accentuare: *betonen*

Per accentuare che cosa le piace, Cinzia e Carlotta usano i pronomi indiretti tonici. Cerca le forme nel dialogo di A 2.

G 6.4

pronomi diretti tonici (senza preposizioni):	■
pronomi indiretti tonici (con preposizioni):	■

108   centootto

Sempre il solito problema — 6A

E 9 Carlotta e Cinzia guardano i vestiti in vetrina.

E6, E7   Ancora un altro negozio. Completa le frasi con i pronomi tonici.

Carlotta: Mi piace moltissimo il vestito rosso sulla destra. E a ■?
Cinzia: Tu sai che a ■ non sta bene il rosso. Ma comunque deve piacere a ■ e non a ■.
Carlotta: Mia madre dice sempre che il rosso è il colore delle donne. A ■ piace molto!!
Cinzia: Infatti, ho visto lei in un bellissimo vestito rosso la settimana scorsa. A ■ stanno bene i colori forti. Ma a ■ ragazze stanno bene i colori pastello.
Carlotta: A Max piace il rosso? Tu conosci bene ■, no?
Cinzia: Penso proprio di sì. Comunque non deve piacere solo ■. Deve piacere anche ■!

- il pastello: Pastell-

E 10 Nel negozio

1. Lavorate in due: mettete in ordine il dialogo tra Cinzia e la commessa!
    1. Allora no, grazie. Provo solo i pantaloni.
    2. Cerco anche una maglietta però non voglio spendere tanto.
    3. Che taglia porti?
    4. Scusa, vorrei provare questi pantaloni.
    5. Ho una maglietta bellissima, ma è molto cara perché è di marca.
    6. Porto la 42.

E8 2. Adesso tocca a voi! Sviluppate il dialogo tra la commessa ed il cliente.

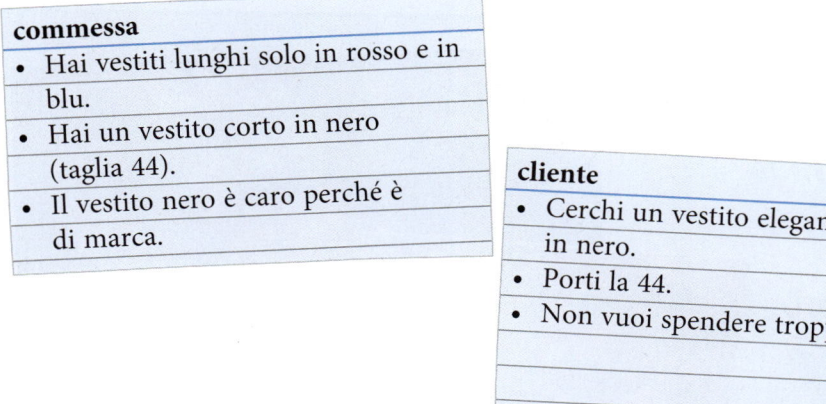

commessa
- Hai vestiti lunghi solo in rosso e in blu.
- Hai un vestito corto in nero (taglia 44).
- Il vestito nero è caro perché è di marca.

cliente
- Cerchi un vestito elegante e lungo in nero.
- Porti la 44.
- Non vuoi spendere troppo.

Attenzione con la taglia, ragazze!
In Germania   36   38   40   42   44...
In Italia   40   42   44   46   48...

E 11 Troppi vestiti a casa!

Cinzia ha già molti vestiti a casa e così pensa di vendere parte dei suoi vestiti in ebay. Scrivi l'annuncio (colore, lunghezza, taglia, ecc.) e usa almeno tre superlativi!

6A Ma che bella vita!

E 12 **I nuovi trend sotto il sole!**

- il trend: *Trend*
- navigare in internet: *im Internet surfen*

Cinzia comincia a navigare in internet e trova questi trend. Secondo voi: quale dei trend piace a Cinzia? Spiegate il perché!

Accessori e abbigliamento
Occhiali da sole, le scelte delle star per l'estate

Le vere *celebrity*? Si riconoscono dagli occhiali da sole. Tra i *cat eyes*, gli *Aviator* e i nuovi modelli ispirati ai mondiali. Copia le dive per dare un tocco in più al tuo *look*.

MODA RAGAZZI
Jungle Kids

Tigri, pappagalli, giraffe e conigli. I ragazzi nella bella stagione scelgono il loro animale del cuore su T-shirt, pantaloni e vestiti.

Sempre il solito problema   **6A**

Sport e moda: il must have dell'estate

Il mondo sportivo ispira le tendenze della stagione: minigonne come quelle delle tenniste, macro magliette numerate come quelle indossate dai giocatori dell'NBA da portare come mini-abiti. A voi la scelta della disciplina sportiva da copiare.

Prima prova costume della stagione

La vostra pelle ha ancora il tipico colore grigio-verde da città. La vostra forma fisica non è ancora perfetta. Per il momento niente bikini, meglio un costume intero colorato. Gli occhiali a mascherina nasconderanno le occhiaie di un inverno di lavoro.

- ispirare: *inspirieren*
- i mondiali: *Weltmeisterschaft*
- il coniglio: *Kaninchen*
- un costume intero: *Einteiler*
- nasconderanno: *sie werden verstecken*

Fonte: http://www.iodonna.it/moda/abbigliamento/

6B Ma che bella vita!

B È ora di salutarsi …

B1 Ciao Max!

- l'addio; Addio!: *Abschied; Leb wohl!*

Giuliano: Sabato c'è la festa d'addio di Max. Dobbiamo fare la lista della spesa e decidere chi si occupa della musica. A proposito chi compra un regalo per lui?
Sara: Lo compro io. Sono già stata in centro per i negozi e ho già una mezza idea. Ma non la voglio dire neanche a voi.
Simone: Non abbiamo ancora deciso dove fare la festa. La facciamo al ristorante o a casa di qualcuno?
Carlo: Possiamo farla a casa mia. I miei genitori non sono a casa questo fine settimana. E poi ho un giardino bellissimo. Se il tempo è bello possiamo organizzarla fuori.
Fabrizio: Che ne dite di organizzare una grigliata?
Giuliano: Megaidea! Allora facciamo la lista della spesa! Chi compra la carne?
Fabrizio: La compro io. Porto anche le spezie.
Giuliano: E chi porta le bevande?
Elisa: Le porto io. Mia madre mi accompagna in macchina al supermercato così compriamo tutto il necessario e poi lo portiamo direttamente a casa tua.
Fabrizio: Ci siamo dimenticati della torta! Chi la prepara?
Carlotta: La preparo io. Faccio la torta al cioccolato. È la preferita di Max.
Giuliano: Perfetto! Se vuoi, ti aiuto volentieri!
Carlotta: Sì, aiutami tu, così è anche più divertente.
Giuliano: Prepariamo la torta insieme e poi mia madre ci porta alla festa. Manca ancora la musica. Chi porta gli mp3?
Simone: Li porto io! È ovvio! Ho scaricato il nuovo album dei Modà! A proposito, le mie casse non funzionano bene da un po' di tempo.
Fabrizio: Non ti preoccupare, le porto io. Le mie sono megamoderne! Facciamo anche il karaoke?

- il karaoke *m*: *Karaoke*

Simone: Sì, ottima idea. Il programma lo porto io! Così possiamo cantare anche *Il mondo insieme a te*. È la preferita di Max!
Carlotta: Sì, è vero! Hai avuto proprio una bellissima idea!
Giuliano: Abbiamo dimenticato qualcosa?
Sara: No, abbiamo tutto.

- lo/la scemo/a: *Dummkopf*

Giuliano: Ok! Vi chiedo un favore: non dite niente a Max! È una sorpresa!
Tutti: Scemo! Questo lo sappiamo!

È ora di salutarsi ... 6B

 41–42

E1 Giuliano e l'organizzazione!

1. Giuliano prende appunti.
Leggi il testo e completa la tabella.

La festa a sorpresa: Organizzazione	
Dove?	■
Quando?	■
Chi compra cosa?	■
Chi si occupa del regalo?	■
Chi pensa alla musica?	■
Attività durante la festa?	■

2. Giuliano riflette: Chi ha risposto che cosa? Abbina.

Chi compra un regalo?	Fabrizio: La compro io.
Non abbiamo ancora deciso dove fare la festa.	Carlotta: La preparo io.
Chi compra la carne?	Simone: Li porto io.
E chi porta le bevande?	Carlo: Possiamo farla a casa mia.
Ci siamo dimenticati della torta. Chi la prepara?	Sara: Lo compro io.
Chi porta gli mp3?	Elisa: Le porto io.

E2 Sempre Giuliano e l'organizzazione!

Giuliano vuole organizzare una festa bellissima e naviga in internet per trovare consigli. Ecco che cosa trova. Leggi il testo e controlla: c'è qualcosa di importante che Giuliano ha dimenticato?

- il consiglio: *Rat*
- ballo (sost.) – ballare (verbo)
- il permesso: *Genehmigung*
- pubblico – contrario di "privato"
- prevenzione incendi: *Feuerschutz*
- lo spazio: *Raum, Platz*
- i servizi: *sanitäre Anlagen*
- le esigenze: *Bedürfnisse*
- assumere del personale: *Personal anheuern*
- assieme: *zusammen*
- aggregante: *mitreißend*
- il genere: *il tipo*

Cosa serve per organizzare una festa privata
Scritto da artistidistrada in Senza Categoria on 10 13th, 2011 | 1 Commento

Cosa serve per organizzare una festa privata? Ecco i consigli di "Animazioni & Spettacoli" per organizzare feste private da ballo.

Location Organizzarla in un luogo pubblico che
5 ha i permessi (ballo, pubblica sicurezza, prevenzione incendi ecc ecc) o in una casa privata con spazi e servizi adatti al numero di persone invitate.
Evitare di farla in spazi troppo larghi per fare più atmosfera. Nel tuo paese sicuramente c'è una location adatta alle tue esigenze, dalla bellezza e la rarità del posto, oppure un posto esclusivo.
10 Se la festa è grande e con ospiti molto vari, è meglio pensare ad un servizio di "sicurezza" ed assumere del personale adatto.

Preferenze musicali Mai prendere un DJ "da discoteca" se volete divertirvi a ballare tutti assieme. La sua musica "di tendenza" potrebbe non esser "aggregante". Meglio sempre avere chi sa variare i generi, per creare momenti sempre diversi.

15 **RISTORO e BEVANDE** Se pensate ad un catering per cibo e bevande, consiglio di scegliere sempre un menù leggero servito in un tempo ragionevole nello spazio di due ore massimo.

Fonte: http://artistidistrada.bloog.it/cosa-serve-per-organizzare-una-festa-privata.html (adattato)

6B Ma che bella vita!

 E3 Il pronome oggetto diretto

1. Nella conversazione trovi i pronomi oggetto diretto. Cerca le forme e fai una lista.

2. Quali sono le parole che i pronomi sostituiscono? Aggiungi queste parole alla lista.

- atono: *unbetont*
- verbo finito: *konjugiertes Verb*

3. Qual è la loro posizione nella frase
   a) con il verbo finito,
   b) con il verbo all'infinito,
   c) con il verbo all'imperativo?
Trova la regola e confronta il risultato con un tuo compagno di classe.   G 6.5

 E4 Arrivederci Roma

 E2   Max è triste perché sabato è la sua ultima serata. Vuole fare qualcosa di speciale con gli amici ma sembrano tutti molto impegnati. Così comincia a chattare con Giuliano per sentire cosa possono fare sabato sera. Completa il dialogo con il pronome oggetto diretto.

Max: Ehi Giuliano, ma dove sei? Non ■ ho visto tutto il giorno!
Giuliano: Ho molte cose da fare oggi …
Max: Ma ■ puoi fare un'altra volta. Non vogliamo fare una festa sabato sera con gli amici?
Giuliano: Beh, no, non ■ possiamo fare. Abbiamo le interrogazioni lunedì.
Max: Uffa, ma ■ avete sempre. È la mia ultima sera! Vorrei vedere tutti gli amici insieme!
Giuliano: ■ vedi all'aeroporto!
Max: Eh sì, all'aeroporto. E tutte le belle canzoni che abbiamo ascoltato insieme? ■ voglio cantare per l'ultima volta insieme a voi!
Giuliano: Macché, ti scarico tutto e ti preparo un bel CD da portare a casa.

- macché: *ach was!*

Max: Hm, ■ ringrazio, ■ porto volentieri in Germania ma mi piacerebbe anche rivedere le ragazze in minigonna …
Giuliano: Ah, ecco, ma forse ■ mettono anche quando vengono a salutar■.
Max: E quella buona torta al cioccolato che prepara Carlotta per le feste, non ■ posso neanche più mangiare?
Giuliano: Basta Max, non ne posso più. Ci vediamo presto in Germania.
Max: Allora non c'è nessuno che ■ vuole salutare? Ma ■ prendi in giro?
Giuliano: …

 43   **B2** Fabrizio e sua madre vanno a fare la spesa

Fabrizio: Mamma, mi accompagni a fare la spesa per la grigliata?
Madre: Sì, va bene. Andiamo dal macellaio!

Dal macellaio
Macellaio: Buongiorno signora, cosa desidera?
5 Madre: Vorrei un chilo e mezzo di salsicce e tre chili di fettine di carne di vitello e di maiale.
Macellaio: Vuole anche delle fettine di pollo? Costano soltanto tre euro al chilo!
Madre: No, grazie! Ma prendo un chilo di carne macinata.

- la carne macinata: *Hackfleisch*

114   *centoquattordici*

È ora di salutarsi … 6B

- il fegato: *Leber*
- la pancetta: *Bauchspeck*

Macellaio: Desidera altro? Abbiamo del fegato in offerta!
10 Madre: No, il fegato non mi piace, però prendo ancora tre etti di pancetta. Quant'è tutto?
Macellaio: Sono 25 euro.
Madre: Ecco a Lei!
Macellaio: Grazie!
15 Madre: Grazie a Lei! Arrivederla.
Macellaio: Buona giornata, signora!

 43 **E5** **Facciamo i conti**

- fare i conti: *abrechnen; zusammenzählen*

Per dividere le spese Fabrizio deve mettere da parte lo scontrino del macellaio. Nel portafoglio della madre Fabrizio trova tre scontrini. Aiuta Fabrizio a scegliere quello giusto.

1,5 kg di salsicce	7,00 €
3 kg di fettine di carne	11,00 €
1 kg di carne macinata	5,00 €
3 etti di pancetta	2,00 €

1,5 kg fettine di pollo	7,00 €
1 etto di pancetta	1,20 €
1 kg di carne macinata	5,00 €
3 kg di fettine di carne	13,00 €

1,5 kg di salsicce	7,00 €
3 kg di fegato	11,00 €
2 etti di pancetta	1,50 €
1 kg di carne macinata	5,00 €

 E6 **Le quantità definite**

 E3 1. Abbinate le quantità all'espressione giusta.

2. Con quale preposizione si esprime una quantità definita in italiano?   G 6.6

100 g   1 kg   500 g   2 kg   200 g

Prendo due chili di mele.

Ha un chilo di carne macinata?

- la ricotta: *(quarkartiger) Frischkäse*

Due etti di ricotta fresca, per favore.

Un etto di prosciutto crudo, grazie.

Mezzo chilo di pomodori maturi per me.

 E7 **La spesa continua.**

- la mortadella: *Mortadella*
- il salumiere *m*: *Wurstwarenverkäufer*

Fabrizio e sua madre vanno in salumeria. Ecco la lista della spesa: due etti di mortadella e tre etti di prosciutto crudo. Lavorate in due e sviluppate il dialogo tra il salumiere e Fabrizio!

200 g di mortadella & 300 g di prosciutto crudo

centoquindici **115**

6B Ma che bella vita!

E 8 L'articolo partitivo

 E3, E4

Quando mettiamo l'articolo partitivo? Leggi i seguenti esempi e trova una regola! G 6.6

Cinzia e Carlotta devono comprare dei pomodori. Vogliono anche comprare dell'uva. Il fruttivendolo offre mele, pere e pesche.
Carlotta vuole anche comprare delle noci e della frutta secca.
Il fruttivendolo dice: "Non abbiamo noci!"

• la noce: Walnuss

E 9 Al mercato

• la macedonia: Obstsalat

Per la grigliata Cinzia e Carlotta vogliono preparare le verdure grigliate e la macedonia. Con l'aiuto delle immagini qui sotto comprate il necessario. Lavorate in due e sviluppate un dialogo tra il fruttivendolo e le ragazze.

E 10 Cos'è il "Biohof"?

 E4

Max vede Cinzia e Carlotta con le buste della spesa piene di frutta e verdura e dice che lui torna così dal "Biohof". Cinzia a Carlotta non capiscono questa parola anche perché i "Biohöfe" non sono ancora così conosciuti in Italia. Max decide di mostrare alle ragazze la pagina internet di un "Biohof" che conosce e spiega a loro:

- Cos'è il "Biohof"?
- Cosa puoi comprare al "Biohof"?
- Quali sono le offerte del mese?
- Come funziona comprare online?

È ora di salutarsi … 6B

> Täglich frische Eier vom Biohof!
> Was zuerst? Ei oder Huhn?
> Beides ist von bester Bioqualität und immer frisch!

In unserem Biohof finden Sie ein reichhaltiges Sortiment: Getreide und Kartoffeln aus eigenem **Anbau**, täglich frisches Vollkornbrot und Brötchen, etwa 50 Sorten Wein und Tee, Säfte, Wasser, Konserven und Tiefkühlprodukte, Trockenfrüchte, Nüsse, Öl und Kräuter und und und …

- i cereali:
  Getreide
- integrale:
  Vollwert-,
  Vollkorn-
- biologico:
  biologisch, Bio
- la coltivazione:
  Aufzucht,
  Anbau

Angebote des Monats:

Äpfel *Cripps Pink*	4,59 €/Kg	Paprika rot	6,19 €/Kg
Birnen *Anjou*	3,59 €/Kg	Biokartoffel *Nicola*	5 Kg/6,– €
Tomaten	4,59 €/Kg	Zucchini	2,39 €/Kg

Hier weiß man, was man hat.
Alle Produkte aus dem Biohof können Sie auch über unseren Onlineshop bestellen. Die Liefergebühr hierfür beträgt 2,– €. Bei einem Bestellwert über 30,– € ist die Lieferung frei Haus. Hier geht es zu unserem Online Shop!

 44–48

E 11 **Un bellissimo regalo!**

1. Gli amici hanno organizzato una festa a sorpresa per Max! Ascolta e poi decidi: quali di queste immagini sono le foto della festa?

6B Ma che bella vita!

2. Gli amici hanno fatto un bellissimo regalo a Max: un poster particolare. A casa ammira il poster insieme a Giuliano. Inventate il dialogo tra Max e Giuliano!

 E 12 Grazie mille

 E6, E7 Prima di partire Max ringrazia gli amici per tutto quello che ha vissuto con loro durante l'anno e lo scrive nel suo forum. Inventa il testo!

Competenze 3

Raccontare un evento personale accaduto in passato (per esempio: lo scorso fine settimana)

Racconta un evento accaduto in passato (per esempio lo scorso fine settimana) ad una compagna di classe o ad un compagno di classe.
Nel tuo racconto inserisci tanti dettagli (per esempio l'ora, il giorno). Racconta l'evento in modo interessante, vivace e naturale. Dai la possibilità alla compagna o al compagno di reagire, per esempio fare domande, fare un commento, riprendere quello che hai detto, raccontare quello che ha fatto lei/lui.

Ecco alcune idee per parlare del tuo scorso fine settimana.

Lo scorso fine settimana

Per trovare un tema
Puoi parlare
• di sport
• della famiglia
• degli amici
• dello shopping (vestiti, cose da mangiare, altro)
• del cinema
• di una festa
• dei tuoi hobbies
• di un tema a sorpresa ☺

Per strutturare il fine settimana
• sabato pomeriggio
• sabato sera
• domenica mattina
• domenica pomeriggio
• domenica sera
• alle ore …
• dalle … alle
• prima – dopo – poi – infine

Per reagire a quello che ha detto la tua compagna/il tuo compagno di classe		
reazione ☺	**reazione** ☺	**reazione** ☹
Stupendo	Interessante.	Che brutto!
Fantastico	Va bene.	Mi dispiace.
Incredibile!	Ok.	Che barba.
Mega!	D'accordo, ma …	Che noia.
Ottimo!	Ah, capisco.	Oddio, no!
Mitico!	Davvero?	Orrendo!
Da non crederci!	Capito.	Terribile!

Per rendere la conversazione più vivace	
• Dai!	• Figurati!
• Infatti!	• Certo! / Sicuro!
• Ma che dici?	• Senti, …
• Per carità!	• Scusa, ma …
• Per niente!	

Extra
Buon Natale e felice anno nuovo!

addobbare l'albero di Natale

brindare con lo spumante

mandare biglietti d'augurio

fare il presepe

giocare a tombola

mangiare un arrosto d'oca

aspettare san Nicola che porta dolci ai bambini

leggere il racconto della natività di Gesù

festeggiare in famiglia

mangiare il panettone

E1 Il calendario dell'avvento

Nel periodo prima di Natale tutti scoprono nuove cose – per esempio Giuliano l'usanza tedesca del calendario dell'avvento! Ecco alcune usanze delle feste. Secondo te, che cosa è tipico per la famiglia di Max, per la famiglia Schiatti o per entrambe? In der Vorweihnachtszeit lernen alle etwas Neues kennen – zum Beispiel Giuliano den deutschen Brauch des Adventskalenders! Hier siehst du einige Festtagsbräuche. Was ist deiner Meinung nach typisch für die Familie von Max, für die Familie Schiatti oder für beide Familien?

il 31 dicembre
il 25 dicembre
il 24 dicembre
il 6 dicembre
il 1° dicembre

E2 Le feste a casa nostra

Immagina un dialogo tra Max, Giuliano e Carlotta che parlano del periodo di Natale e di Capodanno nelle loro famiglie. Occhio alle date! Denke dir einen Dialog aus, in welchem Max, Giuliano und Carlotta über die Weihnachtszeit und Silvester in ihren Familien sprechen. Achte auf die Zuordnung der Daten!

Extra Buon Natale e felice anno nuovo!

E3 Le nociate, un dolce di Natale

Carlotta prepara un dolce di Natale tipicamente romano: le nociate.
Carlotta backt ein typisch römisches Weihnachtsgebäck: die *Nociate* (Walnussbällchen).

Che cosa serve per le nociate:
- ½ kg di noci senza gheriglio
- 50 grammi di cacao amaro
- 400 grammi di zucchero
- 4 uova

1. Metti in ordine la ricetta. Bringe das Rezept in die richtige Reihenfolge.

Come si fanno le nociate:
- Lasciare raffreddare e mangiare.
- Impastare per bene il tutto e formare delle palline di impasto.
- Tostare le noci in forno, dopo togliere la pellicina esterna e tritarle grossolanamente.
- Cuocere le palline al forno a 170° per circa 25/30 minuti.
- Versare le noci su un piano infarinato e aggiungere le uova, lo zucchero e il cacao amaro.

2. Come si dice in italiano? Wie sagt man auf Italienisch?

> rösten, toasten   die äußere Haut abschälen   grob hacken
> auf eine bemehlte Unterlage geben   vermengen, kneten
> hinzufügen   Teigbällchen   backen   abkühlen lassen

3. C'è un dolce di Natale che ti piace particolarmente? Come si prepara questo dolce? Gibt es eine Sorte Weihnachtsgebäck, die dir besonders gut schmeckt? Wie bereitet man sie zu?

Tanti auguri di Buon Natale!

Buone feste

Felice anno nuovo!

Extra Buon Natale e felice anno nuovo!

E4 O albero, una canzone di Natale

La famiglia Schiatti canta tante canzoni, che Max conosce perfettamente, perché sono di origine tedesca. Indovina qual è la melodia di questa canzone e canta con loro!
Die Familie Schiatti singt viele Lieder, die Max genau kennt, weil sie deutschen Ursprungs sind. Rate, welche Melodie diesem Lied zugrunde liegt und singe mit ihnen!

O albero, o albero,
risplendi nella notte!
Le luci tue scintillano,
come le stelle brillano.
O albero, o albero,
risplendi nella notte!
Fra i canti degli arcangeli
ritorna il bambinello.
I rami verdi toccano
la capannina di cartone,
l'albero illumina
la culla del Signore.
S'innalzano, risuonano
i canti di Natale.
La loro dolce musica
giunge fra tutti i popoli.
Ripete ancor agli uomini:
giustizia, pace, amore.

Serene festività

Tanti auguroni di un sereno Natale e un felicissimo Anno Nuovo a tutta la famiglia Schiatti!

Pagine facoltative

1. Comunicare senza parole: i gesti

Gli italiani non comunicano solo con la lingua, ma con tutto il corpo, con il movimento degli occhi, dello sguardo e delle mani. Chi non conosce il significato dei gesti, rischia! Die Italiener kommunizieren nicht nur mit der Sprache, sondern mit ihrem ganzen Körper, mit Augenbewegungen, Blicken und ihren Händen. Wer die Bedeutung der Gesten nicht kennt, geht ein Risiko ein!

E1 Diciamolo senza parole!

Cerca di abbinare i gesti al loro significato.
Versuche, die Gesten ihren Bedeutungen zuzuordnen.

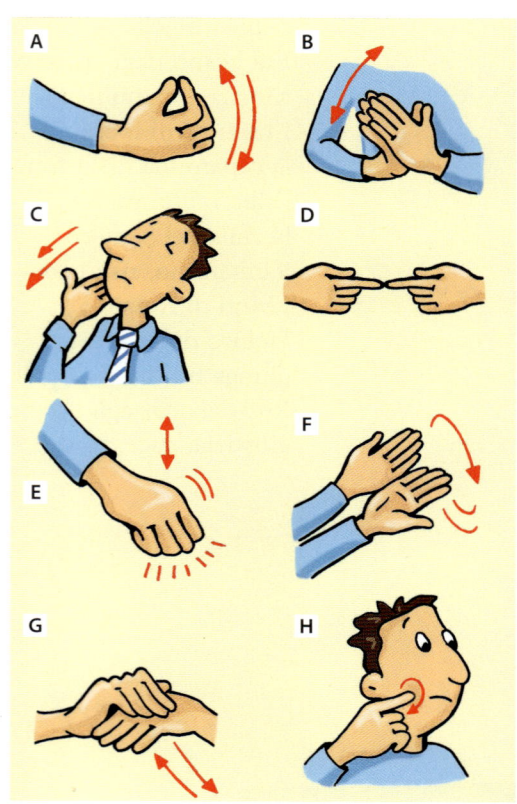

1. È testardo! È duro come il legno! (Dickkopf! Holzkopf!)
2. Ma come faccio? Che cosa posso farci? (Was soll ich bloß tun?)
3. Gustoso! Ottimo! (Super Essen!)
4. È cambiato da così a così! (Er/Sie hat sich total verändert!)
5. Non me ne importa niente! Me ne frego! (Das interessiert mich nicht! Da pfeif ich drauf!)
6. Io vado via … (Ich gehe jetzt …)
7. Che cosa vuoi? Ma che cosa dici? (Was willst du denn? Was sagst du da?) *Attenzione! Il gesto può causare conflitti!* Achtung! Diese Geste kann zu Konflikten führen!
8. Quei due non vanno d'accordo! (Die beiden können nicht miteinander!)

E2 E i gesti in Germania?

Quali gesti tedeschi conosci? Paragonali con quelli italiani. Welche deutschen Gesten kennst du? Vergleiche sie mit den italienischen Gesten.

E3 Gesti in azione!

Lavorate in gruppi. Inventate un minidialogo in cui usate un gesto al posto delle parole e presentatelo alla classe. Arbeitet in Gruppen zusammen. Erfindet einen Minidialog, in dem ihr anstelle von Worten eine der Gesten verwendet und präsentiert ihn der Klasse.

2. Chi è chi in famiglia?

E1 **L'albero genealogico della famiglia di Fabrizio**
In una grande famiglia non è sempre facile capire chi è chi. Spiegalo tu! Bei einer großen Familie ist es nicht immer leicht, zu verstehen, wer wer ist. Erkläre es!

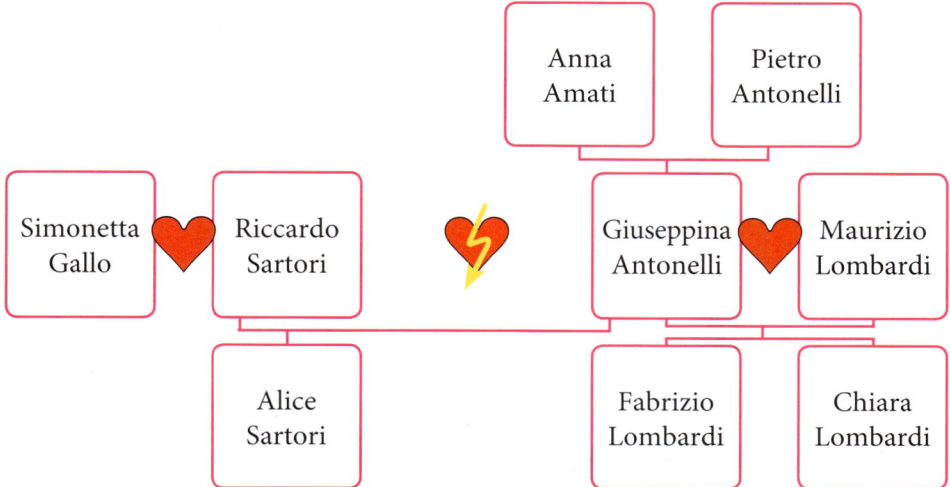

Modello: Alice è la figlia di Giuseppina e Riccardo e la sorellastra di Fabrizio e Chiara.

Alice		la nonna/il nonno		Alice.
Anna		la moglie/il marito		Anna.
Chiara		l'ex-moglie/l'ex-marito		Chiara.
Fabrizio		il padre/la madre		Fabrizio.
Giuseppina	è	il patrigno/la matrigna	di	Giuseppina.
Maurizio		il cugino/la cugina		Maurizio.
Pietro		il figlio/la figlia		Pietro.
Riccardo		il figliastro/la figliastra		Riccardo.
Simonetta		il fratello/la sorella		Simonetta.
		il fratellastro/la sorellastra		
		la zia/lo zio		
		il/la nipote		

Info **Occhio al cognome!**
In Italia, i figli normalmente hanno il cognome del padre. Dopo il matrimonio il cognome della moglie o del marito non cambia e non c'è il doppio cognome.

E2 **Ecco la mia famiglia!**
Disegna il tuo albero genealogico e presenta la tua famiglia. Zeichne deinen Stammbaum und präsentiere deine Familie.

Lezione 3 Pagine facoltative

3. Siamo tutti uguali? Ma no!

E1 **In tutte le classi ci sono studenti diversi.**
Lavorate in due. Guardate la tipologia e decidete: chi fa parte di quale categoria? Perché? Arbeitet zu zweit. Schaut euch die Typologie an und entscheidet: Wer gehört zu welcher Kategorie? Warum?

Modello: Stefan fa parte della categoria degli sportivi, perché fa molto sport.
Tina e Julia fanno parte della categoria dei pettegoli, perché amano chiacchierare.

E2 **Chi sarà mai?**
Descrivete un vostro compagno/una vostra compagna nel modo più preciso senza dire il suo nome. I seguenti aggettivi vi aiuteranno. Leggete la presentazione alla classe. Chi indovina di cui state parlando? Beschreibt einen Mitschüler/eine Mitschülerin so genau wie möglich, ohne den Namen zu nennen. Die folgenden Adjektive werden euch helfen. Lest die Beschreibung der Klasse vor. Wer errät, über wen ihr sprecht?

alto – medio – basso	groß – mittelgroß – klein
magro – snello – robusto	dünn – schlank – kräftig
trascurato – sportivo – elegante	ungepflegt – sportlich – elegant
biondo – castano – bruno	blond – brünett – dunkel
attivo – comunicativo – pensieroso – passivo	aktiv – kommunikativ – nachdenklich – passiv
allegro – sereno – triste	fröhlich – unbeschwert – traurig

Lezione 4 Pagine facoltative

4. Un proverbio tira l'altro

E1 Ci sono tanti proverbi sulla città eterna. Eccone cinque!
Es gibt viele Sprichwörter über die ewige Stadt. Hier sind fünf davon!

1. Abbina le due parti del proverbio. Verbinde die Teile zu Sprichwörtern.

Tutte le strade	vai a casa e prendi l'ombrello.
Quando San Pietro mette il cappello,	nulla non crede.
A Roma ci vogliono tre cose:	portano a Roma.
Chi Roma non vede,	a Roma va.
Chi lingua ha	pane, panni e pazienza.

2. Trova le traduzioni giuste per questi proverbi. Finde die richtigen Übersetzungen für diese Sprichwörter.

- In Rom braucht man drei Dinge: Brot, Kleidung und Geduld.
- Wer Rom nicht sieht, dem fehlt der Glaube.
- Wer reden kann, geht nach Rom.
- Alle Straßen führen nach Rom.
- Wenn der Petersdom einen Hut trägt, gehe nach Hause und hole einen Regenschirm.

3. Lavorate in gruppi. Inventate una situazione e un dialogo in cui usate uno dei proverbi e presentatelo alla classe. Arbeitet in Gruppen. Erfindet eine Situation und einen Dialog, in dem ihr eines der Sprichwörter verwendet und spielt ihn der Klasse vor.

E2 E le altre città? Ecco quali soprannomi portano.
Und die anderen Städte? Das sind ihre Spitznamen.

- Milano la Grande
- Venezia la Ricca
- Genova la Superba
- Bologna la Grassa
- Firenze la Bella
- Padova la Dotta
- Ravenna l'Antica
- Roma la Santa

1. Scegli due delle città e scrivi i nomi delle città secondo i soprannomi che portano. Suche dir zwei Städte aus und schreibe ihre Namen so auf, dass ihr Spitzname deutlich wird.

2. Inventa dei soprannomi per le città che conosci e giustifica la tua scelta. Erfinde Spitznamen für Städte, die du kennst und erkläre deine Wahl.

Lezione 5 Pagine facoltative

5. L'Italia in numeri

1/3 degli italiani usa il suo cellulare soprattutto per attività sociali su Facebook, Twitter, Instagram ecc. Solo il 23 % usa il telefonino per fare chiamate. Il 9,7 % lo usa principalmente per mandare sms, il 26,4 % per chattare e navigare in internet.

1 italiano su due dice di essere tifoso di calcio. La squadra con il maggior numero di tifosi è la Juventus: circa un terzo degli italiani fa il tifo per la squadra torinese. La squadra nazionale ha vinto quattro volte il campionato mondiale: nel 1934, nel 1938, nel 1982 e nel 2006.

5 sono i chili di caffè che ogni italiano consuma all'anno. Circa un quarto degli italiani beve ogni giorno almeno un caffè al bar, più dell'80 % beve da una a tre tazze di caffè al giorno, soprattutto espresso.

16 è la media di scarpe con tacco alto in possesso di ogni donna italiana. La metà delle italiane ama quelli alti (> 10 cm). Per la maggior parte la bellezza delle scarpe è più importante della comodità.

24 ore su 24 può essere aperta un'attività commerciale in Italia. L'orario di apertura cambia quindi da negozio a negozio, ma anche da regione a regione. Di solito al Nord i negozi sono aperti dalle 8 alle 12 e dalle 15:30 alle 19:30, al Sud dalle 9 alle 13 e dalle 16:30 alle 20:30. Molti negozi sono chiusi il lunedì mattina.

- il tifoso: *Fan*
- fare il tifo per: *Anhänger/Fan von etw./jdn. sein*

- il tacco: *Absatz*

- l'orario di apertura: *Öffnungszeit*

E1 Quanti numeri!
Ci sono diverse possibilità per esprimere una quantità. Copia la tabella nel tuo quaderno e trova altre informazioni nei testi. Es gibt verschiedene Möglichkeiten, Mengen auszudrücken. Übertrage die Tabelle in dein Heft und ergänze weitere Informationen aus den Texten.

Numero	frazione	percentuale	numero su numero
Gli italiani consumano cinque chili di caffè. …	Un terzo degli italiani usa il suo cellulare per attività sociali.	Il 23% degli italiani usa il telefonino per fare chiamate.	Un italiano su due è tifoso di calcio.

E2 La Germania in numeri

1. Fai una ricerca in internet e paragona i numeri italiani con quelli tedeschi. Recherchiere im Internet und vergleiche die italienischen Zahlen mit den deutschen.

2. Prepara una presentazione: la mia città/la mia classe/la mia famiglia … in numeri. Bereite eine Präsentation vor: meine Stadt/meine Klasse/meine Familie … in Zahlen.

6. Al maaaaaaare …

E1 **Skiantos,** *Col mare di fronte*

1. Scrivi dieci parole che associ con il titolo della canzone. Ascolta poi la canzone. Se senti una delle parole che hai scritto, segnala con una crocetta. Vince chi ha scritto più parole che si trovano nella canzone. Schreibe zehn Wörter auf, die zum Titel des Liedes passen. Höre dann das Lied an. Wenn du eines der Wörter hörst, das du aufgeschrieben hast, markiere es mit einem Kreuz. Es gewinnt, wer die meisten Wörter aus dem Lied notiert hatte.

2. Copia la tabella nel tuo quaderno. Ascolta di nuovo la canzone e inserisci altre parole che hanno a che fare con il tema "vacanza al mare" e che si trovano nella canzone. Übertrage die Tabelle in dein Heft. Höre das Lied nochmals und ergänze Wörter aus dem Lied, die zum Thema „Urlaub am Meer" passen.

luoghi	natura	persone	cibo	altro
la stanza con mare di fronte, …	■	■	■	■

3. Leggete il testo della canzone e confrontatelo con le vostre idee di una vacanza al mare. Perché il cantante non vuole più andare al mare? Lest den Text des Liedes und vergleicht ihn mit euren Vorstellungen von einem Urlaub am Meer. Warum will der Sänger nicht mehr ans Meer fahren?

E2 **In vacanza anche noi!**

1. Prepara due mappe concettuali o tabelle (come nell'esercizio 1): una su una vacanza particolarmente bella o brutta che hai trascorso in passato e una con le tue idee di una vacanza ideale. Erstelle zwei *Mind-Maps* oder Tabellen: eine zu einem besonders schönen oder schrecklichen Urlaub, den du erlebt hast und eine mit deinen Vorstellungen zu einem Traumurlaub.

2. Lavorate in due. Presentate a vicenda i vostri risultati. Arbeitet zu zweit zusammen. Stellt euch gegenseitig eure Ergebnisse vor.

Esercizi differenziati

Lezione 1

E4 p. 13 **Incontri in treno** Begegnungen im Zug

E3 A Max piace parlare con la gente, soprattutto con le ragazze. Completa i minidialoghi. Max spricht gerne mit den Leuten, vor allem mit Mädchen. Vervollständige die Minidialoge.

Dialogo 1: Ragazza 1: ■, vero?
Max: Sì, ■ tedesco. ■ di Colonia.
Max Come ti ■?
Ragazza 1: ■ Lioba.
Max: E tu, ■?
Ragazza 2: ■ Laura.
Max: E di dove ■?
Lioba e Laura: ■ di Roma.
Max: Che bella Roma!
Lioba: Sì, Roma ■ bella. Parli bene ■.
Max: ■ per il complimento.

Dialogo 2: Max: Aspetta, ■.
Matteo: ■ mille. ■ tedesco, vero?
Max: …

Esercizi differenziati

E 19 p. 21 **Presentiamo …** Wir stellen vor …

E9 **1.** Presentiamo i ragazzi del treno. Metti la forma giusta degli aggettivi o dei sostantivi. Wir stellen die Jugendlichen aus dem Zug vor. Setze die richtige Form der Adjektive oder Substantive ein.

Sandro, Max e Simona sono tre ■ (studente). Sandro parla ■ e ■ (tedesco/italiano). Sandro: "La matematica è ■ (interessante)!" Luciano si chiama come un ■ (cantante) famoso. Max è un nome ■ (tedesco). Sandro e Simona sono ■ (nome) italiani. Max: "Simona e Sandro sono ■ (intelligente)".

2. Presenta ancora una volta Leonardo da Vinci, Mario Balotelli, Arisa, Linkin Park e Sebastian Vettel. Puoi dare informazioni in più adesso? Stelle noch einmal Leonardo da Vinci, Mario Balotelli, Arisa, Linkin Park und Sebastian Vettel vor. Kannst du jetzt noch mehr Informationen geben?

Lezione 2

E 15 p. 37 **Fare bella figura!** Einen guten Eindruck machen!

E5, E6 **1.** Max vuole fare bella figura e fa un ripasso di espressioni importanti. Eccole. Max möchte einen guten Eindruck machen und wiederholt wichtige Ausdrücke. Hier sind sie.

2. Come deve completare la mappa concettuale? Quando hai finito continua con 2. e 3. a pagina 37. Wie muss er die Mindmap vervollständigen? Wenn du fertig bist, kehre zu Seite 37 zurück und fahre fort mit den Aufgabenteilen 2. und 3.

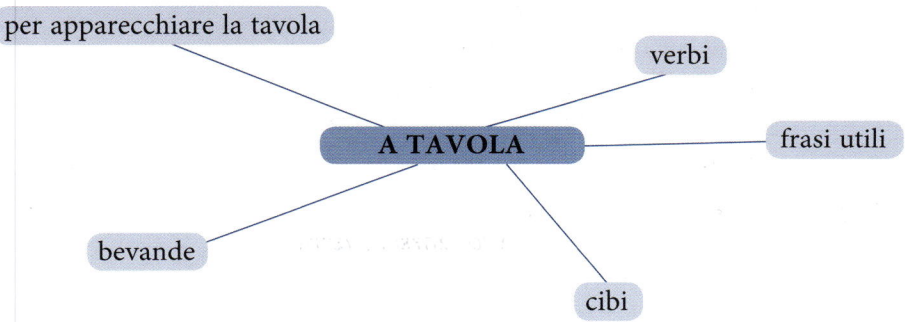

Esercizi differenziati

E3 p. 43 **E Carlotta? Perché non è in piazza con gli altri?** Und Carlotta? Warum ist sie nicht mit den anderen auf der Piazza?

E3 Davanti al bar sotto casa, una ragazza si rivolge a Carlotta. Completa con la forma giusta dei verbi. Vor der Bar unten im Haus wird Carlotta von einem Mädchen angesprochen. Vervollständige mit der richtigen Form der Verben.

Cinzia: Scusa, io ■ (cercare) l'autobus. Tu ■ (sapere) dov'è?

Carlotta: Sì, ■ (essere) lì. Ma tu ■ (essere) nuova, vero?
Cinzia: Sì, ■ (essere) qui da poco. La mia famiglia ■ (essere) di Napoli, ma adesso noi ■ (abitare) qui. ■ (chiamarsi) Cinzia, e tu come ■ (chiamarsi)?
Carlotta: Io ■ (essere) Carlotta. Questa ■ (essere) casa mia. ■ (frequentare) anche tu il liceo?
Cinzia: Sì, la mia nuova scuola ■ (chiamarsi) Vittoria Colonna.
Carlotta: Ah, ■ (essere) anche la mia scuola!
Cinzia: Che bello! Forse tu ■ (essere) la mia compagna di classe! E che cosa ■ (fare) nel tuo tempo libero?
Carlotta: Mi ■ (piacere) fare sport per ■ (stare) in forma. E tu? ■ (essere) sportiva?
Cinzia: Sì, ■ (fare) molto sport.
Carlotta: Ti ■ (dare) il mio numero di cellulare e il mio numero di telefono. Forse ■ (andare) a ■ (fare) shopping insieme?
Cinzia: Sì, volentieri. A presto!

Lezione 3

E3 p. 52 **Chiacchiere in autobus** Schwätzchen im Bus

Max e Giuliano non sono gli unici a chiacchierare in autobus. Max und Giuliano sind nicht die einzigen, die sich im Bus unterhalten.

- la vecchietta: ältere Dame

1. Parlano due vecchiette accanto a loro. Completa il dialogo. Es sprechen zwei ältere Damen neben ihnen. Vervollständige den Dialog.

Signora 1: ■ (correre/io) tutto il giorno! ■ (prendere) un caffè al bar, ■ (leggere) il giornale … *corro, prendo, leggo*

- l'incubo: Albtraum
- il thriller: Thriller

Signora 2: Sì, un vero incubo! Ma ■ (parlare) di cose belle: ■ (leggere) sempre thriller, vero? *parliamo, leggi*
Signora 1: Sì, perché mi ■ (piacere) molto! *piace*
Signora 2: Allora, perché non ■ (prendere) la linea due e ■ (scendere) in Piazza del Popolo per comprare il nuovo libro di Alessia Gazzola? Questa Gazzola ■ (essere) una scrittrice nuova, moderna … *prendiamo, scendiamo, è*
Ecco Chiara e Elisabetta! Ma non ■ (vedere) che noi ■ (essere) già qui? Ehi, ciao! *vediamo, siamo*
Signora 1: Ma prima noi quattro ■ (prendere) un caffè al bar, no? *prendiamo*
Signora 2: Certo, ■ (scendere) alla prossima fermata e ■ (andare) al bar. *scendiamo, andiamo*

132 centotrentadue

Esercizi differenziati

E 12 p. 57 **Anche i maschi sono chiacchieroni!** Auch Jungs sind Klatschmäuler!

Simone, Max, Giuliano e Fabrizio parlano di Loredana con Dario, un compagno di classe. Completa il dialogo. Simone, Max, Giuliano und Fabrizio sprechen mit Dario, einem Klassenkameraden über Loredana. Ergänze den Dialog.

Simone: Max, ■ (conoscere) Loredana? ■ (essere) la mia ragazza.
Dario: Cavolo! Non ti ■ (capire). Questa Loredana ■ (leggere) sempre, ■ (studiare) sempre, non ■ (parlare) molto.
Fabrizio: A me ■ (piacere) molto. ■ (essere) molto carina e simpatica! Mi ■ (piacere) le ragazze intelligenti! Ma che cosa ■ (dire) gli altri?
Simone: Non ■ (dire) molto. ■ (preferire) non dire ancora niente.
Fabrizio: Ti ■ (conoscere) tutti! Oggi ■ (preferire) Loredana, domani ■ (preferire) un'altra ragazza, e …
Simone: ■ (essere) invidioso?

Quando hai finito continua con 2. e 3. a pagina 57. Wenn du fertig bist, kehre zu Seite 57 zurück und fahre fort mit den Aufgabenteilen 2. und 3.

Lezione 4

E 8 p. 74 **Cinzia, una ragazza in gamba!** Cinzia, die hat's drauf!

Dopo il gelato i quattro amici decidono di passare un po' di tempo insieme.
Nach dem Eis wollen die vier Freunde ein wenig Zeit zusammen verbringen.

Metti la preposizione e l'articolo. Ergänze die Präposition und den Artikel.

Modello: **al** (a + il) Pantheon.

Giuliano: Max conosce già San Pietro, Piazza di Spagna, Fontana di Trevi e via del (di + ■) Corso.
Cinzia: Allora è chiaro che adesso dobbiamo andare al (■ + ■) Pantheon!
Max: Che cos'è il Pan… cosa?
Cinzia: Il Pantheon è una chiesa. Ma, non è una chiesa normale! È molto speciale! Su, andiamo ragazzi!
Carlotta: Max, devi sapere che Cinzia sa tutto di Roma – è un'ottima guida!
Max: Non come Giuliano che guarda sempre sull' (■ + ■) ipod!
Cinzia: Guarda Max, questo è il Pantheon!
Max: Wow, non sembra una chiesa!
Cinzia: È dell' (■ + ■) antica Roma. "Nasce" nel (■ + ■) 118 dopo Cristo come tempio. Dal (■ + ■) 609 il Pantheon però è una chiesa cattolica. Entriamo?
Max: Volentieri!

Quando hai finito continua con 2., 3. e 4. a pagina 74. Wenn du fertig bist, kehre zur Seite 74 zurück und fahre fort mit den Aufgabenteilen 2., 3. und 4.

centotrentatré **133**

Esercizi differenziati

 p. 77 **Al mercato nuovo di Testaccio** (Partner B)

Sei Partner A? Vai a pagina 77. Aiuta Max ad orientarsi al mercato nuovo di Testaccio.

1. Abbina le frasi.

Una ragazza vende i formaggi	accanto al pane.
Il fruttivendolo è	vicino al pescivendolo.
Una signora aspetta	a destra.
La salumeria è	di fronte a Max.
Il pescivendolo si trova	a sinistra della ragazza.
Tante persone sono	davanti al fruttivendolo.
Un cane	è sotto il banco del fruttivendolo.

2. Domanda al compagno dove sono il pane, il ragazzo con il gelato, il cane.

 E2 **3.** Adesso tocca a te! Pensa ad un negozio nella tua città. Poi descrivi ai tuoi compagni di classe dove si trova. Chi indovina per primo di quale negozio stai parlando?

E6 *p. 79* **Terribili, i genitori!**

1. Mentre Max fa la spesa, Carlotta è a casa di Cinzia. Le amiche parlano dei loro genitori. Completa il dialogo con i verbi all'imperativo.

Carlotta: Mia madre è terribile, dice sempre: Carlotta e Giuliano, ■ (fare) la spesa! ■ (comprare) questo, non ■ (dimenticare) quell'altro, ■ (passare) da lì, ■ (andare) là!

Cinzia: È normale! Anche mia madre è così. Dice sempre: Cinzia, ■ (mettere) in ordine la tua camera, ■ (aprire) le finestre, ■ (spegnere) il computer, ■ (accendere) la luce e cose così.

Esercizi differenziati

Carlotta: Sì, anche mia madre dice queste cose. E poi c'è mio padre che pensa sempre alla scuola: ragazzi, non ■ (guardare) la TV, ma ■ (studiare)! Non ■ (ascoltare) sempre la musica, ma ■ (fare) i compiti e ■ (ripetere) i vocaboli d'inglese!

Ciniza: È uguale a mio padre! In più mi ricorda sempre di essere educata: Cinzia, ■ (aiutare) tua madre in cucina! Non ■ (dire) parolacce! ■ (essere) gentile con i vicini! ■ (salutare) i vicini! Che noia!

Carlotta: Hai ragione. Eh sì, i genitori sono veramente terribili!

2. Anche i tuoi genitori dicono queste cose? Che cosa dicono a te/ai tuoi fratelli/alle tue sorelle?

3. Che cosa vorresti dire tu ai tuoi genitori?

Lezione 5

E 4 *p. 98* **Max è curioso**

 E3–E5

Max non riesce a capire e domanda direttamente ai suoi amici che cosa hanno fatto ieri sera. Completa i dialoghi.

A (solo con **avere**)

Max: Tiziana e Simone, ■ (giocare) con un videogioco, vero?
Tiziana: No, Max. Io ■ (mangiare) una pizza con mia madre e Simone ■ (finire) il compito di matematica.
Max: ■ (capire). E tu Luigi? ■ (mangiare) un gelato, vero?
Luigi: No, non ■ (mangiare) un gelato. Prima ■ (dormire) tutto il giorno e poi …

B (solo con **essere**)
Max: … e poi io ■ (venire) a casa tua. E tu, Loredana? ■ (uscire) ieri sera?
Loredana: Ieri sera non ■ (uscire), ma sabato sera Tiziana ed io ■ (andare) in centro.

C (con **essere** o **avere**)
Tiziana: Ma, Max: tu e Luigi ■ (uscire) insieme?
Max: No, ■ (noi, ascoltare) il nuovo album dei Modà. Che bello! Luigi dice che la loro musica ■ (cambiare) veramente molto dal 2002. Io non posso dire se è vero o no, perché ■ (cominciare) ad ascoltare la loro musica da poco tempo. Verso le dieci ■ (noi, cominciare) a guardare un film in TV. E tu, Simone, vuoi venire al cinema con noi?
Simone: Sì, volentieri perché vorrei vedere il nuovo film di Alice Rohrwacher.

D (con i **verbi modali**)

Max: Simone, perché non ■ (volere/uscire) ieri sera?
Simone: Non ■ (potere/uscire). ■ (dovere/studiare) per il compito di matematica.

centotrentacinque **135**

Esercizi differenziati

E5 p. 99 **Gli appunti di Max**

Dopo il cinema Max torna a casa e vuole continuare a scrivere sul suo forum italiano. Aiuta Max con i suoi appunti. Controlla se gli appunti sono veri (v) o falsi (f). Correggi gli appunti falsi.

1. Fabrizio si è annoiato tantissimo al cinema.
2. Franca non ama i thriller.
3. Simone ha dormito durante il film.
4. La prof si è arrabbiata.
5. Le ragazze si sono scusate con la prof.
6. La prof è subito andata via.
7. Prof: …

E7 p. 100 **A casa Giuliano parla della serata con sua madre.**

Completa il dialogo al passato prossimo.

Anna Maria: Ciao, Giuliano. ■ (passare) una bella serata?
Giuliano: Ciao, mamma. Beh, io ■ (divertirsi), ma Franca ■ (annoiarsi).
Anna Maria: E perché?
Giuliano: Perché lei non guarda i film sentimentali. Ma Elisa e Tiziana
             ■ (divertirsi) tanto, perché Simone ■ (sedersi) accanto a loro e
             ■ (raccontare) barzellette anche quando ■ (cominciare) il film.
Anna Maria: Non bisogna comportarsi così al cinema. Quando io ■ (essere)
             al cinema la settimana scorsa, ■ (sedersi) accanto a due ragazze.
             ■ (parlare) tanto e ■ (arrabbiarsi) io con loro. Ma poi le due
             ragazze ■ (scusarsi).
Giuliano: Purtroppo Elisa, Tiziana e Simone non ■ (scusarsi) con la prof,
             perché dopo il film ■ (andare) via subito. E come ■ (passare)
             la giornata tu, mamma?
Anna Maria: La mia giornata? Mah, insomma … ah, ciao Max! ■ (finire)
             a scrivere il tuo blog? Vieni, siediti!

Lezione 6

E1 p. 105 **Tra un negozio e l'altro (parte 1)**

Carlotta e Laura chattano tramite *Whats App*. Laura è molto curiosa di sapere le novità. Rispondi alle sue domande!

Dove sono invitate Cinzia e Carlotta? Al compleanno di …	Cosa non ha mai indossato Cinzia?	Che cosa fanno Cinzia e Carlotta?
a. Max.	a. Un vestito blu.	a. Vanno a fare shopping.
b. Luca.	b. Un vestito rosso.	b. Comprano un regalo.
c. Giuliano.	c. Una gonna rossa.	c. Fanno la spesa.

Esercizi differenziati

E5 *p. 107* **Tra un negozio e l'altro (parte 2)**

Carlotta e Laura continuano a chattare. Laura è sempre molto curiosa di sapere le novità. Rispondi alle sue domande!

Perché a Cinzia non piace la camicia? Perché è …
a. troppo lunga.
b. lunghissima e pesante.
c. pesante e scura.

Che taglia porta Cinzia?
a. La 44.
b. La 36.
c. La 42.

Con che cosa stanno bene i pantaloni?
a. Con le ballerine grigie e gli stivali celesti.
b. Con le ballerine gialle e gli stivali neri.
c. Con le scarpe grigie e gli stivali celesti.

Che cosa manca(no)?
a. Gli accessori.
b. Il regalo.
c. Il vestito.

E7 *p. 108* **La chat continua**

 E5 Laura e Carlotta continuano a chattare. Completa la chat con le seguenti forme della doppia negazione.

> non … neanche   non … nessuno   non … niente   non … più
> non … affatto   non … né … né   non … mai

Ehi ciao, com'è andata oggi? *4:03 pm*

Siamo ancora in giro. A Cinzia ■ manca più ■. I pantaloni sono perfetti, ■ sono ■ troppo corti, ■ troppo lunghi. E poi sono speciali. Un paio di pantaloni così ■ li porta ■ alla festa! *4:07 pm*

È vero. *4:15 pm*

Ma comunque Cinzia deve assolutamente abbinare i pantaloni con gli stivali celesti. Le sue ballerine grigie ■ mi piacciono ■ con i pantaloni corti. *4:19 pm*

Hai ragione! E poi le ballerine ■ si portano ■ di sera. Ma dimmi, avete trovato anche gli accessori? *4:20 pm*

Ma guarda, siamo andate in via del Corso ma il negozio ■ c'è ■ lì! Ma ■ abbiamo ■ voluto cercare da un'altra parte. *4:25 pm*

Non importa. Forse Cinzia può mettersi una bella collana di sua madre. *4:33 pm*

Va bene, allora ci sentiamo presto! *4:33 pm*

Ciao! *4:40 pm*

Strategie

1. Hörverstehen

Auch wenn Max noch nicht so gut Italienisch sprechen kann, gelingt die Kommunikation oft mit „Händen und Füßen", also durch Gestik und Mimik.

Schwieriger ist es für Max, die Italiener zu verstehen. Die sprechen nämlich manchmal ganz schön schnell, und daran muss sich Max erst einmal gewöhnen. Noch schwieriger wird es für ihn, wenn er den Sprecher nicht sehen, sondern nur hören kann, wie es z. B. am Telefon, im Radio oder bei Lautsprecheransagen der Fall ist. Max muss sich auch daran gewöhnen, dass er noch nicht alles verstehen kann. Aber er versucht, die wichtigsten Informationen herauszuhören, und das klappt meistens schon ganz gut.

Damit auch ihr bei eurem ersten Italienaufenthalt keine Probleme mit dem „Verstehen" habt, müsst ihr das Hörverständnis systematisch trainieren. Folgende Schritte sind dabei hilfreich:

1. Globales Verstehen

Beim ersten Hören: Konzentriere dich auf die allgemeinen Informationen.

WER? Wer spricht? Wie viele Personen sprechen?

WO? Welche Situation liegt vor? (Nachrichtensendung aus dem Radio, Lautsprecherdurchsage auf dem Bahnhof, Dialog zwischen Freunden)

WAS? Worum geht es? Was ist das Thema?

2. Detailliertes Verstehen

Beim zweiten Hören: Konzentriere dich auf die Details bzw. auf die in der Aufgabenstellung verlangten Informationen.

Wenn du Gelegenheit hast, den Hörverstehenstext ein drittes Mal zu hören, versuche die Lücken zu schließen und evtl. unbekanntes Vokabular aus dem Kontext zu erschließen.

E1 Il primo giorno a scuola  49–50

1. Höre den Dialog von Max' erstem Tag in der neuen Schule an. Teste dein Globalverständnis und wähle die richtige Antwort aus.

1. Max parla con	2. Max è
a. la sorella di Giuliano.	a. a casa.
b. una compagna di classe di Giuliano.	b. a scuola.
c. la madre di Giuliano.	c. in treno.

2. Teste dein Detailverständnis und wähle die richtige Antwort aus.

1. La persona si chiama	2. Lei è di
a. Carla.	a. Napoli.
b. Catia.	b. Marina di San Nicola.
c. Sara.	c. Reggio di Calabria.

3. La madre è di	4. Chi lavora a Roma?
a. Catania.	a. Il padre lavora a Roma.
b. Palermo.	b. La madre lavora a Roma.
c. Roma.	c. Il padre e la madre lavorano a Roma.

5. Lei	6. Lei ha
a. conosce bene la Germania.	a. 14 anni.
b. conosce solo Monaco in Germania.	b. 15 anni.
c. non conosce la Germania.	c. 16 anni.

7. Lei	8. Lei
a. ha un fratello.	a. è una compagna di classe di Carlotta.
b. ha una sorella.	b. è un'amica di Carlotta.
c. non ha fratelli o sorelle.	c. non conosce Carlotta.

3. Ergänze den folgenden Text mit den fehlenden Informationen über Sara.

Sara è di ■ però la madre è ■.
■ con i genitori a Roma. Sara conosce un po' la Germania, non conosce Colonia, ma conosce ■. Sara e Max hanno tutti e due ■ anni. Max è figlio unico ma Sara ha una sorella che si chiama ■.
La sorella ha ■ anni. Sara è in classe con Giuliano, allora sono ■ di classe. Conosce anche Carlotta, la ■ di Giuliano. Carlotta e Sara sono ■.

2. Vokabeln lernen

In Italien lernt Max jeden Tag viele neue Vokabeln kennen. Damit er sie nicht so schnell vergisst, notiert er sie abends immer in seinem Vokabelheft. Max schreibt zu den neuen italienischen Vokabeln jedoch nicht nur die deutsche Übersetzung dazu, sondern versucht, sich auf andere Art und Weise die Vokabeln zu merken, so z. B. über Gegensätze, bildliche Darstellungen, Wortfamilien oder Vokabel-Lernspiele.

Er weiß: Am besten lernt man z. B. nicht nur das Verb *fare* = *machen*, sondern direkt auch seine Anschlüsse und Verbindungen.

Strategie

Beispiel: fare lo scontrino = Bon holen ■ = frühstücken
fare il biglietto = Fahrkarte lösen ■ = Sport treiben
fare la valigia = Koffer packen fare un salto a = ■

Hilfreich ist es auch, Verben direkt mit ihren Präpositionen zu lernen.

Beispiel: andare **a** casa guardare qualcosa ■ TV
avere voglia ■ fare qualcosa telefonare ■ qualcuno

1. Gegensätze

Du kennst bereits ein Wort, welches das Gegenteil ausdrückt? Prima! Schreibe es immer gleich zum neu erlernten Wort dazu.

E1 Findet die passenden Gegensätze.

Beispiel: grazie   prego

| signore | ■ | grande | ■ | padre | ■ | fratello | ■ | interessante | ■ |
| maggiore | ■ | giorno | ■ | ragazzo | ■ | studente | ■ | singolare | ■ |

2. Bildliche Darstellung

Ein Bild sagt mehr als tausend Worte! Zeichne Bilder, die zu einem Begriff spontan vor deinem Auge erscheinen, gleich mit auf die Vokabelkarte/in dein Vokabelheft.

Beispiel: Bildliche Darstellung der Vokabel „la famiglia"

nonna ⚭ nonno   nonna ⚭ nonno
madre ⚭ padre
fratello   io   sorella

E2 Entwirf zu den folgenden Vokabeln eigene bildliche Darstellungen, die dir dabei helfen, dir die Vokabeln besser einzuprägen.

1. la valigia (der Koffer)   il treno (der Zug)   il tavolo (der Tisch)   il letto (das Bett)

Du kannst dir auch eigene Vokabeln aussuchen, und selbstverständlich kannst du auch ein ganzes thematisches Wortfeld bildlich darstellen.

2. Zeichne deinen eigenen Familienstammbaum für einen italienischen Freund/ eine italienische Freundin.

3. Bildliche Darstellung der Vokabel "apparecchiare la tavola"
Zeichne und beschrifte alles, was bei dir zu Hause auf einen gedeckten Tisch gehört.

4. Bildliche Darstellung der Vokabel „la mia camera"
Zeichne für deinen italienischen Freund/deine italienische Freundin dein Zimmer und beschrifte die Gegenstände/Möbel.

Strategie

3. Erklärungen

Du findest eine gute Erklärung für das neue Wort?
Schreibe sie mit auf die Vokabelkarte/in dein Vokabelheft.

Beispiel:
i genitori = padre e madre

E3 Versuche, die folgenden Begriffe auf Italienisch zu erklären.

la stazione   Firenze   la chitarra   le tagliatelle   la valigia

4. Wortfamilien

Das Wort kommt dir bekannt vor, weil du schon Wörter der gleichen Familie gelernt hast? Schreibe sie mit auf!

Beispiel: viaggiare   *sost.:* il viaggio
la noia   *agg.:* noioso

E4 Ergänze die fehlenden Verben, Substantive oder Adjektive.

l'Italia   *agg.:* ■   il gioco   *verbo:* ■   cantare   *sost.:* ■

5. Vokabelspiele, z. B. Pantomimen

Bewegung oder auch szenische Darstellung können für das Einprägen neuer Vokabeln sehr hilfreich sein.

E5 Sucht eine Kategorie aus (*verbo*, *sostantivo* oder *aggettivo*) und versucht, das Wort nur mit Mimik und Gestik darzustellen. Die Mitschüler müssen das Wort erraten.

Verbo	sostantivo	aggettivo
visitare	gli spaghetti	noioso
mangiare	la valigia	grande
ascoltare musica	il coltello	buono
giocare a basket	la scrivania	intelligente
apparecchiare la tavola	la macchina	interessante
fare la doccia	■	■
lavorare	■	■

3. Vernetztes Lernen mit *Mind-maps*

Max liebt *Mind-maps*, da er sich bildhaft Dinge viel besser merken kann. Ausgehend von einem zentralen Überbegriff (meist das Thema des Textes) sucht er untergeordnete Überbegriffe, die er dann mit möglichst vielen Unterbegriffen unterlegt. Somit lernt er nicht nur neue Wörter, indem er sie in einen sinnvollen Kontext stellt, sondern wiederholt zugleich bereits bekannte Wörter aus vorhergehenden Lektionen.

Strategie

E1 Al bar

1. Max hat alle Wörter, die ihm zum Thema „bar" eingefallen sind, notiert und in Untergruppen sortiert. Ergänze das *Mind-map* gegebenenfalls um weitere passende Begriffe.

2. Den letzten Kreis (*differenza* = Unterschied) hat er noch nicht ausgefüllt. Hier möchte er sich nämlich auf Deutsch die Unterschiede zwischen der Bar in Deutschland und der „bar" in Italien notieren. Wenn du schon einmal in Italien warst, kannst du ihm dabei bestimmt helfen.

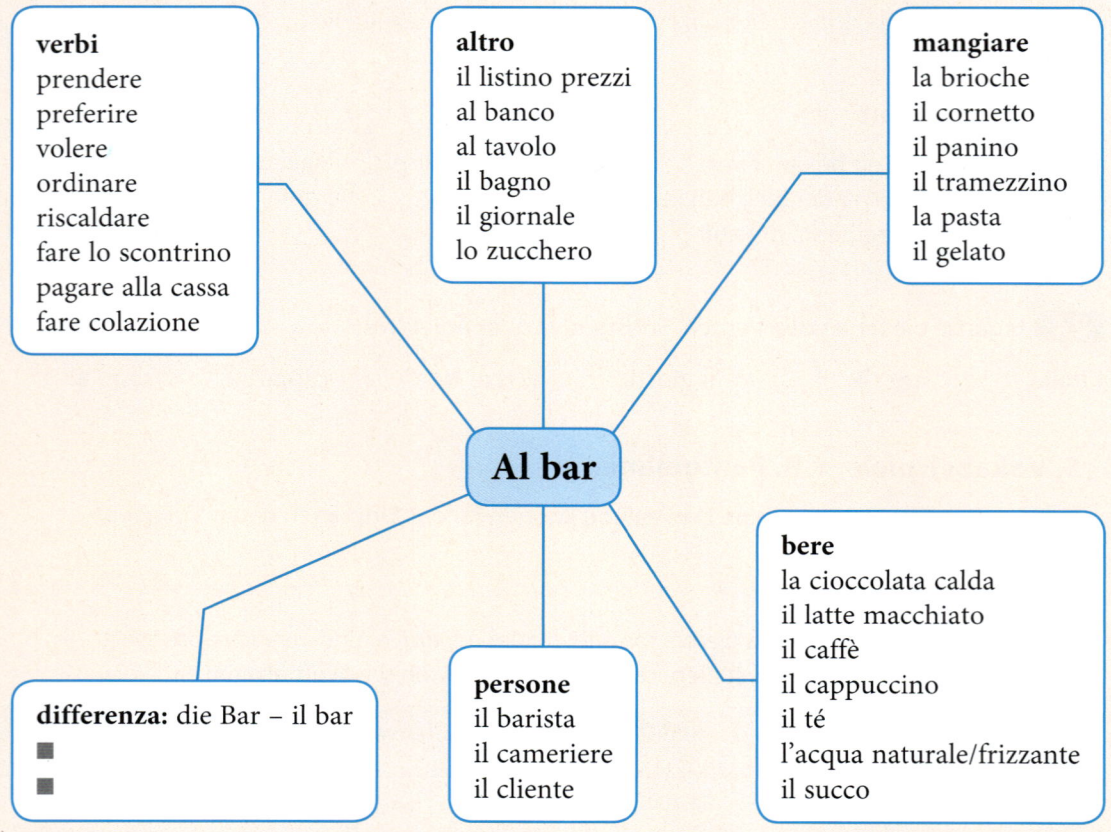

verbi
prendere
preferire
volere
ordinare
riscaldare
fare lo scontrino
pagare alla cassa
fare colazione

altro
il listino prezzi
al banco
al tavolo
il bagno
il giornale
lo zucchero

mangiare
la brioche
il cornetto
il panino
il tramezzino
la pasta
il gelato

Al bar

differenza: die Bar – il bar
■
■

persone
il barista
il cameriere
il cliente

bere
la cioccolata calda
il latte macchiato
il caffè
il cappuccino
il tè
l'acqua naturale/frizzante
il succo

E2 Erstelle thematische Wortfelder/*Mind-maps* zu den Oberbegriffen SCUOLA, FAMIGLIA, CASA.

1. Ordne zuerst die angegebenen Vokabeln den Oberbegriffen zu.

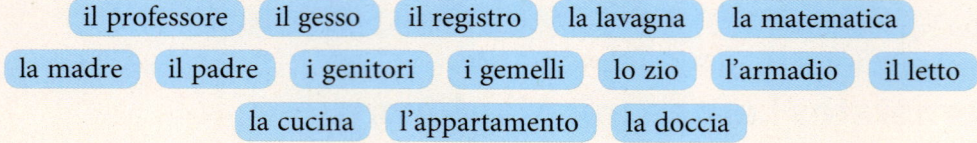

il professore   il gesso   il registro   la lavagna   la matematica
la madre   il padre   i genitori   i gemelli   lo zio   l'armadio   il letto
la cucina   l'appartamento   la doccia

2. Versuche, weitere Vokabeln zu finden, die zu dem Oberbegriff passen.

3. Finde innerhalb deiner Wortliste Unterbegriffe, um die Wörter zu ordnen.

4. Ordne alles in einem *Mind-map* an.

4. Unbekanntes Vokabular erschließen und verstehen

Bevor Max begann, Italienisch zu lernen, hatte er schon Englisch und Latein gelernt und sogar eine Französisch-AG besucht. Da ihn die Ursprünge der romanischen Sprachen sehr interessieren, und um zu zeigen, dass man über die anderen Sprachen viele unbekannte italienische Wörter verstehen bzw. sich diese erschließen kann, hat Max in der folgenden Tabelle einige Beispiele zusammengestellt. Natürlich hilft ihm dabei hin und wieder auch seine Muttersprache.

4.1 Heranziehen bereits erlernter Fremdsprachen

Italienisch	Latein	Französisch	Englisch	Deutsch
importante	▪	important	important	▪
possibile	▪	possible	possible	▪
vino	vinum	vin	vine	Wein
abitare	habitare	habiter	▪	▪
amico	amicus	ami	▪	▪
zucchero	▪	sucre	sugar	Zucker
lungo	longus	long	long	lang

E 1 **Nutze dein Vorwissen aus anderen Sprachen**

1. Versuche, die folgenden italienischen Wörter über das Englische oder Französische herzuleiten:

   l'avventura · la montagna · la candela · invitare · preferire · l'animale
   la stazione · l'ospedale · la patata · il disastro · falso · la farmacia

2. Die meisten italienischen Wörter stammen aus dem Lateinischen. Versuche, mit Hilfe der Beispiele Regeln aufzustellen, wie sich die italienische Sprache aus dem Lateinischen entwickelt hat.

Latein → Italienisch

āqua → acqua
clavis → chiave   clamare → chiamare   flos, floris → fiore
placet → piace   plus → più
lectus → letto   octo → otto

ruptus (rumpere) → rotto (rompere)   septem → sette
institutum (instituere) → istituto   transportare → trasportare

Typische Vokalverschiebungen Latein → Italienisch:
mundus → mondo   fundus → fondo   deus → dio (Pl. *gli dei*,
locus → luogo   focus → fuoco (Feuer)   genau wie der lat. Plural!)

Strategie

E2 Max besucht in einem Museum in Rom eine Ausstellung über Leonardo da Vinci. Im Eingangsbereich befindet sich eine kurze biografische Notiz zu Leonardo, und Max ist überrascht, wie viel er schon verstehen kann, obwohl er den Wortschatz aktiv noch gar nicht beherrscht.
Kannst du auch schon so viel verstehen wie Max? Lies den Text über Leonardo da Vinci und versuche, unbekannten Wortschatz aus diesem Text zu erschließen.

> Leonardo da Vinci, nato a Vinci nel 1452, è una delle **persone** più **importanti** del **Rinascimento**. Viene considerato un **genio universale**, perché sa fare tanti **mestieri**: fa il pittore, lo **scultore**, l'**architetto**, il **meccanico**, il **biologo**, l'**autore** di **leggende e favole**. Ha fatto **progetti** per **ponti**, **elicotteri**, **macchine** e ha fatto studi sull'**anatomia** dell'uomo. Sapeva fare **musica** e suonava uno **strumento**. Nel 1517 il re di Francia **invita** Leonardo alla sua **corte** e gli regala il **castello** di Cloux dove muore due anni più tardi. È diventato **famoso** in tutto il **mondo** per la Monna Lisa che oggi si trova nel Louvre di Parigi.

wichtig ■	das Projekt ■	Renaissance ■	die Brücke ■
Universalgenie ■	der Helikopter ■	die Berufe ■	die Maschine ■
der Architekt ■	die Anatomie ■	der Mechaniker ■	die Musik ■
der Biologe ■	das Instrument ■	der Schriftsteller ■	berühmt ■
die Legende ■	die Welt ■	die Fabel ■	das Schloss ■

4.2 Heranziehen von Fremdwörtern in der Muttersprache

Max ist überrascht, wie viele italienische Wörter sich in der deutschen Sprache finden.

E3 Sicher kennst auch du viele italienische Wörter, die ihren Weg in die deutsche Sprache gefunden haben – hier ist eine Auswahl. Ordne sie den Überbegriffen zu. Vielleicht kannst du ja noch weitere Begriffe ergänzen?

Strategie

5. Mündliche Kompetenz

5.1 Vorbereitung auf das monologische Sprechen

Max soll im Italienischunterricht kurz seinen Lieblingsfilm vorstellen. Er hat den Film *Kokowääh* von und mit Til Schweiger ausgewählt. Zuerst hat er sich überlegt, wie er seinen Vortrag strukturiert (Einleitung mit generellen Informationen zum Film, Hauptteil mit kurzer Inhaltsangabe des Film, Schluss mit persönlicher Stellungnahme).

Hier sind die Notizen, die er sich für seinen Vortrag gemacht hat:

Einstieg: Il film si chiama *Kokowääh*.
Film tedesco del 2011 (Parte 2 del 2013)
Il regista: Til Schweiger
Gli attori: Til Schweiger e sua figlia
Til Schweiger è molto conosciuto in Germania.
Durata 90 minuti. Commedia.

Hauptteil: Il film parla di un uomo single che non sa che ha una figlia.
Un giorno la figlia, Magdalena, viene da lui perché sua madre deve lavorare e lui deve occuparsi della figlia. Lui all'inizio non è abituato ad avere una figlia e ci sono alcuni problemi e alcune difficoltà.
Fine: non vuole più vivere senza Magdalena.

Schluss: Il film mi piace perché racconta una storia interessante di padri e figli.
Non è noioso/è divertente/fa ridere molto.
Un bel film da vedere con la famiglia

E1 Stelle wie Max einen Film deiner Wahl vor.

Tipps zur Vorgehensweise
- Wähle einen Film aus, den du gut kennst und der dir gefallen hat.
- Überlege dir eine Struktur.
- Mach dir Notizen zu den einzelnen Unterpunkten auf Karteikarten.
- Schreibe keine ganzen Sätze, sondern nur Stichworte.
- Wenn du neues Vokabular brauchst, benutze ein Wörterbuch.
- Versuche jedoch, mit dem Vokabular auszukommen, das du bereits gelernt hast. Wenn du zu viele neue Wörter benutzt, verstehen dich deine Mitschülerinnen und Mitschüler nicht mehr.
- Übe deinen Vortrag mehrmals zu Hause. Achte dabei auch auf Mimik und Gestik.
- Stelle in der Klasse deinen Film vor.

5.2 Vorbereitung auf das dialogische Sprechen

Viele Dialoge bestehen zum Teil aus häufig wiederkehrenden Wendungen.
Auf der folgenden Seite findest du einige Beispiele:

Strategie

Sprachliche Hilfsmittel

saluto	Ciao! Ehi, ciao! Salve! Chi si vede? Ciao!	;-) ;-/ ;-(**?**	Come stai? Come va? È tanto che non ci vediamo, tutto bene?
incontro per caso	Che cosa stai facendo qui? → Sto aspettando Giulia/ l'autobus … Che bello vederti!	**incontro per appunta-mento**	Sono (molto) in ritardo? Stai aspettando già da molto? → Macché!/Per carità! Figurati! Allora andiamo!
azione	Senti/Sentite … Allora … Aspetta/Aspettate … Facciamo qualcosa insieme? Ho un'idea … Che cosa pensi/pensate di questo … Che ne pensate di … Hai voglia di andare al cinema? Quale … ti interessa/ti piace?	**reazione**	;-) Stupendo/Fantastico/Perfetto! Meraviglioso, perché no? Bellissima idea! Va bene! Ottima idea! ;-/ Va bene, ma perché non facciamo così … D'accordo, ma vorrei anche … Buon'idea, però possiamo anche … L'idea mi piace, ma … Eh sì certo, ma … Ok, ma … Beh, non lo so. Senti, ho un'altra idea. Perché non … ;-(Macché! No, non mi piace (quest'idea). Mi dispiace, ma non ho i soldi/il tempo/voglia … Veramente ho un'altra idea. ;-((Per carità! Non mi piace … Oddio, no! Che idea?!
mettersi d'accordo	Dove andiamo? Quale giorno/film/ … va bene per te? (Giovedì sera) non posso perché … (Lunedì) va bene? A che ora ci vediamo? Dove ci incontriamo? Andiamo da … o preferisci …?	**saluto finale**	Allora ciao! Ci vediamo! A domenica! A presto!

E2 Ihr möchtet ins Kino gehen, habt aber noch nicht entschieden, welchen Film ihr sehen wollt. Schaut in das aktuelle Kinoprogramm und entscheidet euch für einen Film. Vor oder nach dem Kinobesuch wollt ihr eventuell auch noch etwas essen oder trinken gehen. Besprecht auch, wann und wo ihr euch treffen wollt.

Tipps zur Vorgehensweise
- Beginnt den Dialog mit einer Begrüßung und mit der Frage, ob der Partner Lust hat, ins Kino zu gehen.
- Nennt die Filme, die euch interessieren würden und begründet dies.
- Einigt euch auf einen Film.
- Legt fest, an welchem Tag und um wie viel Uhr ihr ins Kino gehen möchtet und ob ihr vorher oder nachher noch etwas essen oder trinken gehen wollt.
- Macht Vorschläge, einigt euch und macht dann einen Treffpunkt aus.
- Verabschiedet euch am Ende des Dialogs.

6. Arbeit mit dem zweisprachigen Wörterbuch

Bevor Max nach Italien gefahren ist, haben seine Eltern ihm ein dickes zweisprachiges Wörterbuch geschenkt. Max versucht zwar, ohne Wörterbuch auszukommen, aber hin und wieder muss er doch ein Wort nachschlagen und findet dabei Informationen zu Wortbedeutung, Wortart, Artikel, Pluralbildung, möglichen Abkürzungen, Konjugation, Betonung, Semantik, Idiomatik und Landeskunde.

6.1 Wortbedeutung

Manchmal haben Wörter mehrere Bedeutungen.

E1 Finde die richtige Entsprechung im Italienischen heraus:

1. spielen   Fußball spielen   ■ a calcio
               Gitarre spielen   ■ la chitarra
               Theater spielen   ■
2. Eis   Speiseeis   ■
               Gefrorenes Wasser   ■
3. La pianta   1. ■; 2. ■; 3. ■

6.2 Wortart

Das italienische Wort *piano* kann z. B. Substantiv *(sost.)* oder Adjektiv *(agg.)* sein.

E2 Finde die korrekten deutschen Bedeutungen:

piano *(sostantivo)* = 1. ■; 2. ■; 3. ■; 4. ■
piano *(aggettivo)* = 1. ■

Strategie

6.3 Artikel

Das Wörterbuch hilft dir auch, den korrekten Artikel zu finden.

E3 Suche den Artikel dieser italienischen Wörter:

CD   televisione   zoom   weekend   chat

6.4 Pluralbildung

Das Wörterbuch gibt an, ob ein Substantiv einen unregelmäßigen Plural bildet.

E4 Finde die Singularform und den unregelmäßigen Plural von:

1. Das Ei ■ ■
2. Der Mann ■ ■

6.5 Abkürzungen

E5 Finde heraus, was die folgenden italienischen Abkürzungen auf Italienisch und auf Deutsch bedeuten:

CAP   cap.   d.C.   DC

6.6 Konjugation

Das Wörterbuch hilft dir, die unregelmäßigen Verben korrekt zu konjugieren.

E6 Finde heraus, wie die folgenden Verben im Präsens konjugiert werden:

Ich übersetze: ■   Ich gehorche: ■

6.7 Betonung

Die Lautschrift hinter den Wörtern zeigt dir auch, auf welcher Silbe ein Wort betont wird.

E7 Finde heraus, auf welcher Silbe die folgenden Wörter betont werden:

il disordine   la piramide   il fenicottero   la farmacia

6.8 Semantik

Bei manchen Wörtern findest du in Klammern eine Erläuterung:
- (vulg) = vulgärer Ausdruck
- (fig) = bildlicher Ausdruck
- (scherz) = scherzhafter Ausdruck
- (fam) = umgangssprachlicher Ausdruck
- (prov) = sprichwörtlicher Ausdruck
- (pej) = negativer, beleidigender Ausdruck

centoquarantotto

Strategie

E 8 Finde heraus, was die folgenden Wörter bedeuten und in welche Kategorie sie gehören:

essere al verde   meneghino   alzare il gomito   stare a casa del diavolo

l'amore è cieco

6.9 Idiomatik

E 9 Suche die Übersetzung dieser zusammengesetzten Begriffe:

marinare la scuola   prendere in giro

E 10 Suche die Sprichwörter:
- Es ist noch kein Meister vom Himmel gefallen.
- Lügen haben kurze Beine.

6.10 Landeskunde

Das Wörterbuch gibt dir auch landeskundliche Informationen.

E 11 Welche Gerichte verstecken sich hier?

ossobuco   stracciatella   strangolapreti   caffè macchiato

E 12 Was bedeuten diese landeskundlichen Begriffe?

Ape   Ferragosto   Gioconda   Tombola

E 13 Finde heraus, wie und ob diese deutschen geografischen Namen übersetzt werden:

die Nordsee ■   die Ostsee ■   der Rhein ■   der Bodensee ■

centoquarantanove   **149**

Vocabolario

Im folgenden Vokabelverzeichnis findet ihr die neuen Wörter jeder Lektion aufgeführt. Diese bilden den Lernwortschatz und werden in der Folge als bekannt vorausgesetzt.

In der ersten Spalte findet ihr das neue italienische Wort oder einen neuen italienischen Ausdruck, die deutsche Entsprechung dazu in der zweiten Spalte. In der dritten Spalte schließlich stehen Beispielsätze, Lerntipps und Verweise auf andere Sprachen, also alles, was euch dabei hilft, die neuen Wörter leichter zu behalten. Ebenso findet ihr in der dritten Spalte unregelmäßige Pluralformen sowie die konjugierten Formen der unregelmäßigen Verben.

Am Ende des Buchs befindet sich ein Register mit einer alphabetischen Auflistung des gesamten Wortschatzes von **Scambio 1**. Hinter jedem Eintrag wird auf die Lektion verwiesen, in der das Wort/der Ausdruck erstmals vorkommt.

Außerdem befinden sich in einigen Lektionen so genannte *campi semantici*, die bestimmte Wörter in Wortfelder zusammenfassen, so zum Beispiel das Wortfeld zum Thema Kleidung in Lektion 6.

Im Anschluss folgen Listen mit Redewendungen für den Unterricht, Arbeitsanweisungen und eine Übersicht über die grammatischen Begriffe und ihre Abkürzungen, die in Lektions- und Vokabelteil verwendet werden – auf Italienisch und Deutsch!

Per parlare italiano in classe – Italienisch im Unterricht

Per parlare alla professoressa/al professore	
Scusi il ritardo.	Entschuldigen Sie die Verspätung.
Ho dimenticato il libro/il quaderno d'italiano a casa.	Ich habe das Buch/mein Italienischheft zu Hause vergessen.
Non ho fatto i compiti.	Ich habe die Hausaufgaben nicht gemacht.
Scusi, può ripetere? Non ho capito.	Entschuldigen Sie bitte. Können Sie wiederholen? Ich habe nicht verstanden.
Non capisco la parola …, la frase …	Ich verstehe das Wort …, den Satz … nicht.
Che significa la parola …?	Was bedeutet das Wort …?
Come si dice … in italiano?	Wie sagt man … auf Italienisch?
Come si pronuncia …?	Wie spricht man … aus?
Scusi, ho una domanda.	Entschuldigen Sie. Ich habe eine Frage.
Non lo so.	Ich weiß es nicht.
Non ce l'ho.	Ich habe das nicht.
Posso aprire/chiudere la finestra?	Darf ich/Kann ich das Fenster öffnen/schließen?
Posso andare al bagno?	Darf ich/Kann ich zur Toilette gehen?
Per parlare ai compagni di classe	
A che lezione/paragrafo/pagina/riga siamo?	Bei welcher Lektion/welchem Abschnitt/welcher Seite/welcher Zeile sind wir?
Che lezione/che pagina è?	Welche Lektion/welche Seite ist das?
Mi dai una mano?	Kannst du mir helfen?
Puoi prestarmi la matita/la penna/la gomma/il temperamatite/il libro?	Kannst du mir den Bleistift/den Stift/den Radiergummi/den Spitzer/das Buch leihen?

Vocabolario

Puoi darmi un foglio, per favore?	Kannst du mir bitte ein Blatt geben?
– Chi comincia? – Comincia tu!	– Wer fängt an? – Fang du an!
Tocca a me/a te.	Ich bin dran./Du bist dran.
Quest'esercizio (non) mi piace.	Diese Übung gefällt mir (nicht).

Per fare gli esercizi del libro – Arbeitsanweisungen zu den Übungen im Buch

Abbina le seguenti parole./Abbinate le frasi ai disegni.	Ordne die folgenden Wörter zu./Ordnet die Sätze den Zeichnungen zu.
Ascolta il dialogo/i dialoghi.	Höre dir den Dialog/die Dialoge an.
Chiedi/Chiedete …	Frage/Fragt … (nach)
Comincia/Cominciate …	Beginne/Beginnt …
Collegate le frasi.	Verbindet die Sätze.
Combina/Combinate …	Ordne/Ordnet … zu
Completa (le frasi) con le forme adatte.	Ergänze (die Sätze) mit den passenden Formen.
Completa il testo con queste parole.	Ergänze den Text mit diesen Wörtern.
Completa le frasi con i seguenti verbi.	Ergänze die Sätze mit den folgenden Verben.
Completa la tabella.	Ergänze/Vervollständige die Tabelle.
Copia/Copiate la tabella nel quaderno.	Schreibe/Schreibt die Tabelle ins Heft ab.
Descrivi/Descrivete …	Beschreibe/Beschreibt …
Fate un dialogo.	Führt einen Dialog.
Fai/Fate una lista degli aggettivi possessivi.	Erstellt eine Liste mit den Possessivbegleitern.
Forma delle frasi. Formula/Formulate …	Bilde Sätze. Formuliere/Formuliert …
Inventa/Inventate un dialogo.	Entwirf/Entwerft einen Dialog.
Inscenate/Mettete in scena il dialogo.	Spielt den Dialog.
Lavorate in coppie.	Arbeitet zu zweit.
Leggi/Leggete ad alta voce.	Lies/Lest laut vor.
Metti l'articolo determinativo.	Setze den bestimmten Artikel ein.
Metti al plurale.	Setze in den Plural.
Metti nell'ordine giusto …	Bringe … in die richtige Reihenfolge.
Presenta il tuo partner alla classe.	Stelle deinen Interviewpartner der Klasse vor.
Raccogli/Raccogliete …	Sammle/Sammelt …
Rispondi alle domande.	Beantworte die Fragen.
Scegli/Scegliete …	Wähle/Wählt … (aus)
Spiega perché …	Erkläre, warum …
Usa/Usate le espressioni nuove.	Verwende/Verwendet die neuen Ausdrücke.
Trovate gli errori e scrivete le frasi corrette nel vostro quaderno.	Findet die Fehler und schreibt die richtigen Sätze in euer Heft.
Vero o falso?	Richtig oder falsch?

Vocabolario

Per parlare della lingua

la (prima, seconda, ...) persona		die (erste, zweite, ...) Person	
a qualcuno	*a qn*	jemandem (Dativ)	*jdm.*
l'accento		der Akzent	
l'aggettivo	*agg.*	das Adjektiv	*Adj.*
l'articolo		der Artikel	
l'avverbio	*avv.*	das Adverb	*Adv.*
l'espressione di luogo / di quantità / di tempo		die Orts-, Mengen-, Zeitangabe	
femminile	*f.*	feminin	*f.*
la forma (del verbo, della preposizione)		die Form (des Verbs, der Präposition)	
la forma di cortesia		die Höflichkeitsform	
la frase		der Satz	
l'imperativo	*imp.*	der Imperativ, die Befehlsform	
(in)definito		(un)bestimmt	
l'indicativo	*ind.*	der Indikativ	
l'infinito	*inf.*	der Infinitiv	*Inf.*
maschile	*m.*	maskulin	*m.*
l'ordine della frase		die Satzstellung	
la parola		das Wort	
il participio (presente/passato)	*part. (pres./pass.)*	das Partizip (Präsens/Perfekt)	
partitivo		Teilungs-	
il passato prossimo	*pass. pross.*	das Perfekt	
il plurale	*pl.*	der Plural	*Pl.*
popolare	*pop.*	umgangssprachlich	*ugs.*
la preposizione	*prep.*	die Präposition	
il presente	*pres.*	das Präsens	
il pronome (personale, possessivo)	*pron. (pers., poss.)*	das (Personal-, Possessiv-)Pronomen	
qualcosa	*qc.*	etwas	
qualcuno	*qn.*	jemanden (Akkusativ)	*jdn.*
la scenetta		das Rollenspiel	
il singolare	*sg.*	der Singular	*Sg.*
il sostantivo	*sost.*	das Substantiv	
il superlativo (relativo/assoluto)	*sup.*	der (relative/absolute) Superlativ	
il testo		der Text	
l'uso		der Gebrauch	
il verbo	*vb.*	das Verb	*V.*
in inglese		Englische Entsprechung	*E*
in francese		Französische Entsprechung	*F*
in latino		Lateinische Entsprechung	*L*

Lezione 1 A   Vocabolario

Lezione 1

la lezione *f.*	die Unterrichtsstunde; die Lektion	**L** lectio **F** la leçon **E** lesson
Ingresso		
l'ingresso	der Eingang; der Einstieg	**L** ingredi
[E1] a (Roma); A Roma!	in, nach (Rom); Auf nach Rom!	**L** ad **F** à
l'esercizio	die Übung	**L** exercitium **E** exercise
il numero (N°) (cardinale/ordinale)	die Nummer, (Grund-/Ordnungs-)Zahl	**E** number
ciao	hallo; tschüss	›Ciao Luigi!
Permesso?	Darf ich? Gestatten Sie?	**L** permittere **F** permettre **E** permit
Scusa! (*inf.* scusare)	Entschuldige (bitte)! (entschuldigen)	**L** excusare **E** excuse ›Scusa! Come ti chiami?
mi chiamo (*inf.* chiamarsi)	ich heiße (heißen)	›Mi chiamo Lucia.
e (voi)? ed (io)?	und (ihr)? und (ich)?	**L** et **F** et
Come (vi chiamate)?	Wie (heißt ihr)?	**F** comment ›E voi, come vi chiamate?
è (*inf.* essere)	er/sie/es ist (sein)	
questo, -a	dies, dieser, diese	**L** ecce istum ›Questo è Paolo ed io mi chiamo Francesca.
si chiama	er/sie/es heißt	
siamo (di Venezia)	wir sind (aus Venedig)	**L** sumus ›Siamo Sandro e Simona di Venezia.
di *prep.*	von, aus	**L** de **F** de ›Sandro è di Chiasso, Simona è di Venezia.
[A] in (Italia)	in, nach (Italien)	›Max è in Italia. È a Roma.
il treno	der Zug	**F** le train **E** train
[A1] l'avventura	das Abenteuer	**F** l'aventure **E** adventure ›In treno a Roma. Che avventura!
comincia (*inf.* cominciare)	er/sie/es beginnt (beginnen)	**F** commencer ›L'avventura comincia a Colonia.
aspetta! (*inf.* aspettare)	Warte! (warten)	**L** exspectare **E** expect
ti	dich, dir	**L** te **F** te ›Ti chiami Carlo?
aiuto (*inf.* aiutare)	ich helfe (helfen)	**L** adiuvare **F** aider ›– Aspetta! Ti aiuto. – Grazie!
grazie (mille)	(tausend) Dank	**L** gratia
sei (*inf.* essere)	du bist (sein)	›sono, sei, è, siamo, siete, sono
tedesco, -a; il/la tedesco/a	deutsch; der/die Deutsche	›Max è tedesco. Anche Rita è tedesca.
vero, -a	wahr, richtig	**L** verus **F** vrai, e **E** very ›Tu sei Marta, vero?
Come ti chiami?	Wie heißt du?	
io; tu	ich; du	**L** ego; tu **F** tu
sì	ja	**L** sic **F** si
sono	ich bin, sie sind	

centocinquantatré **153**

Vocabolario — Lezione 1 A

ci chiam<u>ia</u>mo (*inf.* chiamarsi)	wir heißen (heißen)	❯ Noi ci chiamiamo Paolo e Francesca.
il cane *m.*	der Hund	**L** canis **F** le chien
nero, -a	schwarz	**L** niger **F** noir, e
veramente *avv.*	wirklich	**F** vraiment **E** very ❯ Sei veramente tedesca?
carino, -a	hübsch, nett, freundlich	**L** carus ❯ – Aspetta, ti aiuto! – Grazie, sei veramente carino.
parli (*inf.* parlare)	du sprichst (sprechen, reden)	**F** parler
bene *avv.*	gut	**L** bene **F** bien ❯ Parli bene il tedesco. Complimenti!
italiano, -a; il/la italiano/a	italienisch; der/die Italiener/in	**F** italien, ne **E** Italian
dove; di dove?	wo; woher?	**F** où, d'où ❯ – Di dov'è Lisa? – È di Milano.
per *prep.*	für, wegen, um zu	**L** per **F** pour ❯ Max è a Roma per parlare italiano.
il complimento; Complimenti!	das Kompliment; Mein Kompliment!	**F** le compliment **E** compliment ❯ Parli veramente bene! Complimenti!
che (bello)!	wie (schön)!	
bello, -a	schön	**F** beau, bel, belle ❯ – Sei veramente bella! – Grazie!
no	nein	**F** non ❯ *ant.* sì
solo *avv.*	nur	**L** solum **F** seulement ❯ Matteo parla solo italiano.
certo *avv.*	sicher, gewiss; *hier:* ja klar	**L** certus **F** certainement **E** certain ❯ – Parli tedesco? – Certo. Sono di M<u>o</u>naco.
il tesoro	Schatz	**L** thesaurus **F** le trésor **E** treasure
chiamarsi; chiamare	heißen; nennen, (an)rufen	**L** clamare
A2 cont<u>i</u>nua (*inf.* continu<u>a</u>re)	er/sie/es geht, macht weiter; fährt fort (fortfahren)	**L** continuare **F** continuer **E** continue ❯ Silvia continua a parlare.
allora	also; nun, jetzt	**F** alors ❯ Allora, quando cominciamo?
o	oder	**L** aut **F** ou ❯ – Sei tedesco o italiano? – Sono tedesco.
sv<u>i</u>zzero, -a; lo/la sv<u>i</u>zzero/a	schweizerisch; der/die Schweizer/in	**F** suisse **E** Swiss
lei/lui	sie/er	**L** ille ❯ Lei è di Firenze e lui è di Napoli.
ma *congz.*	aber	**F** mais
adesso *avv.*	jetzt, nun	
abito (*inf.* abit<u>a</u>re)	ich wohne (wohnen)	**L** habitare **F** abiter **E** inhabit ❯ Io abito a Ferrara, ma adesso sono a Venezia.
anche; anch'io	auch; ich auch	**F** aussi ❯ – Klaus parla anche italiano. – Anch'io parlo italiano!
perché *congz.*	weil; warum	**L** per quid **F** parce que ❯ Angela parla tedesco perché abita a Berlino.
la mamma	die Mama	❯ La mamma di Sara si chiama Paola.

Lezione 1 A — Vocabolario

il nonno/la nonna; i nonni	der Großvater/die Großmutter; die Großeltern	›La nonna di Fabio è svizzera.
austriaco, -a; l'austriaco/a	österreichisch; der/die Österreicher/in	F autrichien, ne E Austrian ›Martina e Stefan sono austriaci.
la famiglia	die Familie	L familia F la famille E family ›Che bella famiglia!
la (madre)lingua	die (Mutter-)Sprache	L lingua F la langue E language ›Che lingua parli?
bravo, -a	gut, tüchtig; toll	›Parli tedesco e italiano? Che bravo!
ecco	Schau(t); hier ist/sind	L ecce F voici ›Ecco Chiara, la mamma di Daniela.
vuoi (*inf.* volere)	du willst (wollen)	F tu veux
vedere	sehen	L videre F voir ›Vuoi vedere questa foto di Vienna?
la foto(grafia) *f. inv.*	das Foto, die Fotografie	F la photo ›Bella questa foto dei ragazzi!
la coca (cola)	die (Coca) Cola	›Ecco, la coca per la nonna!
il fratello; *pl.* i fratelli	der Bruder; *Pl.* die Geschwister	L frater F le frère ›Il fratello si chiama Mattia.
l'euro	der Euro	F l'euro E Euro ›Ecco, due euro per questa foto.
il resto	das Wechsel-, Rückgeld; der Rest	L restare F rester ›Ecco, un euro di resto.
Come stai? (*inf.* stare)	Wie geht es dir?	
Sto bene.	Es geht mir gut.	
stare	sich befinden, sein, bleiben	L stare ›– Come stai, nonna? – Sto bene, grazie.
il/la cantante *m./f.*	der/die Sänger/in	L cantans F le chanteur ›Laura Pausini è una brava cantante italiana.
E5 il papà *m.*	der Papa	›La mamma di Paola è di Roma e il papà è di Napoli.
E6 l'acqua (minerale)	das (Mineral-)Wasser	L aqua F l'eau
piccolo, -a	klein	F petit, e ›Mantova è piccola, ma è veramente bella.
grande	groß(artig)	L grandis F grand, e E grand *ant.* piccolo ›Roma è grande.
la pizza	die Pizza	›Vuoi una pizza Margherita o una pizza Capricciosa?
costa (*inf.* costare)	er/sie/es kostet (kosten)	L constare F coûter E cost ›La coca costa tre euro.
E8 l'amico/amica	der Freund/die Freundin	L amicus, -a F l'ami, e ›Paolo aiuta sempre gli amici. È veramente carino.
la signora	die Dame, Frau (*vor Eigennamen*)	›La Signora Fitti abita a Venezia.
con	mit	L cum ›Vuoi una pizza con ananas?
E10 così; così così *avv.*	so; soso (*ugs.*) (nicht besonders gut und nicht besonders schlecht)	L sic ›– Come stai? – Così così.

Vocabolario — Lezione 1 A

male *avv.*	schlecht	**L** malum **F** mal ⟩*ant.* bene
il modello	das Modell	
A3 l'arrivo	die Ankunft	**L** ad ripam **F** arriver **E** arrive ⟩Ecco, l'arrivo del treno.
conosci (*inf.* conoscere)	du kennst, du lernst kennen (kennen; kennen lernen)	⟩Conosci le gondole a Venezia? Sono carine.
i ragazzi; il/la ragazzo/a	die Jungen, die Jugendlichen; der Junge, das Mädchen; der/die feste Freund/in	⟩– Sara è la ragazza di Giuliano? – No, è solo un'amica.
famoso, -a	berühmt	**L** fama **E** famous ⟩Eros Ramazzotti è un cantante famoso in Europa.
molto, -a; molti, -e *agg.*	viel; viele	**L** multus ⟩Ha molti amici in Europa.
hanno (*inf.* avere)	sie haben (haben)	**F** ils ont ⟩Molti ragazzi hanno un iPhone.
il nome *m.*	der Name	**L** nomen **F** le nom
lo studente/ la studentessa	der/die Schüler/in, Student/in	**L** studere **F** l'étudiant, e **E** student ⟩La studentessa si chiama Paola.
Chi?	Wer?	**L** qui(s) **F** qui ⟩– Chi parla italiano? – Io.
frequento (*inf.* frequentare)	ich besuche; ((regelmäßig) besuchen)	**L** frequens **F** fréquenter **E** frequent
il liceo (linguistico/ scientifico)	das (sprachliche/naturwissen-schaftliche) Gymnasium	**F** le lycée ⟩Lucio frequenta il liceo linguistico.
dopo *avv.; prep.*	nachher, später; nach	
paghiamo (*inf.* pagare)	wir zahlen (zahlen)	**F** payer **E** pay ⟩Paghiamo adesso o dopo?
troppo, -a *agg.*; troppo *avv.*	zu viel; (zu) sehr	**F** trop
Quanti anni hai?	Wie alt bist du?	
quanti? quante?	wie viele?	⟩Quanti fratelli hai?
avere … anni	alt sein	**F** avoir … ans ⟩Mio fratello ha 12 anni.
l'anno	das Jahr	**L** annus **F** l'an ⟩Quest'anno è veramente bello.
ho; hai (*inf.* avere)	ich habe; du hast (haben)	⟩ho, hai, ha, abbiamo, avete, hanno
già	schon	**L** iam **F** déjà ⟩Hai già 15 anni?
l'università *f.*	die Universität	**F** l'université **E** university ⟩L'università di Roma si chiama "la Sapienza".
studio (*inf.* studiare)	ich studiere; ich lerne (lernen, studieren)	**L** studium **F** étudier **E** study
inglese; l'inglese *m./f.*	Englisch; der/die Engländer/in	**F** anglais, e **E** English ⟩– Luke parla inglese? – Certo! Luke è inglese.
francese; il/la francese (*m./f.*)	Französisch; der/die Franzose/ Französin	**F** français **E** French
la matematica	Mathematik	**F** les maths **E** maths ⟩Françoise studia matematica a Toulouse.
interessante	interessant	**L** interesse **F** intéressant, e **E** interesting
molto *avv.*	sehr	**L** multum
intelligente	intelligent	**L** intellegere **F** intelligent, e **E** intelligent ⟩È molto intelligente.
normale	normal, gewöhnlich	**F** normal, e **E** normal

Lezione 1 A/B — Vocabolario

	la stazione (centrale) *f.*	der (Haupt-/Zentral-)Bahnhof	**L** stare **F** la station **E** station ▸ La stazione centrale di Roma si chiama "stazione Termini".
	la borsa	die Tasche	
	la cosa; che cosa? cosa?	die Sache; was?	**L** causa **F** chose
	cerchi (*inf.* cercare)	du suchst (suchen)	**L** circum **F** chercher **E** search
	non; Non ce l'ho.	nicht; Ich habe ihn/sie/es nicht.	**F** je ne l'ai pas ▸ – Hai la mia borsa? – Io? No, io non ce l'ho!
	Oddio!	Oh mein Gott!	**F** mon Dieu
	sempre *avv.*	immer	**L** semper
	qualcosa	etwas	**F** quelque chose ▸ – Conosci qualcosa di Roma? – Sì, conosco il Colosseo.
	trovo (*inf.* trovare)	ich finde (finden)	**F** trouver ▸ È interessante, non trovi?
	su *prep./escl.*	auf; auf, los!	▸ Fate i compiti, ragazzi, su!
	va bene	in Ordnung, einverstanden	▸ – Ti aiuto a cercare la borsa, va bene? – Sì, grazie mille.
	presto *avv.*; a presto	bald; bis bald	**L** praestare
E13	l'identikit *m.*	der Steckbrief	**L** idem
E15	tutto, -a; tutti, -e	all, ganz; alle	**L** totus **F** tout, toute ▸ Tutti gli amici parlano italiano.
E17	il bar *m.*	die (ital.) Bar, das Café	**F** le bar **E** bar ▸ Frequenti tutti questi bar?
	la casa; a casa	das Haus; zuhause	**L** casa ▸ Siamo a casa di Giulia!
B1	benvenuto, -a, -i, -e	willkommen	**L** bene + venire **F** bienvenu, e ▸ Benvenuti in Italia, ragazzi!
	il signore/la signora; *pl.*: i signori *m.*	der Herr/die Dame; *Pl.* die Herrschaften	
	la valigia	der Koffer	**F** la valise
	lo zaino	der Rucksack	▸ Leonardo è in treno con due valigie e due zaini.
	il viaggio	die Reise	**L** via **F** le voyage **E** voyage
	lungo, -a (*Länge*); a lungo (*Dauer*)	lange	**L** longus **F** long, longue **E** long ▸ Dario parla sempre a lungo.
	il giorno; Buongiorno	der Tag; Guten Tag!	**L** diurnus **F** le jour ▸ Buongiorno, Signor Pitti! Come sta?
	Scusi (*Höflichkeitsform*)	Entschuldigen Sie (bitte)!	**L** excusare **E** excuse
	Piacere.	Angenehm! Erfeut!	**L** placere **E** pleasant ▸ È Lei il Signor Pizzi? Piacere!
	i genitori; *sing.* il genitore	die Eltern; der Elternteil	**L** gignere
	la sorella (gemella)	die (Zwillings-)Schwester	**L** soror **F** la sœur ▸ Ho due sorelle.
	caro, -a	lieb, teuer	**L** carus **F** cher, chère
	minore	kleiner/e, jünger/e	**L** minor **F** mineur, e **E** minor ▸ Jacobo è il fratello minore di Guido.
	basta (*inf.* bastare)	es reicht, es genügt	▸ Gli spaghetti bastano per tutti?
	la (solita) storia	die (immer gleiche) Geschichte	**L** historia **F** l'histoire **E** (hi)story
	il minuto	die Minute	**L** minuere **F** la minute **E** minute

centocinquantasette

Vocabolario — Lezione 1 B

Italiano	Tedesco	Altre lingue / Esempi
più *avv.*	mehr; plus	L plus ⟩ 2 più 2 è 4.
il/la gemello/a	der Zwilling	L gemellus F jumeau, jumelle ⟩ Giulia e Camilla sono gemelle.
andiamo (*inf.* andare)	wir gehen; gehen wir (gehen, fahren)	⟩ vado, vai, va, andiamo, andate, vanno
la fame *f.*	der Hunger	L famis F faim
la sete *f.*	der Durst	L sitis F la soif
avere fame/sete	Hunger/Durst haben, hungrig/durstig sein	F avoir faim ⟩ – Hai fame? – Sì, molta!
essere in (tre, quattro …)	zu (dritt/viert …) sein	L esse F être en … ⟩ Siamo in sei: i miei genitori, tre fratelli ed io.
maggiore	größer, älter	L maior F majeur, e E major ⟩ *ant.* minore
il figlio/la figlia; i figli	der Sohn/die Tochter, das Kind; die *(eigenen)* Kinder	L filius, filia F le fils, la fille
unico, -a	Einzel-, einzig; einzigartig	L unus F unique E unique ⟩ – Carla, hai fratelli? – No, sono figlia unica.
Beato te! Beata te!	Du Glücklicher! Du Glückliche!	L beatus ⟩ Siete figli unici? Beati voi!
E2 la domanda	die Frage	F la demande (!) E demand (!)
la risposta	die Antwort	L respondere F la réponse E response
E3 mangi (*inf.* mangiare)	du isst (essen)	L manducare F manger ⟩ Mangio molto perché ho fame.
la pasta	die Pasta, das Nudelgericht; das Gebäckstück; der Teig	
ami (*inf.* amare)	du liebst (lieben)	L amare F aimer
domandi (*inf.* domandare)	du fragst (fragen)	F demander E demand (!) ⟩ A chi domandi? A Dario?
E6 romano, -a	römisch; der/die Römer/in	L Romanus F romain, e E Roman
il CD *m.*	die CD	⟩ Quanti CD hai?
elegante	elegant, vornehm	L elegans F élégant, e E elegant
rosso, -a	rot	F rouge
porto (*inf.* portare)	ich trage; ich bringe (tragen; bringen)	L portare F porter ⟩ Ti porto la pizza, va bene?
la signorina	das Fräulein	
fantastico, -a	fantastisch, großartig	F fantastique E fantastic ⟩ Questi ragazzi? Sono fantastici!
qui *avv.*	hier	
la sera; Buonasera!	der Abend; Guten Abend!	L serus ⟩ Buonasera, come sta?
nuovo, -a	neu	L novus F nouveau, nouvelle ⟩ Questo nuovo CD di Zucchero è fantastico.
la moglie	die (Ehe-)Frau	L mulier (!) ⟩ La moglie di Obama è sempre elegante.
triste	traurig	L tristis F triste ⟩ Patrizia è triste perché il nonno non sta bene.
la t-shirt *f.*	das T-Shirt	⟩ Queste t-shirt sono carine.
gratis *agg.*	umsonst, kostenlos	L gratia F gratuit, e ⟩ Oggi la pizza è gratis. Che bello!

Lezioni 1 B / 2 A — Vocabolario

subito *avv.*	sofort	**L** subito (!) ❭ – Non mangi la pasta? – Sì, subito!
B2 la macchina	das Auto	**E** machine (!)
perfetto, -a *agg.*; perfettamente *avv.*	vollkommen, perfekt	**L** perfectum **F** parfait, e **E** perfect ❭ Sandro parla perfettamente tre lingue.
pulito, -a	sauber, gereinigt	**E** polish
gli accessori *pl.; m.*	das Zubehör	**L** accedere **F** les accessoires **E** accessory ❭ Dove trovo gli accessori per questa macchina?
la musica	die Musik	**L** Musa **F** la musique **E** music
il DVD *m.*	die DVD	
l'auto(mobile) *f.*	das Auto(mobil)	**F** l'automobile **E** automobile ❭ Le auto nuove sono sempre pulite.
(mi) piace; (mi) piacciono	er/sie/es schmeckt/gefällt (mir); sie schmecken/gefallen (mir)	❭ Ti piace la pizza? Ti piacciono gli spaghetti?
quasi *avv.*	fast	**L** quasi **F** quasiment ❭ Mi piacciono quasi tutte le pizze.
salutano (*inf.* salutare)	sie grüßen ((be)grüßen, verabschieden)	**L** salutare **F** saluer
lo zio/la zia	der Onkel/die Tante	❭ Sandro e Simona salutano gli zii.
il cugino/la cugina	der Cousin/die Cousine	**F** le cousin, la cousine **E** cousin ❭ Ecco le cugine di Giulio. Si chiamano Angela e Gabriella.
purtroppo *avv.*	leider	❭ Purtroppo non ho la macchina.
oggi *avv.*	heute	**L** hodie **F** aujourd'hui
lavora (*inf.* lavorare)	er, sie arbeitet (arbeiten)	**L** laborare ❭ Luigi è bravo. Lavora bene.
spesso *avv.*	oft	❭ Gaia mangia spesso la pizza, ma non sempre.
fuori *prep.; avv.*	außerhalb von; hinaus, draußen	**L** foris ❭ Gaia non è a casa, è fuori.
l'architetto	der/die Architekt/in	**F** l'architecte **E** architect ❭ Buongiorno signora, è Lei l'architetto?
il giro; in giro	die Runde, der Spaziergang; unterwegs	**L** ire ❭ Non sono a casa. Sono in giro.

Lezione 2

Ingresso

L'appartamento	Die Wohnung		
A1 la camera	das Zimmer	la doccia; fare la doccia	die Dusche; duschen
il soggiorno	das Wohnzimmer; der Aufenthalt	l'armadio	der Schrank
la cucina	die Küche	il letto	das Bett
il bagno	das Bad	la scrivania	der Schreibtisch

finalmente *avv.*	endlich	**L** finis **F** finalement **E** finally
arrivare	ankommen	**L** ad ripam **F** arriver **E** to arrive ❭ Finalmente arriva il treno. Aspettiamo da 30 minuti.

Vocabolario — Lezione 2 A

anzi *avv.*	vielmehr, im Gegenteil	▸ Lia parla bene il tedesco, anzi parla come una madrelingua.
nostro, -a	unser, unsere	**L** noster
il computer *m.*	der Computer	**L** computare
proprio *avv.*	wirklich, genau	**L** proprius **E** proper (!) ▸ Questa ragazza è proprio bella.
sotto *prep.*	unter	**L** sub **F** sous
c'è, ci sono (*inf.* esserci)	es gibt, da ist/sind (vorhanden sein)	**L** esse **F** il y en a **E** there is/are ▸ Non c'è la pizza, ma ci sono gli spaghetti.
il gioco	das Spiel	**L** iocus **F** le jeu **E** joke ▸ Ti piacciono i giochi?
l'ultimo, -a *sost.*; ultimo, -a *agg.*	der/die Letzte; der/die letzte	**L** ultimus **E** ultimate (!) ▸ Quando arriva l'ultimo treno da Milano?
il calcio	der Fußball	
preferito, -a	Lieblings-, bevorzugt	**L** praeferre **F** préféré **E** prefer
quale? quali?	Welche/s/r? Welche?	▸ – Quali lingue parli? – Parlo il tedesco e l'italiano
giocare (a calcio)	(Fußball) spielen	**F** jouer ▸ Giochiamo a calcio o a basket?
loro *inv.*	sie; ihr, ihre	
vostro, -a	euer, eure	▸ Qual'è la vostra madrelingua?
guardare	(an)schauen	**F** regarder **E** guard (!)
l'altro/a; altro, -a	der/die Andere; andere/s	**L** alter **F** autre ▸ Ecco, Patrizia. E chi è l'altra ragazza?
l'asciugamano	das Handtuch	**L** manus
forse *avv.*	vielleicht	**L** fors, forsitan ▸ Non stai bene? Forse hai fame?
fare	machen, tun	**L** facere **F** faire ▸ faccio, fai, fa, facciamo, fate, fanno
pensare	denken	**L** pensare/pendere **F** penser ▸ Andiamo in centro? Che pensi?
magari *avv./ inter.*	vielleicht, sogar; Schön wär's!	▸ – Vuoi andare a Venezia? – Magari!
E5 bianco, -a	weiß	▸ Hai solo asciugamani bianchi?
la sedia	der Stuhl	**L** sedere **E** seat
il libro	das Buch	**L** liber **F** le livre **E** library
E7 lo stereo	die Stereoanlage	**F** le stéréo **E** stereo ▸ Gli stereo qui non sono nuovi.
importante	wichtig	**L** im-portare **F** important, e **E** important

A2

La tavola	Der Tisch		
la tavola; a tavola	der (Ess-)Tisch; zu Tisch	il bicchiere *m.*	das (Trink-)Glas, der Becher
apparecchiare; apparecchiato, -a	decken; gedeckt	il piatto	der Teller; das Gericht
a sinistra	links	il coltello	das Messer
a destra	rechts	la forchetta	die Gabel
al centro	in der Mitte	il cucchiaio	der (Ess-)Löffel
la bottiglia	die Flasche	il cucchiaino	der Teelöffel
		il tovagliolo	die Serviette

Lezione 2 A — Vocabolario

	lo scaffale *m.*	das Regal	▸Uno scaffale così è perfetto per i libri!
	il televisore *m.*	der Fernseher, das Fernsehgerät	**L** videre **F** la télé **E** television
	il giornale *m.*	die Zeitung	**L** diurnus **F** le journal **E** journal
A3	buono, -a	gut	**L** bonus **F** bon, bonne ▸Che buona questa pizza! Mi piace molto!
	l'appetito; Buon appetito!	der Appetit; Guten Appetit!	**L** appetere **F** l'appétit
	l'ora	die Stunde	**L** hora **F** l'heure **E** hour ▸A quest'ora andiamo a casa.
	la cena	das Abendessen	**L** cena ▸Oggi mangiamo la pizza per cena.
	la madre *f.*	die Mutter	**L** mater **F** la mère
	altrettanto *avv.*	gleichfalls	**L** alter + tantum ▸– Buon appetito a tutti! – Grazie. Altrettanto.
	il padre *m.*	der Vater	**L** pater **F** le père ▸Mia madre si chiama Brigitte e mio padre si chiama Werner.
	piacere	gefallen, schmecken	**L** placere **F** plaire **E** pleasant ▸piaccio, piaci, piace, piacciamo, piacete, piacciono
	l'antipasto	die Vorspeise	
	il prosciutto	der Schinken	
	il melone *m.*	die Honigmelone	**F** le melon
	tanto, -a	(so) viel	**L** tantus **F** tant de ▸Lorenzo ha tanta fame. Allora mangia due piatti di pasta.
	bevi (*inf.* bere)	du trinkst (trinken)	**L** bibere **F** boire ▸bevo, bevi, beve, beviamo, bevete, bevono ▸Noi non beviamo vino, solo acqua.
	da *prep.*	zu, um … zu, bei, von, aus, seit	▸Che c'è da mangiare? E da bere?
	gassato, -a	sprudelnd, mit Kohlensäure	**F** gasseux, se **E** gas
	naturale	natürlich; *hier:* still	**L** natura **F** naturel, le ▸A me non piace l'acqua gassata, bevo l'acqua naturale.
	per favore	bitte (wenn man um einen Gefallen bittet)	**L** per favorem ▸Due bruschette, per favore!
	un po' di (pane)	ein wenig (Brot), ein bisschen (Brot)	
	il pane *m.*	das Brot	**L** panis **F** le pain
	il (primo/secondo) piatto	der (erste/zweite) Gang	**F** le premier/second plat **E** plate (!) ▸La pasta è il primo piatto.
	le lasagne	die Lasagne, die Bandnudeln	▸Le lasagne sono buone, piacciono a tutti.
	la verdura	das Gemüse	**L** viridis **F** la verdure
	cioè	das heißt	▸È figlio unico, cioè non ha fratelli.
	senza	ohne	**L** sine **F** sans *ant.* con
	la carne *f.*	das Fleisch	**L** carnis ▸La carne è un secondo piatto.
	vegetariano, -a	vegetarisch	**F** végétarien, ne **E** vegetarian ▸Lillian è vegetariana, non mangia la carne.
	la specialità	die Spezialität	**L** species **F** la spécialité

centosessantuno **161**

Vocabolario — Lezione 2 A/B

il pollo	das Hähnchen, Hühnchen; das Huhn	**L** pullus **F** le poulet
il peperone *m.*	der Paprika	›Il peperone è una verdura.
E11 preparare	vor-, zubereiten	**L** prae-parare **F** préparer **E** prepare ›La nonna prepara la pasta e noi apparecchiamo.
gli spaghetti (alle vongole)	die Spaghetti (mit Muscheln)	›Le lasagne e gli spaghetti alle vongole sono le nostre specialità.
la lista della spesa	die Einkaufsliste	
il pesce	der Fisch	**L** piscis
il formaggio	der Käse	**L** forma **F** le fromage
l'insalata	der Salat	**F** la salade ›I vegetariani mangiano molta insalata.
la mela	der Apfel	
l'oliva	die Olive	**F** l'olive **E** olive
E15 la bevanda	das Getränk	**L** bibendum **F** la boisson
il cibo	die Speise, Nahrung	**L** cibus ›La pizza è il mio cibo preferito.
il dolce *m.*	die Nachspeise; Süßspeise, der Kuchen	**L** dulcis
il caffè *m., inv.*	der Kaffee, der Espresso	**F** le café **E** café, coffee ›Andiamo al bar a prendere un caffè.
volentieri *avv.*	gerne	**L** voluntas **F** volontiers **E** voluntary ›– Vuoi una banana? – Volentieri.
Figurati!	Gern geschehen, nichts zu danken	**L** figura ›– Grazie mille! – Figurati.
B1 il tempo	die Zeit	**L** tempus
libero, -a	frei	**L** liber **E** liberty
il/la compagno/a di classe *m./f.*	der/die Mitschüler/in	**L** cum + panis **F** le copain **E** company
la classe *f.*	die Klasse	**L** classis **F** la classe **E** class
sportivo, -a	sportlich	**F** sportif, ve
lo sport *m.*	der Sport	**F** le sport **E** sport ›– Ti piace lo sport? – Sì, amo il basket.
la piazza	der Platz, die Piazza	›Dopo la cena andiamo in piazza per incontrare gli amici.
incontrare	treffen, begegnen	**F** rencontrer **E** encounter
il cinema *m., inv.*	das Kino	**F** le cinéma **E** cinema
andare al cinema	ins Kino gehen	**F** aller au cinéma
insieme *avv.*	zusammen, gemeinsam	**F** ensemble ›Andiamo al cinema insieme?
devi conoscere	du musst kennenlernen	**F** tu dois
pazzo, -a	verrückt	›Mah, siete pazzi?
simpatico, -a	sympathisch, angenehm	**F** sympatique ›Gli amici di Giulia sono tutti simpatici.
il tipo	der Typ, die Art	**F** le tipe **E** type ›Giorgio è un tipo veramente simpatico.
aperto, -a	offen	
il nick(name) *m.*	der Spitzname	

Lezione 2 B — Vocabolario

	la scuola; a scuola	die Schule; in der Schule	L schola F l'école E school ❯Oggi non sono a scuola. Non sto bene.
	invece *avv.*, invece di *prep.*	dagegen; statt	❯Vorrei andare a Roma, invece di andare a Milano.
	allegro, -a	fröhlich	
	sapere	wissen, können	L sapere F savoir ❯so, sai, sa, sappiamo, sapete, sanno ❯Lorenzo sa giocare bene a basket.
	stasera	heute Abend	L serus F ce soir ❯Stasera guardiamo un film interessante.
	dai (dare); Dai!	du gibst (geben); Ach, komm schon!	❯do, dai, dà, diamo, date, danno
	alto, -a; in alto	hoch; oben	L altus F en haut
	biondo, -a	blond	F blond, e E blond
	lo shopping; fare shopping	das Einkaufen (*z.B. von Kleidung*); Shoppen gehen	
	la forma; stare in forma	die Form; in Form bleiben	L forma F la forme E form
	vi presento (Max)	ich stelle euch (Max) vor	
E2	(ir)regolare *agg.*	(un)regelmäßig	L regere F régulier, ière E irregolare ❯*Andare* è un verbo irregolare.
E3	poco, -a	wenig	L pauci F peu
	il cellulare	das Handy, Mobiltelefon	E cell phone
	il telefono	das Telefon	
B2	la settimana	die Woche	L septem ❯La settimana comincia di lunedì.
	il film *m.*	der Film	❯Loredana va spesso al cinema. Conosce tanti film.
	la voglia, avere voglia di + *inf.*	Lust haben, etwas zu tun	F avoir envie de ❯Le ragazze hanno voglia di ballare.
	l'idea	die Idee; die Vorstellung	F l'idée E idea
	domani *avv.*	morgen	L mane F demain
	il concerto	das Konzert	L con + certare F le concert E concert ❯Il concerto di Andrea Bocelli comincia alle 19:00.
	il regalo	das Geschenk	L regalis
	la gelateria	die Eisdiele	L gelidus
	ottimo, -a	sehr gut, hervorragend	L optimus ❯I cornetti in questo bar sono ottimi! Piacciono a tutti.
	il gelato	das (Speise-)Eis	L gelidus F la glace ❯Avete voglia di un gelato? Allora andiamo in una gelateria.
E4	quando *congz./avv.*	wenn, als; wann?	L quando ❯Quando siete a Roma?
	ascoltare	(zu)hören	L auscultare, auris ❯Ascolto la mia musica preferita con il mio Ipod.
	la TV (televisione) *f.*	das Fernsehen	
	il panino	das Brötchen, die Semmel	L panis
E5	il gusto	Geschmack	❯– Un gelato, per favore. – Quanti gusti vuoi?

centosessantatré **163**

Vocabolario   Lezioni 2 B / 3 A

prende (*inf.* prendere)	er/sie/es nimmt (nehmen, holen)	**L** prehendere **F** prendre ❯Prendiamo questo treno o l'altro?

Lezione 3

Ingresso

il compito; il compito in classe	die (Haus-)Aufgabe; die Klassenarbeit	❯Gli studenti studiano per i compiti in classe.
durante *prep.*	während	**L** durare **E** during ❯Noi non guardiamo la TV durante la cena.
tranquillo, -a	ruhig, leise	**L** tranquillus **F** tranquille ❯Simona è una ragazza tranquilla, non parla molto.
la soluzione *f.*	die Lösung	**L** solvere **F** la solution **E** solution
il dialogo	der Dialog	**F** le dialogue **E** dialogue
cantare	singen	**L** cantare
il/la prof; il professore/ la professoressa	der/die Lehrer/in; der/die Professor/in	**L** profiteri **F** le/la prof **E** professor ❯Quanti prof hai?
la presentazione *f.*	die Präsentation, Vorführung, Darstellung	**L** praesens **F** la présentation **E** presentation ❯Facciamo una presentazione in classe.
inventare	erfinden	**F** inventer **E** invent
attento, -a	aufmerksam	**L** ad + tendere **F** attentif, ve **E** attention ❯Stefano sta sempre attento.
chiedere (a qn.)	(jdn.) fragen	**L** quaerere **E** question *sin.* domandare
l'informazione *f.*	die Information, Auskunft	**L** in + formare **F** l'information **E** information ❯Non tutte le informazioni sono importanti.
A1 la strada; per strada	die Straße, der Weg; unterwegs	**L** stratum **E** street ❯– Sei già a casa? – No, sono per strada.
l'edicola	der Kiosk, Zeitungsstand	**L** edere
comprare	kaufen	**L** comparare
il biglietto	die Fahrkarte, Eintrittskarte; der Geldschein	**F** le billet ❯Dove compriamo i biglietti per il bus?
l'autobus; il bus	der Bus	**F** le bus **E** bus
il ritardo; essere in ritardo	die Verspätung; verspätet sein	**L** retardare **F** être en retard
leggere	lesen	**L** legere **F** lire ❯A Mario piace leggere. Ha tanti libri.
diventare	werden	**F** devenir
corriamo (*inf.* correre)	wir laufen (laufen)	**L** currere **F** courrir ❯Luca corre per prendere il treno.
ci vediamo	wir sehen uns	
Arrivederci!	Auf Wiedersehen!	❯Ci vediamo stasera, Signor Rossi. Arrivederci.
la calma; con calma	die Ruhe; in Ruhe	**L** calmus **E** calm
pieno, -a	voll	**L** plenus **F** plein, e ❯Il cinema è pieno di persone.
lontano, -a	weit (entfernt)	**L** longus **F** lointain ❯Palermo è molto lontana da Milano.

Lezione 3 A — Vocabolario

la fermata	die Haltestelle	
saliamo (*inf.* salire)	wir steigen ein (ein-, hinaufsteigen)	**L** salire **F** salir ❯ salgo, sali, sale, saliamo, salite, salgono
la linea	die Linie	**L** linea **F** la lligne **E** line ❯ Questa è la fermata di tre linee autobus.
passare	*intr.*: vorbeigehen, -fahren; *tr.*: verbringen	**L** passus **F** passer **E** pass
niente	nichts	*ant.* tutto
niente male	nicht schlecht!	
il monumento	die Sehenswürdigkeit; das Denkmal	**L** monumentum **F** le monument **E** monument
scendiamo (*inf.* scendere)	wir steigen aus (aus-, hinabsteigen)	**L** descendere **F** descendre **E** descend ❯ Scendiamo alla prossima fermata.
prima *avv.*	zuerst, vorher	**L** primo ❯ Prima andiamo a scuola e dopo da Maria.
se *congz.*	wenn, falls	**L** si **F** si ❯ Se ti piace possiamo giocare.
E3 lo scrittore/la scrittrice	der/die Schriftsteller/in	
moderno, -a	modern	**L** modus **F** moderne **E** modern
prossimo, -a; il/la prossimo/a	nächste/r; der/die Nächste	**L** proximus **F** prochain, e ❯ C'è un compito in classe la settimana prossima.
A2 la colazione *f.*	das Frühstück	
preferisco (*inf.* preferire -sc-)	ich ziehe vor (vorziehen, lieber tun)	**L** praeferre **F** préférer **E** prefer
il fine settimana *m.*	das Wochenende	pl. i fine settimana
le ferie	die Ferien	**L** feriae ❯ Durante il fine settimana e le ferie non lavoro per la scuola, ma dormo molto.
dormire	schlafen	**L** dormire **F** dormir **E** dormitory
più a lungo	länger	❯ Il fine settmana posso dormire più a lungo.
la mattina *sost./avv.*	der Morgen; der Vormittag; morgens	**L** matutinus **F** le matin ❯ *ant.* la sera
capisci (*inf.* capire -sc-)	du verstehst (verstehen)	
chiacchierare	schwatzen, plaudern	❯ A Laura piace chiacchierare durante le lezioni. Parla sempre.
mandare	schicken, senden	
soffre (*inf.* soffrire)	er, sie leidet (*inf.* leiden)	**F** souffrir **E** suffer
spegnere	ausschalten, auslöschen	**F** éteindre ❯ spengo, spegni, spegne, spegniamo, spegnete, spengono
il telefonino	das Handy, Mobiltelefon	*sin.* il cellulare
mica *avv.*	nicht (etwa)	❯ – Non hai mica il giornale di oggi? – No.
finite (*inf.* finire -sc-); finito, -a	ihr beendet (enden, beenden); beendet	**L** finis **F** finir **E** finish ❯ Dove sono i cornetti? Sono già finiti?
il discorso	die Rede; das Thema	**F** le discours **E** discourse ❯ I discorsi di Marco non sono interessanti, non mi piacciono.
pregare	bitten; beten	**L** precari **F** prier **E** pray
lo scontrino	der Kassenzettel	❯ Faccio prima lo scontrino o dopo?

Vocabolario — Lezione 3 A

Non lo so.	Ich weiß es nicht.	
il cappuccino	der Cappuccino	
il cornetto	das Hörnchen	**L** cornu ▸ Mangiamo i cornetti a colazione.
lo/la stesso/a	gleich; der-/dieselbe	**L** iste + ipse ▸ Adesso Max e Giuliano hanno gli stessi amici.
il tè *m.*	der Tee	**F** le thé **E** tea ▸ Catherine non beve il caffè, beve solo il tè.
odiare	hassen	**L** odium *ant.* amare
vorrei	ich hätte/möchte gerne	**F** je voudrais ▸ Vorrei un cappuccino e un cornetto.
il caffellatte *m.*	der Milchkaffee	
quanto, -a *agg.*	wie viel	**L** quantus ▸ Quanti cappuccini bevi la mattina?
offro (*inf.* offrire)	ich lade ein (anbieten)	**L** offerre **F** offrir **E** offer
il/la barista *m./f.*	der Barkeeper, Barmann, die Barfrau	▸ I baristi di questo bar sono simpatici.
potrei	ich könnte	**F** je pourrais ▸ – Potrei avere un po' di torta? – Mi dispiace, è già finita.
la marmellata	die Marmelade	**E** marmelade
mi dispiace	es tut mir leid	**L** mihi displicet
vuoto, -a	leer	
E4 ordinare	bestellen	
E5 il blog *m.*	der Blog	▸ Leggo sempre i blog di questo tipo. È pazzo.
la città	die Stadt	**L** civitas **E** city ▸ Amo le città italiane!
il/la turista *m./f.*	der/die Tourist/in	**F** le touriste ▸ I turisti amano Roma.
la radio *f.*	das Radio	**L** radius **F** la radio **E** radio
il/la giornalista *m./f.*	der/die Journalist/in	**F** le journaliste ▸ Lorenzo fa il giornalista, lavora per *La Repubblica*.
E8 il mal di testa *m.*	das Kopfweh	**F** le mal de tête ▸ Oggi ho mal di testa e non mi sento bene.
sentire	hören; fühlen	**L** sentire **F** sentir
A3 il programma *m.*	das Programm	**F** le programme **E** programme ▸ Quali sono i tuoi programmi per le ferie?
interrogare	abfragen	**L** interrogare **F** interroger **E** interrogate ▸ Studio molto perché il prof mi interroga sempre.
poi *avv.*	dann	**L** post *sin.* dopo ▸ Prima finisco i compiti, poi chiamo zio Lucio.
la chimica	Chemie	**F** la chimie **E** chemistry
la storia dell'arte	die Kunstgeschichte	**F** l'histoire de l'art **E** history of art ▸ Vorrei studiare storia dell'arte perché mi piacciono i monumenti del passato.
la fisica	Physik	**F** la physique **E** physics
l'educazione (fisica) *f.*	die Bildung (der Sportunterricht)	**F** l'éducation physique et sportive **E** physical education
dici (*inf.* dire)	du sagst (sagen)	**L** dicere

Lezione 3 A/B — Vocabolario

la mat<u>e</u>ria	das Fach, die Materie	**L** materia **F** la matière ▸L'educazione fisica è la mia materia preferita.
la vita	das Leben	**L** vita **F** la vie
gli appunti; prendere appunti	die Notizen; sich Notizen machen	▸Il prof parla ed i ragazzi prendono appunti.
risp<u>o</u>ndere	antworten, beantworten	**L** respondere **F** répondre **E** respond ▸Rispondete alle domande a pagina 94.
E10 basso, -a; in basso	niedrig, klein (gewachsen); unten	**F** en bas ▸Che bella foto! E qui in basso c'è Bonzo.
secondo me	meiner Meinung nach	
E12 ancora *avv.*	noch	**F** encore ▸Devo ancora finire il compito, poi mangio.
invidioso, -a	neidisch	
B1 vicino, -a; il/la vicino/a	nahe; der/die Nachbar/in	**L** vicinus **F** le voisin, la voisine **E** vicinity
la porta	die Tür	**L** porta **F** la porte
l'aula	das Klassenzimmer	**L** aula ▸I ragazzi sono in aula e aspettano la professoressa.
il banco	die Schulbank; der Tresen	**E** bank
sporco, -a	schmutzig, dreckig	
il posto	Platz; Ort	**L** ponere ▸Conosci l'Italia? Quali posti conosci?
accanto a	neben	**F** à coté de
la lavagna	die Tafel	**L** lavare
la spugna	der Schwamm	**F** l'éponge **E** sponge
mancare	fehlen	**F** manquer ▸Noi ci siamo tutti. Manchi solo tu!
il gesso	die Kreide	**L** gypsum
il/la bidello/a	*eine Art Hausmeister/in an einer Schule*	▸Il bidello si chiama Guido. Aiuta i ragazzi e i professori.
la luce	das Licht	**L** lux **F** la lumière ▸Spegnete la luce, ragazzi.
sicuro, -a	sicher	**L** securus **F** sûr, sûre **E** secure ▸Non ci sono compiti?! Siete sicuri?
la ragione; avere ragione	der Grund; die Vernunft; Recht haben	**F** avoir raison ▸Sì, è vero. Hai ragione.
la notte	die Nacht	*ant.* il giorno
l'ast<u>u</u>ccio	das Mäppchen	
pesante	schwer	
la matita	der Bleistift	▸L'astuccio è pesante perché ci sono tante penne e matite.
il righello	das Lineal	
gigante	riesig	**F** gigantesque **E** giant
la penna	der Stift; der Füller	**L** penna **E** pen
la gomma	der Radiergummi	**F** la gomme **E** gum
voglio (*inf.* volere)	wollen, mögen	**L** volo ▸voglio, vuoi, vuole, vogliamo, volete, v<u>o</u>gliono ▸Mamma, voglio un astuccio nuovo per tutte le mie penne.

Vocabolario — Lezione 3 B

B2	provocare	provozieren; *tr.:* hervorrufen, verursachen	**L** pro + vocare **F** provoquer **E** provoke ❯ I ragazzi provocano la professoressa con le domande.
	uguale	gleich	**L** aequalis **F** égal, e **E** equal ❯ Gli zaini degli studenti italiani sono quasi tutti uguali. Non c'è molta differenza.
	il mondo	die Welt	**L** mundus **F** le monde
	il paese *m.*	das Land; das Dorf	**F** le pays
	la gente *f.*	die Leute	**L** gens **F** les gens
	alcuni, -e	einige, manche	
	severo, -a	streng	**L** severus **F** sévère **E** severe ❯ La prof di chimica è molto severa, interroga gli studenti tutti i giorni.
	noioso, -a	langweilig	*ant.* interessante
	devo (*inf.* dovere)	ich muss (müssen)	**L** debere **F** je dois ❯ devo, devi, deve, dobbiamo, dovete, devono
	sembrare	scheinen	**F** sembler
	arrabbiato, -a	wütend, aufgebracht	❯ Mattia sembra tranquillo, invece è arrabbiato.
	zitto, -a	still, ruhig	
	il rumore *m.*	der Lärm	**L** rumor **E** rumor (!) ❯ Zitti, ragazzi! Non fate rumore.
	la finestra	das Fenster	**L** fenestra **F** la fenêtre
	aprire	öffnen	**F** ouvrir ❯ Ragazzi, aprite i libri a pagina 34.
	chiudere	schließen	*ant.* aprire
	puoi (*inf.* potere)	du kannst (können)	**F** tu peux ❯ posso, puoi, può, possiamo, potete, possono ❯ Miro non può bere il vino, è troppo giovane.
	descrivere	beschreiben	**L** describere **F** décrire **E** to describe
	l'immagine *f.*	das Bild	**L** imago **F** l'image **E** image ❯ Lucia, puoi descrivere quest'immagine?
	la pagina	die Seite	**L** pagina **F** la page **E** page
	l'insufficienza	die Note „ungenügend"	**L** sufficere **F** insuffisant **E** sufficient ❯ Se non studi prendi un'insufficienza.
E2	commentare	kommentieren; erläutern	**L** commentarius **F** commenter **E** comment
E5	ripetere	wiederholen	**E** repeat
E6	imparare (a memoria)	(auswendig) lernen	**L** in + parare ❯ I bambini imparano a memoria l'alfabeto.
	il vocabolo	die Vokabel	
	il lavoro	die Arbeit	**L** labor ❯ Faccio il professore, questo lavoro mi piace.
	scrivere	schreiben	
E8	la carta; giocare a carte	das Papier; Karten spielen	**F** jouer aux cartes ❯ Vogliamo giocare! Chi ha le carte?
	suonare (il piano)	(Klavier) spielen	**L** sonare **E** sound ❯ Sai suonare il piano?
	la bici(cletta) *f.*	das Fahrrad	**F** la bicyclette ❯ Andiamo in bicicletta o in autobus?

centosessantotto

Lezioni 3 B / 4 A — Vocabolario

E9	spiegare	erklären	**L** explicare **F** expliquer **E** explain ›Mi spieghi come si fa questo compito di matematica?
E11	lavare	waschen, reinigen, putzen	
	il voto	die Note	**L** votum **E** vote ›Martino prende sempre voti alti. È bravo.

Lezione 4

A	scoprire	entdecken	**F** découvrir **E** discover ›Nel 1492 Colombo scopre l'America.
A1	Cosa/Che ne dici?	Was sagst du dazu? Was hältst du davon?	
	finora *avv.*	bis jetzt	›– Come ti trovi con i nuovi vicini? – Finora bene.
	l'attrazione (turistica) *f.*	die (Touristen-)Attraktion	**L** ad + trahere **F** l'attraction **E** attract ›A Pisa ci sono molte attrazioni turistiche, come la torre pendente.
	d'accordo	einverstanden	**F** d'accord ›Sei d'accordo con questi programmi?
	la metropolitana	die U-Bahn	**F** le (!) métro
	circa *avv.*	circa, ungefähr	**L** circa ›Suono il pianoforte circa tre ore la settimana.
	bisogna (parlare)	man muss (sprechen)	›Bisogna studiare per prendere voti buoni.
	il Papa	der Papst	**F** le pape **E** Pope
	chi<u>a</u>ro, -a	klar; hell	**L** clarus **F** clair, e **E** clear
	lo stato; lo stato più piccolo	der Staat; der kleinste Staat	**L** stare **F** l'état **E** state
	l'<u>e</u>ttaro	der Hektar	**F** l'hectare
	il capo	der Chef (der führende Kopf)	**L** caput
	la chi<u>e</u>sa	die Kirche	**L** ecclesia **F** l'église
	dal (1929)	seit (1929)	
	(in)dipendente	(un)abhängig	**L** dependere **F** (in)dépendant, e **E** independent ›Carlo è ancora dipendente dai suoi genitori.
	l'abitante *m./f.*	der/die Einwohner/in	**L** habitare **F** l'habitant, e **E** inhabitant ›Torino ha quasi un milione di abitanti.
	il mus<u>e</u>o	das Museum	**L** Musa **F** le musée **E** museum
	cliccare (su)	(an)klicken	**F** cliquer **E** click ›Clicca qui per vedere questo video su *youtube*!
	il panorama *m.*	der Ausblick; das Panorama	**G** pan-orao = ich sehe alles **F** le panorama **E** panorama
	spettacolare	überwältigend, großartig	**L** spectare **F** spectaculaire **E** spectacular
	stupendo, -a	herrlich, fantastisch	**L** stupere ›Il panorama da casa tua è stupendo.
	la capitale *f.*	die Hauptstadt (eines Landes)	**L** caput **F** la capitale **E** capital ›Roma è la capitale dell'Italia.

centosessantanove 169

Vocabolario — Lezione 4 A

	v<u>i</u>vere	leben	**L** vivere **F** vivre **E** vivid ▸ Katia vive a Firenze dal 2006.
	il mili<u>o</u>ne *m.*	die Million	**F** le million **E** million ▸ Ha veramente un milione di amici su *facebook*?
	m<u>e</u>zzo, -a *agg./avv.*	halb	**L** medius **E** medium
	c<u>e</u>nto	hundert	**F** cent ▸ Ecco, un biglietto da cento euro.
	m<u>i</u>lle *pl.* mila	tausend	**L** mille *pl.* mila **F** mille ▸ *Mille* è l'unico numero in italiano con due "ll".
	la fontana	der (Spring-)Brunnen	**L** fons **F** la fontaine **E** fountain
E1	la v<u>i</u>sita	der Besuch, die Besichtigung	**L** visitare **F** la visite **E** visit
	la v<u>i</u>rgola	das Komma	**L** virga **F** la virgule
E3	avere bisogno di	brauchen, nötig haben	**F** avoir besoin de ▸ Di che cosa hai bisogno?
	il mezzo p<u>u</u>bblico	das öffentliche Verkehrsmittel	▸ Mario va a scuola con i mezzi pubblici.
	il pi<u>e</u>de; andare a piedi	der Fuß; zu Fuß gehen	**L** pes **F** pied ▸ Andiamo in macchina o a piedi?
	risparmiare	sparen, schonen	**E** spare
	calcolare	rechnen	**F** calculer
	meno	weniger; minus	**F** moins ▸ 4 meno 3 è 1.
	per	mal; durch, hindurch, für, um … zu	▸ 2 per 3 è 6.
	diviso (per)	geteilt (durch)	**F** divisé par ▸ 6 diviso 3 è 2.
	ringraziare	danken	**L** gratia ▸ La nonna ringrazia Luca per il regalo.
	il probl<u>e</u>ma *m.*	das Problem	**F** le problème ▸ Questo ragazzo non studia, ha molti problemi a scuola.
	il niente; di niente	nichts; nichts zu danken	▸ – Grazie mille! – Di niente.
	la giornata	der Tag *(in seinem Verlauf)*	**F** la journée
E4	(ri)tornare	zurückkehren, umdrehen	**F** retourner **E** return ▸ Vai da Fabrizio? E quando torni?
	il futuro	die Zukunft; das Futur	**L** futurus **F** le futur **E** future
	lanciare	werfen	**F** lancer **E** launch
	contare	zählen	**F** conter ▸ Il piccolo Giorgio sa già contare da uno a mille.
	i soldi	das Geld	**L** solidus ▸ Con questi soldi compro un regalo per la zia.
	regalare	schenken	**L** regalis
A2	l'incontro	die Begegnung, das Treffen	**L** in + contra **F** la rencontre
	il salto; fare un salto	der Sprung; kurz vorbeischauen	▸ Faccio solo un salto in biblioteca, poi torno subito.
	il neg<u>o</u>zio	das Geschäft	**L** negotium
	diverso, -a	verschieden, anders	**L** diversus **F** divers, e **E** diverse
	la cartolina	die (Ansichts-)Karte	**L** charta **F** la carte postale **E** card ▸ Siamo qui a Vienna, perché non scriviamo una cartolina alla nonna?
	certamente *avv.*	sicherlich, gewiss	**F** certainement **E** certainly
	il francobollo	die Briefmarke	

Lezione 4 A — Vocabolario

la via; via *avv.*	der Weg; die Straße *(v.a. bei Adressangaben)*; weg	L via F la voie E via ▸La pizzeria *Cuccuma* si trova in via Merulana a Roma.
l'esempio; per esempio	das Beispiel; zum Beispiel	F par exemple
l'attore/l'attrice	der/die Schauspieler/in	L agere F l'acteur E actor
lo spettacolo	das Schauspiel, die Aufführung	L spectaculum F le spectacle E spectacle (!)
la danza	der Tanz	F la danse E dance
la moda	die Mode	L modus F la mode
il sito	die Website; Stätte, der Ort	L situs F le site E site ▸C'è anche un sito Internet.
Eccome!	Und wie!	▸– Ti piace la pizza? – Eccome!
entrare	eintreten, hineingehen	L intrare F entrer E enter ▸Silvia entra in cucina per prendere il sale.
presentare	vorstellen	L praesens F présenter E present
guardare	(an)schauen	F regarder
il forum *m.*	das Forum	
davvero *avv.*	wirklich	L verus F vraiment E very ▸*sin.* veramente
il commento	der Kommentar	L commentarius F le commentaire E comment
E8 speciale *agg.*	besondere/r/s	L species F spécial, e E special ▸Stasera facciamo una cena speciale per i nostri amici svizzeri.
la guida (turistica)	der/die (Fremden-)Führer/in	F le, la guide E guide ▸Il Signor Pivetti è la nostra guida, con lui visitiamo Berlino.
antico, -a	antik; sehr alt *(Gebäude)*	L antiquus F antique E ancient ▸Questi palazzi sono molto antichi.
nascere; nato, -a	geboren werden, entstehen; geboren	L nasci F naître ▸Dante Alighieri nasce a Firenze nel 1265.
dopo/avanti Cristo	v. Chr./n.Chr.	▸Virgilio è nato nel 70 a. C. (= avanti Cristo).
però *congz.*	aber, jedoch	▸Il nuovo prof non è così simpatico, però è bravo.
il muro	die Mauer	L murus F le mur
l'artista *m./f.*	der/die Künstler/in	L ars F l'artiste E artist ▸Tanti artisti sono molto diversi dalla "gente normale".
quello, -a	jener/jene; der/die(jenige)	L ille ▸Vorrei conoscere un artista moderno, ma non quello.
la fidanzata	die (feste) Freundin; die Verlobte	L fides F la fiancée ▸Luca ha solo 14 anni, ma ha già una fidanzata.
il re/la regina	der/die König/in	L rex F le roi ▸Il nuovo re della Spagna si chiama Felipe.
il buco	das Loch	
la pioggia	der Regen	L pluit F la pluie
contento, -a	zufrieden; froh	L contentus F content, e E content ▸Sono contento di rivedere la nonna dopo tanto tempo.
dentro *avv.*	drinnen, hinein, herein	*ant.* fuori

Vocabolario — Lezione 4 B

B	il labirinto	das Labyrinth	**L** labyrinthus **F** le labyrinthe **E** labyrinth ❯ Il labirinto del Minotauro è molto famoso.
B1	la spesa; fare la spesa	der Einkauf; Einkaufen gehen	**L** expendere **E** spend ❯ Il sabato mia nonna va al mercato a fare la spesa.
	il/la dentista *m./f.*	der/die Zahnarzt/-ärztin	**L** dens **F** le dentiste **E** dentist
	quindi *congz.*	also, folglich	**L** inde ❯ Mi fanno male i denti, quindi vado dal dentista.
	la farmacia	die Apotheke	**F** la farmacie **E** pharmacy ❯ Per comprare una medicina vado in farmacia.
	la macelleria	die Metzgerei	
	diritto/dritto *avv.*	geradeaus	**L** directus **F** tout droit **E** direct
	la direzione	die Richtung	**L** directus **F** la direction **E** direction ❯ Vai sempre dritto. Questa è la direzione giusta per andare alla macelleria.
	girare	abbiegen	**L** ire
	terzo, -a	dritte/r	**L** tertius **F** troisième ❯ Vai sempre dritto, poi la terza traversa è via Giuseppe Verdi.
	la traversa	die Querstraße	**L** trans + versus
	di fronte a *prep.*	gegenüber	❯ La farmacia è di fronte alla chiesa.
	vecchio, -a	alt	**F** vieux, vieille *ant.* nuovo
	il mercato	der Markt	**L** mercator **F** le marché **E** market ❯ Silvio fa la spesa al mercato e compra la carne.
	la pazienza; Abbi pazienza!	die Geduld; Hab Geduld!	**L** patientia **F** la patience **E** patience ❯ Abbi pazienza! Il treno arriva tra cinque minuti.
	l'incrocio	die Kreuzung	**L** crux **E** cross ❯ Qui siamo all'incrocio di due strade importanti.
	i generi alimentari *m.*	die Lebensmittel	**L** genus + alere ❯ I generi alimentari buoni sono solo al mercato.
	il prodotto	das Produkt	**L** producere **F** le produit **E** product
	biologico, -a	biologisch, Bio-	**F** biologique **E** biological ❯ A Marta piacciono solo i prodotti biologici.
	parallelo, -a	parallel	**F** parallel, le **E** parallel
	dietro *prep./avv.*	hinter; zurück	**L** de + retro **F** derrière
	la salumeria	der Wurstladen	**L** sal ❯ In salumeria Mario compra il prosciutto.
	il/la fruttivendolo/a	der/die Obst- und Gemüsehändler/in, -verkäufer/in	**L** fructum vendere ❯ Il fruttivendolo vende la frutta fresca.
	il/la pescivendolo/a	der/die Fischhändler/in, -verkäufer/in	**L** piscem vendere
	esatto, -a *agg.*; esattamente *avv.*	genau	**L** exactus **F** exacte **E** exact(ly) ❯ Sono esattamente le 8:00, adesso comincia la lezione.
E1	mettere	setzen, stellen, legen	**F** mettre

Lezione 4 B — Vocabolario

l'ordine *f.*; mettere in ordine	die Ordnung, Reihenfolge; in die richtige Reihenfolge bringen; (Zimmer) aufräumen	**F** l'ordre ❯ Metti in ordine questa stanza, c'è sempre molta confusione.
la persona	die Person	**L** persona (!) **F** la personne **E** person ❯ Il sabato ci sono sempre molte persone al mercato.
giusto, -a	gerecht; richtig	**L** iustus **F** juste **E** just ❯ Trova la forma giusta del verbo.
nominare; nominato, -a	nennen; genannt	**L** nomen
E2 creare; crearsi	(er)schaffen	**L** creare **F** créer **E** create
vendere	verkaufen	**L** vendere **F** vendre **E** vending machine ❯ Il pescivendolo vende il suo pesce vicino al mare.
scegliere	(aus)wählen	**L** ex + eligere ❯ Puoi scegliere. Vuoi una mela o una pera?
l'aiuto	die Hilfe	
il dizionario	das Wörterbuch	**F** le dictionnaire ❯ Se ti manca una parola usa il dizionario. È un grande aiuto.
disegnare	zeichnen, skizzieren	**F** dessiner
il risultato	das Ergebnis	**F** le résultat **E** result ❯ Ecco il risultato della partita: due a zero.
E3 orientarsi	sich orientieren	**L** oriens **F** s'orienter **E** orientate ❯ A Napoli non è facile orientarsi. È una città molto grande.
abbinare	zuordnen, kombinieren	**L** bis ❯ Abbinate le frasi.
trovarsi	sich befinden	**F** se trouver
davanti a *prep.*	vor (*örtlich*)	**L** de + ante **F** devant
B2 facile	leicht, einfach	**F** facile
il/la passante *m./f.*	der/die Passant/in	**L** passus **F** le passant, la passante **E** pass ❯ Ci sono tanti passanti davanti al palazzo.
fino a *prep.*	bis	**L** finis + ad ❯ Vai sempre dritto fino all'incrocio.
il semaforo	die Ampel	❯ Il semaforo è rosso, le macchine devono aspettare.
prego	bitte (*als Antwort auf* grazie)	**L** precari **E** pray ❯ Molti vanno in chiesa per pregare.
venire	kommen	**L** venire **F** venir ❯ vengo, vieni, viene, veniamo, venite, vengono ❯ Adriano Celentano canta: "Prendo il treno e vengo da te."
attraversare	überqueren	**F** attraverser ❯ Con il semaforo verde si può attraversare la strada.

Vocabolario — Lezione 4 B

	sappi	wisse!	**L** sapere **F** sache que ›Sappi che ho ragione! Vienna è in Austria e non in Svizzera come dici tu.
	seguire	folgen	**L** sequi **F** suivre
	là *avv.*	dort	**F** là
E4	corrispondere	entsprechen	**L** con + respondere **F** correspondre **E** correspond
E5	l'imperativo	der Imperativ, die Befehlsform	**L** imperare **F** l'impératif **E** imperative
	inserire	einfügen	**F** insérer
	l'infinito	der Infinitiv	**L** in + finire **F** l'infinitif **E** infinitive ›*Andare* è un infinito. V*a'* è un imperativo.
	la tabella	die Tabelle	**L** tabula **F** le tableau **E** table
E6	terribile	schrecklich	**F** terrible **E** terrible
	mentre *congz.*	während	**L** dum + interim ›Mentre leggo ascolto la musica.
	completare	vervollständigen	**L** complere **F** compléter **E** complete ›Completate la frase. Mancano due parole.
	dimenticare	vergessen	**L** de + mens ›Non devo dimenticare di telefonare al nonno.
	accendere	anzünden, anmachen	**L** accendere ›Qui non vedo niente. Accendi la luce per favore!
	educato, -a	anständig, höflich; (wohl)erzogen	**L** educere **F** éduquer **E** educate
	la parola; la parolaccia	das Wort; das Schimpfwort	**L** parabola **F** la parole
	la noia; Che noia!	die Langeweile; Wie langweilig!	›– La lezione di matematica? – Che noia! Non mi interessa proprio.
	vorresti	du hättest/möchtest gern	**F** tu voudrais ›– Vorresti andare al cinema domani? – Sì, volentieri.
E7	la regola	die Regel	**L** regula **F** la règle **E** rule
E8	uscire	(hin)ausgehen	›esco, esci, esce, usciamo, uscite, escono ›Stasera i ragazzi non escono, restano a casa.
	la mappa; la mappa delle idee	der (Stadt-)Plan; das Mindmapping	**E** map ›In inglese si dice *brainstorming*, e in italiano si chiama *mappa delle idee*.
E9	delineare	nachzeichnen, skizzieren	**L** de + linea
	il percorso	die Route, (Weg-)Strecke	**L** per-currere **F** le parcours
	la pianta	die Pflanze; der (Stadt-)Plan	**F** la plante
	usare	(be)nutzen, gebrauchen	**L** uti **F** utiliser **E** use ›Posso usare la tua pianta per orientarmi in questa città?
	l'espressione *f.*	der Ausdruck	**L** exprimere **F** l'expression **E** expression
	utile	nützlich	**F** utile
	paragonare	vergleichen	›Non puoi paragonare queste due cose perché sono molto diverse.
	tra	zwischen, unter; in	**L** intra ›Ci vediamo tra due settimane./Il concerto comincia tre le otto e le nove.

Lezioni 4 B / 5 Ingresso — Vocabolario

la congiunzione *f.*	die Konjunktion	**L** coniungere **F** la conjonction **E** conjunction ❯*Perché* è una congiunzione causale.
E10 invitare	einladen	**L** invitare **F** inviter **E** invite ❯Invitiamo Marta a cena? È una mia carissima amica.
il weekend *m.*	das Wochenende	❯Il weekend comincia il sabato.
copiare	abschreiben, kopieren	**L** copia **F** copier **E** copy ❯Non devi mai copiare dal tuo vicino!
il quaderno	das Heft	**L** quattuor ❯Scrivete le forme degli imperativi nei vostri quaderni.
il teatro	das Theater	**L** theatrum **F** le théâtre **E** theatre ❯Mi piace il cinema. Mia madre preferisce il teatro.
la ricerca	die Suche, Untersuchung; Forschung	**F** la recherche **E** research
visitare	(einen Ort) besuchen, besichtigen	**L** visitare **F** visiter **E** visit ❯Quasi tutti i turisti visitano i Musei Vaticani.
decidere	entscheiden	**L** decidere **F** décider **E** decide ❯Devo ancora decidere quale regalo comprare per il mio ragazzo.
immaginare	sich vorstellen	**L** imago **F** s'imaginer **E** imagine ❯Non mi posso immaginare di vivere in Alaska.
E12 la differenza	der Unterschied	**L** differre **F** la différence **E** difference
strano, -a	seltsam, komisch	**F** étrange **E** strange ❯Oggi il mio cane è strano, non mangia niente.

Lezione 5

Ingresso

In palestra	Im Fitnessstudio		
l'orario	der Zeit-, Stunden-, Fahrplan	il tennis *m.*	Tennis
		la pallamano *f.*	Handball
ballare	tanzen	il basket *m.*	Basketball
nuotare	schwimmen	il cavallo;	das Pferd;
la pallavolo *f.*	Volleyball	andare a cavallo	reiten
		la partita	das Spiel (Sport)

il parco	der Park	**F** le parc
il mezzogiorno	der Mittag	❯Sono le 12.00. È esattamente mezzogiorno.
la mezzanotte *f.*	die Mitternacht	**L** media nocte **F** la minuit ❯A mezzanotte molti, ma non tutti, dormono già.
quarto, -a; un quarto	viertel; ein Viertel	**L** quartus **F** un quart **E** quarter
lo stadio (olimpico)	das (Olympia-)Stadion	**L** stadium **F** le stade olympique ❯Il concerto allo stadio comincia alle otto e un quarto.
Che ora è?/Che ore sono?	Wie spät ist es?	**F** Quelle heure est-il?

Vocabolario   Lezione 5 A

fare presto	sich beeilen	▸ Fai presto! Dobbiamo partire per andare al mare.
partire	abreisen, abfahren	L partiri F partir E depart ▸ Federica è partita ieri. È andata a casa.
verso *prep.*	gegen, um … herum	L versus F vers ▸ La partita di calcio comincia verso le 20:00.
il traffico	der Verkehr	F le traffic E traffic ▸ Dalle sette alle nove c'é sempre molto traffico sulle strade.

I giorni della settimana	Die Wochentage		
il lunedì *m.*	der Montag	il venerdì *m.*	der Freitag
il martedì *m.*	der Dienstag	il sabato	der Samstag
il mercoledì *m.*	der Mittwoch	la domenica	der Sonntag
il giovedì *m.*	der Donnerstag		

il momento	der Augenblick, Moment	L momentum F le moment E moment
la squadra; lo sport di squadra	die Mannschaft; der Mannschaftssport	▸ La Juventus è una squadra molto famosa, come Bayern Monaco in Germania.
A muoversi	sich bewegen	
lo spogliatoio	der/die Umkleideraum, -kabine	▸ I ragazzi vanno nello spogliatoio per cambiarsi prima della partita.
A1 la mente *f.*	der Geist, Sinn	L mens ▸ Che avete in mente? Che volete fare?
sano, -a	gesund	L sanus F sain, saine E sane ▸ Fare sport è sano.
il corpo	der Körper	L corpus F le corps ▸ Mente sana in corpo sano. In latino: *Mens sana in corpore sano.*
svegliarsi; svegliare qn.	aufwachen; jdn. aufwecken	
vestirsi; vestire	sich anziehen, sich kleiden; anziehen	L vestire ▸ Prima mi lavo, poi mi vesto.
allenarsi; allenare	(sich) trainieren	L lena
sciare	Ski fahren	E ski

Le stagioni	Die Jahreszeiten		
la primavera	der Frühling	l'autunno	der Herbst
l'estate *f.*	der Sommer	l'inverno	der Winter

I mesi	Die Monate		
il gennaio	Januar	il luglio	Juli
il febbraio	Februar	l'agosto	August
il marzo	März	il settembre	September
l'aprile	April	l'ottobre	Oktober
il maggio	Mai	il novembre	November
il giugno	der Juni	il dicembre	Dezember

per fortuna	zum Glück	L per fortunam E fortunately ▸ Per fortuna ci sono persone simpatiche come te.
di solito *avv.*	gewöhnlich	
riposarsi	sich ausruhen	F se reposer ▸ Luca si riposa sul divano.

Lezione 5 A — Vocabolario

	alzarsi	aufstehen	**L** altus ▸ La mattina mi sveglio alle sei, ma mi alzo più tardi.
	tardi *avv.*	spät	**L** tardus **F** tard
	riuscire a	es schaffen, etw. zu tun; können	**F** réussir à ▸ Non riesco a concentrarmi con questo rumore.
	la passeggiata	der Spaziergang	**L** passus ▸ Facciamo una passeggiata, così ci muoviamo un po'.
	camminare	(zu Fuß) gehen, wandern	▸ Non prendo la macchina, preferisco camminare.
	soprattutto *avv.*	vor allem	**L** super totum **F** surtout
E1	il confronto; a confronto	der Vergleich; im Vergleich	▸ Mettete a confronto le due foto e dite quale vi piace di più.
	riflettere	nachdenken	**L** reflectere **E** reflect ▸ Lucia e Marco riflettono sul loro futuro.
	seguente *agg.*	folgend	**L** sequi
	il pensiero	der Gedanke	**L** pensare **F** la pensée **E** pensive ▸ Non so che vuoi. Mica posso leggere i tuoi pensieri.
E2	il testo	der Text	**L** textum **F** le texte **E** text
E3	memorizzare	sich einprägen	**L** memoria **F** mémoriser **E** memorize
E4	il disegno	die Zeichnung; das Zeichnen	**F** le dessin **E** design
	adatto, -a	passend	**L** adaptare **E** adapt ▸ Non trovo l'aggettivo adatto per esprimere la mia impressione.
	la (prossima) volta	das (nächste) Mal	**L** volvere ▸ Oggi non gioco, ma la prossima volta sì.
	costante	beständig, konstant	**L** constare **F** constant **E** constant
	l'allenamento	das Training	▸ Lorenzo gioca benissimo a calcio. Dice che l'allenamento costante aiuta molto.
	toccare a; a chi tocca?	dran sein; wer ist dran?	▸ – A chi tocca? – Tocca a me.
	ogni *agg.*	jeder	**L** omnis ▸ Ogni settimana vado a nuotare.
	andare a spasso	spazierengehen	
	il pomeriggio	der Nachmittag	**L** post meridiem ▸ Durante il pomeriggio andiamo sempre a spasso per la città.
A2	accompagnare	begleiten	**E** accompany ▸ Ti accompagno a comprare i panini. Non devi andare sola.
	non vedo l'ora	ich kann es nicht mehr erwarten	▸ Non vedo l'ora della partita di stasera con il mio giocatore preferito.
	il/la giocatore/-trice	der/die Spieler/in	**L** iocus **F** le joueur
	infatti *avv./congz.*	in der Tat, tatsächlich, nämlich; genau	**L** factum **F** en effet **E** in fact ▸ Müller è un giocatore molto bravo, infatti ha fatto tre gol.
	andare pazzo per	verrückt sein nach	▸ Io vado pazzo per il calcio. Mi piace tantissimo.
	quanto *avv.*	wie (sehr)	
	io ci sto	ich bin dabei, auf mich kannst du zählen	▸ – Andiamo a giocare a calcio? – Io ci sto.

Vocabolario — Lezione 5 A

la mano	die Hand	**L** manus **F** la main **E** manual ›Non usare le mani quando giochi a calcio.
la schiena	der Rücken	
possibile	möglich	**L** posse **F** possible **E** possible
comunque *avv./congz.*	jedenfalls, auf alle Fälle; allerdings	›Che tipo! Comunque con mia madre è sempre gentile.
l'interrogazione *f.*	die Abfrage (*in der Schule*)	**L** interrogare **F** l'interrogation **E** interrogation ›Oggi c'è l'interrogazione di latino e io non ho studiato.
impegnato, -a	beschäftigt; engagiert	›Nicola non ha mai tempo, è sempre impegnato.
la piscina	das Schwimmbad	**L** piscis **F** la piscine ›Domani andiamo in piscina a nuotare.
perciò *congz.*	deshalb	›Oggi piove, perciò non esco.
sbrigarsi	sich beeilen	›Sbrigati! Abbiamo poco tempo.
E5 l'attività	die Aktivität, Beschäftigung, Tätigkeit	**L** agere **F** l'activité **E** activity ›Nuotare è una delle mie attività preferite.
l'ascolto	das Hören, Hör-	›L'ascolto è molto importante per imparare l'italiano.
l'attenzione *f.*; attenzione!	die Aufmerksamkeit; aufgepasst!	**L** ad + tendere **F** l'attention **E** attention
E6 dare un'occhiata a	einen Blick werfen auf	›Non ho studiato bene, ho dato solo un'occhiata agli appunti di ieri.
l'articolo	der Artikel	**F** l'article **E** article
la preposizione *f.*	die Präposition	**L** praeponere **F** la préposition **E** preposition
E7 la crisi *f. inv.*; essere in crisi	die Krise; sich in einer Krise befinden	**F** la crise **E** crisis ›Tutti parlano della crisi finanziaria.
messaggino	die SMS, Kurznachricht	
la chiamata	der (An-)Ruf	**L** clamare
ieri *avv.*	gestern	**L** heri **F** hier
necessario, -a	notwendig, nötig	**L** necessarius **F** nécessaire **E** necessary ›È necessario conoscere i vocaboli per parlare bene una lingua.
pronto, -a	Hallo (*Antwort am Telefon*); fertig	**L** promptus ›– Pronto, chi parla? – Ciao, Marco! Sono Martina.
insomma *avv.*	insgesamt, kurz gesagt; na ja, geht so	**L** in summa **E** summary ›Luca è sempre puntuale, simpatico, fa i compiti, aiuta gli altri, …, insomma è un bravo ragazzo.
nervoso, -a	nervös	**F** nerveux, se **E** nervous
E8 la poesia	das Gedicht	**F** la poésie **E** poem
il verso *sost.*	der Vers	**L** versus **F** le vers **E** verse ›Questa poesia è un sonetto perché ha 14 versi.
E9 l'annuncio	die Ankündigung; Durchsage	**L** annuntiare **F** l'annonce **E** announce
E10 il messaggio	die Nachricht, Mitteilung; die Botschaft	**L** mittere **F** le message **E** message ›Chiamami. Se non mi trovi lascia un messaggio sulla segreteria telefonica.

Lezione 5 A/B — Vocabolario

venire/andare a trovare qn.	jdn. besuchen (kommen/ gehen)	›Il sabato vado sempre a trovare la nonna. La domenica invece i nonni vengono a trovare me.
organizzare	organisieren	**F** organiser **E** organize ›Paola organizza una festa per il suo compleanno.
la parte *f.*; da parte di	der Teil; seitens	**L** pars **F** la part; de la part de **E** part
la gita	der Ausflug	**L** ire ›La domenica facciamo una gita, andiamo a Berlino.
il periodo	der Zeitraum, die Periode	**F** la période **E** period
l'Inghilterra	England	**F** l'Angleterre **E** England ›Londra è la capitale dell'Inghilterra.
la discussione *f.*	die Diskussion	**F** la discussion
E11 malato, -a	krank	**L** malus **F** malade ›Franco è malato, sta veramente male.
l'intervista	das Interview	**F** l'interview **E** interview
il ritratto	das Portrait	**L** re-trahere ›Leonardo Da Vinci è anche famoso per il ritratto della Monna Lisa.
il carattere *m.*	der Charakter	**F** le charactère **E** character
il significato	die Bedeutung	**L** signum **F** la signification ›Non capisco questa espressione, mi puoi spiegare il signifcato?
il sogno (nel cassetto)	der Traum (in der Schublade)	**L** somnium ›Il mio sogno nel cassetto è quello di diventare un cantante.
curare	sich kümmern um, aufpassen auf; behandeln	**L** curare **E** cure ›Se non curi i tuoi denti, devi sempre andare dal dentista.
l'alimentazione *f*	die Ernährung	**L** alere **F** l'alimentation **E** ale ›La frutta fa parte dell'alimentazione sana.
trattenersi	sich zurückhalten	**L** intra + tenere
battersi	kämpfen, sich ins Zeug legen für	**F** se battre **E** beat
il desiderio	der Wunsch; die Sehnsucht	**L** desiderium **F** le désir **E** desire ›Laura ha un desiderio speciale. Vuole incontrare Brad Pitt.
controllarsi	sich kontrollieren	**F** contrôler **E** control ›*sin.* trattenersi
l'alternativa	die Alternative	**L** alter **F** l'alternative **E** alternative ›Abbiamo solo una possibilità. Non ci sono alternative.
B serale *agg.*	Abend-	**L** serus
B1 il videogioco	das Videospiel	**L** videre + iocus **F** le jeu vidéo **E** video game
strafigo, -a	supercool, ganz toll	›Il nuovo videogioco è strafigo. Piace a tutti.
la pizzeria	die Pizzeria	
la novità	die Neuigkeit	**L** novus ›Giorgio sa tutte le novità. Se vuoi sapere qualcosa domanda a lui.
Che figo!	Was für ein toller/heißer Typ!	›Francesco è proprio un figo, sa fare tutto ed è simpaticissimo.

Vocabolario — Lezione 5 B

la serata	der Abend *(in seinem Verlauf)*	**L** serus **F** la soirée ❯Abbiamo passato una bella serata insieme. Ci è piaciuto tutto.
sedersi; seduto, -a	sich setzen; sitzend	**L** sedere **F** s'asseoir **E** sit ❯Ugo si siede sul divano e vuole stare seduto perché ha problemi con i piedi.
maledetto, -a	verflucht	**L** male + dicere ❯Questa casa è maledetta, nessuno vuole comprarla.
la verità	die Wahrheit	**L** veritas **F** la verité ❯Che cosa avete fatto esattamente? Voglio sapere tutta la verità.
l'album *m.*	das Album	**L** albus **F** l'album **E** album ❯Il nuovo album di Ligabue si chiama "Radiofreccia".
E3 il participio	das Partizip	**L** particeps **F** le participe **E** participle ❯Il participio passato di *fare* è *fatto*.
cambiare	(ver)ändern	❯Maurizio ha cambiato carattere. Prima era diverso.
E4 curioso, -a	neugierig	**L** cura **F** curieux, se **E** curious ❯Sono curioso della trama del film. Mi interessa proprio.
direttamente *avv.*	direkt	**L** directus **F** directement **E** directly
B2 accettare	akzeptieren	**L** accipere **F** accepter **E** accept
la proposta	der Vorschlag	**L** proponere **F** la proposition **E** propose ❯Luisa ha accettato la tua proposta di uscire tutti insieme.
stupido, -a; lo/la stupido/a	dumm; der/die Dumme	**L** stupere **F** stupide **E** stupid ❯A volte Matteo si comporta da stupido. Non capisco perché.
annoiarsi	sich langweilen	**E** annoy (!) *agg.* noioso
tantissimo *avv.*	sehr	**L** tantus **F** tant ❯Il concerto mi è piaciuto tantissimo, non mi sono annoiata per niente.
sentimentale	sentimental; Gefühls-	**L** sentire **F** sentimental, e **E** sentimental ❯Il film è molto sentimentale, parla di una storia d'amore.
divertirsi	sich amüsieren, Spaß haben	**L** divertere ❯È stata una serata bellissima, ci siamo divertiti molto.
Come mai?	Wieso denn?	❯Ragazzi, siete in ritardo! Come mai?
raccontare	erzählen	**L** re + computare **F** raconter **E** recount ❯La nonna racconta una favola alla nipotina.
la barzelletta	der Witz	❯Non ci annoiamo mai con Simone perché racconta sempre tante barzellette.
arrabbiare; arrabbiarsi	wütend machen; wütend werden, sich aufregen	❯La professoressa si arrabbia con gli studenti che non fanno i compiti.
avvicinarsi	sich nähern, näher kommen	**L** vicinus ❯Puoi avvicinarti al cane, non ti fa niente.

Lezioni 5 B / 6 A **Vocabolario**

lamentarsi	sich beschweren	**L** lamentari **E** lament ❯ Gli studenti si sono lamentati perché hanno troppi compiti.
il comportamento	das Verhalten	**L** cum + portare **F** le comportement
almeno *avv.*	wenigstens, mindestens	**L** minus **F** au moins ❯ Roberta si compra almeno quattro borse all'anno.
scusarsi	sich entschuldigen	**L** excusare **F** s'excuser **E** excuse ❯ Carlo ha reagito male, ma almeno si è scusato per il suo comportamento.
fare in tempo	es (zeitlich) schaffen	❯ Non ho fatto in tempo a prendere il treno.
E6 formulare	formulieren	**L** forma **F** formuler
la formazione *f.*	die (Aus-)Bildung	**L** forma **F** la formation **E** formation ❯ Avere una formazione è importante per lavorare.
E7 comportarsi	sich benehmen, betragen	**F** se comporter
scorso, -a	vergangen	**L** excurrere ❯ L'anno scorso siamo stati in Francia, questo anno invece niente viaggi.
E8 la canzone *f.*	das Lied	**L** cantare **F** la chanson ❯ Lucia ascolta la sua canzone preferita.
E9 la trama	die Handlung; der Handlungsverlauf	❯ Racconta la trama del film. Voglio sapere come va a finire.

Lezione 6

Ingresso

I colori ed i disegni	Die Farben und Muster		
il colore *m.*	die Farbe	grigio, -a	grau
giallo, -a	gelb	viola *inv.*	lila, violett
celeste	himmelblau	marrone	braun
azzurro, -a	königsblau, meerblau	rosso, -a	rot
blu *inv.*	dunkelblau	in tinta unita	einfarbig
verde	grün	a quadri	kariert
scuro, -a	dunkel	a righe	gestreift
rosa *inv.*	rosa	il fiore *m.*; a fiori	die Blume; geblümt
arancione	orange	a pois [po'a]	gepunktet

il fuoco	das Feuer	**L** focus **E** focal ❯ In agosto ci sono sempre molti fuochi in Italia.
la taglia	die Größe *(bei Kleidungsstücken)*	❯ – Che taglia porti? – Porto la 44.
la misura	die Größe, das Maß; die Maßnahme	**L** mensura **E** measure ❯ Si dice taglia per la misura dei vestiti e numero per la misura delle scarpe.
E1 la roba	die Sache, das Zeug	❯ – Ma guarda questo! Che roba! – Sì, è una cosa incredibile.

Vocabolario

Lezione 6 A

I vestiti	Die Kleidung		
la scarpa;	der Schuh;	la camicia	das Hemd
un paio di scarpe	das Paar Schuhe	il maglione	der (Strick-/Woll-) Pullover
la camicetta	die Bluse		
la (mini)gonna	der (Mini-)Rock	la giacca	die Jacke
il vestito	das Kleid	la maglietta	das T-Shirt
i jeans	die Jeans(hose)	la felpa	das Sweatshirt
la cintura	der Gürtel	i pantaloni	die Schuhe
gli stivali	die Stiefel	la sciarpa	der Schal
i calzini	die Socken	il cappello	der Hut

A1 mettersi — sich anziehen, sich kleiden — *part. pass.* messo ›*sin.* vestirsi

il compleanno — der Geburtstag — **L** complere annum ›Oggi è il mio compleanno. Adesso ho 16 anni.

la festa — das Fest, die Party — **F** la fête

(non) … affatto *avv.* — überhaupt (nicht) — **L** ad factum ›La tua risposta non è affatto vera.

corto, -a — kurz — **F** court, e

stretto, -a — eng — **L** stringere

né … né — weder … noch — **F** ne … ni … ni

neanche — auch nicht; nicht einmal — ›– Non ho fatto i compiti. – Neanch'io.

benissimo *avv.* — sehr gut — **L** bene ›Parli benissimo l'italiano. Complimenti!

indossare — anziehen — ›*sin.* vestire ›La modella indossa un vestito bellissimo.

la vetrina — das Schaufenster — **L** vitrum **F** la vitrine

E1 chattare — chatten — **F** chatter **E** chat

tramite *prep.* — über, mittels — ›Ho conosciuto Luca tramite un amico.

E2 raccogliere — sammeln; aufheben — **L** re + colligere **F** recueillir *part. pass.* raccolto

il sostantivo — das Substantiv — **L** sub + stare **F** le substantiv **E** substance

la desinenza — die Endung — **L** desinere ›Attenzione alle desinenze con "le classi"!

dividere — (auf-, ein-)teilen — **L** dividere **F** la division **E** divide

E4 il freddo; freddo, -a — die Kälte; kalt — **F** froid, e ›Fa freddo. Mettiti una giacca.

leggero, -a — leicht, fein — **F** léger, ère *ant.* pesante

comodo, -a — bequem — **L** cum modo **F** commode ›Il divano è comodo, il mio cane dorme sempre lì.

brutto, -a — hässlich; schlecht — ›*ant.* bello

il caldo; caldo, -a — die Wärme; warm — **F** le chaud ›*ant.* il freddo; freddo, -a

mega-/iper-/stra- — super-, mega- — ›Il nuovo DVD di Lady Gaga è megabello.

la coppia — das Paar — **L** copula **F** le couple **E** couple ›Sebastiano e Marta sono una bella coppia. Stanno bene insieme.

giovane — jung — **L** iuvenis **F** jeune *ant.* vecchio, -a

il modo — die Art, Weise — **L** modus

Lezione 6 A — Vocabolario

esprimere	ausdrücken	**L** exprimere **F** exprimer **E** express *part. pass.* espresso ▸ Roberta ha espresso la sua opinione sulle nostre idee.
alternativo, -a	alternativ	**L** alter **F** alternatif, -ive **E** alternative
A2 l'uomo	der Mann	**L** homo, hominis **F** l'homme ▸ A molti uomini non piace lo shopping.
il/la commesso/a	der/die Verkäufer/in	**L** committere ▸ La commessa chiede al signore: "Che taglia porta?"
provare	(an)probieren	**L** probare **E** prove
la cabina	die Kabine	**F** la cabine **E** cabine ▸ Per provare la camicetta può andare in cabina.
la ballerina	der Ballerinaschuh; die Balletttänzerin	
soltanto *avv.*	nur	**L** solus **F** seulement ▸ *sin.* solo
la collana	die Halskette, das Halsband	**L** collum ▸ Tiziana è andata in una gioielleria e ha comprato una collana per sua nonna.
la farfalla	der Schmetterling	
originale	original, ursprünglich; originell	**L** origo **F** original, e **E** original
E6 la (doppia) negazione	die (doppelte) Verneinung	**F** la négation
talvolta *avv.*	manchmal	▸ *ant.* spesso
il contrario	das Gegenteil	**L** contrarius **F** le contraire **E** contrary ▸ Il contrario di *bene* è *male*.
la lunghezza	die Länge	**L** longus **F** la longueur
nessuno, -a	niemand, keine/r	**L** ne + unus ▸ Non c'è più nessuno a casa. Tutti sono andati via.
pure *avv.*	auch (noch)	**L** purus ▸ Tutti vanno a vedere la partita, pure noi.
E7 la chat *f.*	der Chat	
assolutamente *avv.*; assoluto, -a *agg.*	unbedingt, absolut	**L** absolutus **F** absolument **E** absolutely
sentirsi; ci sentiamo!	sich hören, fühlen; wir hören voneinander!	**L** sentire **F** se sentir ▸ Mi sento male, forse ho mangiato troppo.
E9 forte *agg.; avv.*	stark; laut	**F** fort, e
la donna	die Frau	**L** domina ▸ In questo negozio trovi solo scarpe per donne.
E10 spendere	ausgeben	**L** expendere **E** spend *part. pass.* speso ▸ Non possiamo spendere tanti soldi per scarpe come queste.
la marca	die Marke	
sviluppare	entwickeln	**E** develop ▸ Dobbiamo sviluppare idee nuove per il nostro futuro.
il/la cliente *m./f.*	der Kunde/die Kundin	**L** cliens **F** le client **E** client (!) ▸ La cliente chiede alla commessa: "Quanto costa questa camicetta?"
E12 il sole	die Sonne	**F** le soleil

Vocabolario — Lezione 6 A/B

	salutarsi	sich (be)grüßen; sich verabschieden	**L** salutare **F** saluer ›Ci siamo salutati alla stazione.
B1	occuparsi di	sich beschäftigen mit	**L** occupare **F** s'occuper de **E** occupy oneself with ›Mio padre si occupa di informatica, per questo lavora molto con il computer.
	a proposito di	apropos	**F** à propos de
	il ristorante *m.*	das Restaurant	**L** restaurare **F** le restaurant **E** restaurant
	qualcuno *pron.*	jemand	›C'è qualcuno?
	il giardino	der Garten	**F** le jardin **E** garden
	la grigliata; grigliato, -a	die Grillparty; gegrillt	**E** grill ›Luca ha organizzato una grigliata nel suo giardino.
	le spezie *f.*	die Gewürze	**F** l'épice ›Senza spezie la carne non piace a nessuno.
	il supermercato	der Supermarkt	**L** mercator **F** le supermarché **E** supermarket
	la torta (al cioccolato)	die (Schoko-)Torte	**L** torquere **F** la tarte **E** tart ›La torta al cioccolato è la mia preferita, ma ha tante calorie.
	divertente	unterhaltsam, lustig	**L** divertere ›Filippo è molto divertente, fa sempre molti scherzi.
	ovvio, -a	offensichtlich, offenbar	**L** obvius **E** obvious
	scaricare	herunterladen	**L** ex + carrus ›Hai già scaricato l'ultimo CD di Jovanotti?
	la cassa	die Kasse; die Lautsprecherbox	**F** la caisse
	funzionare	funktionieren	**L** fungi **F** fonctionner **E** function ›È ovvio che le casse non funzionano. Non sentiamo niente.
	preoccuparsi	sich Sorgen machen	**L** prae + occupare **F** se préoccuper **E** preoccupy ›La nonna si preoccupa per noi, perché siamo usciti senza mangiare.
	la sorpresa	die Überraschung	**F** la surprise **E** surprise ›La sorpresa di Marco mi è piaciuta, mi ha regalato un cane.
E1	l'organizzazione *f.*	die Organisation	**F** l'organisation **E** organization
E3	l'oggetto (diretto/indiretto)	das (direkte/indirekte) Objekt	**L** obicere **F** l'objet **E** object
	la conversazione *f.*	die Unterhaltung	**L** convertere **F** la conversation **E** conversation ›Se riesci a seguire una conversazione in italiano sei già bravo.
	sostituire *-sc-*	ersetzen	**L** substituere **E** substitute ›Un pronome sostituisce un nome.
	aggiungere	hinzufügen	**L** adiungere **F** ajouter *part. pass.* aggiunto ›Ho detto tutto. Non ho niente da aggiungere.
	la posizione *f.*	die Stellung, die Position	**L** ponere **F** la position **E** position

Lezione 6 B — Vocabolario

	il verbo (finito/ all'infinito)	das (finite/infinite) Verb	**L** verbum **F** le verbe
	confrontare	vergleichen	**L** cum + frons **E** confront
E4	l'aeroporto	der Flughafen	**L** aer + portus **F** l'aéroport **E** airport ❯L'aeroporto di Roma-Fiumicino si chiama *Leonardo da Vinci.*
B2	il macellaio	der Metzger	**L** macellum ❯Andiamo dal macellaio per comprare la carne.
	desiderare	wünschen, sich sehnen nach	**L** desiderare **F** désidérer **E** desire
	il chilo	das Kilo	**F** le kilo **E** kilo
	la salsiccia	die Wurst	**L** sal **F** la saucisse
	la fettina	kleine Scheibe; das Schnitzel	❯Vorrei due fettine di questa salsiccia.
	il vitello	das Kalb	**L** vitulus **F** le veau
	il maiale *m.*	das Schwein	❯Ali e Yasmin non mangiano la carne di maiale.
	l'offerta; in offerta	das Angebot; im Angebot	**L** offerre **F** l'offre **E** offer
	l'etto	100 Gramm	**E** hecto ❯– Desidera? – Vorrei due etti di pancetta.
	ArrivederLa	Auf Wiedersehen!	**F** Au revoir!
E5	le spese	die Ausgaben	**L** expendere **E** spend ❯Questo mese le spese sono state molto numerose. Abbiamo comprato tanto.
	il portafoglio	der Geldbeutel	**L** portare + folium **F** le portefeuille ❯Luigi non può pagare, ha dimenticato il portafoglio.
E6	la quantità (definita/ indefinita)	die (bestimmte/unbestimmte) Menge	**L** quantus **F** la quantité **E** quantity
	fresco, -a	frisch	**F** frais, fraîche **E** fresh
	maturo, -a	reif	**L** maturus **E** mature ❯Questi pomodori sono già maturi. Li possiamo mangiare.
	crudo, -a	roh	**L** crudus **F** cru **E** crude

E8	**La frutta e la verdura**	**Das Obst und das Gemüse**		
	secco, -a; la frutta secca	trocken, getrocknet; das Trockenobst	il pomodoro	die Tomate
	l'uva	die Traube	la patata	die Kartoffel
	la pera	die Birne	la carota	die Karotte
	la pesca	der Pfirsich	la cipolla	die Zwiebel
E9	la ciliegia	die Kirsche	il fungo	der Pilz
	l'albicocca	die Aprikose	gli spinaci	der Spinat
	l'anguria	die Wassermelone	la zucchina	die Zucchini *nur Pl.*
			la melanzana	die Aubergine

E10	la busta	die (Plastik-)Tüte	
	mostrare	zeigen	**L** monstrare **F** montrer
E11	particolare *agg.*	besondere/r/s	**L** pars **F** particulier **E** particular ❯Oggi è un giorno particolare perché è il compleanno di mio padre.
	ammirare	bewundern	**L** admirari **F** admirer **E** admire

centottantacinque

Alphabetisches Vokabelverzeichnis

lezione *f.*	Unterrichtsstunde; Lektion 1	arrabbiare; arrabbiarsi	wütend machen; wütend werden, sich aufregen 5 B2
a (Roma); A Roma!	in, nach (Rom); Auf nach Rom! 1 Ingresso E1	arrabbiato, -a	wütend, aufgebracht 3 B2
a destra	rechts 2 A2	arrivare	ankommen 2 A1
a pois [po'a]	gepunktet 6 Ingresso	Arrivederci!	Auf Wiedersehen! 3 A1
a proposito di	apropos 6 B1	ArrivederLa	Auf Wiedersehen! 6 B2
a quadri	kariert 6 Ingresso	arrivo	Ankunft 1 A3
a righe	gestreift 6 Ingresso	articolo	Artikel 5 A2, E6
a sinistra	links 2 A2	artista *m./f.*	Künstler/in 4 A2, E8
abbinare	zuordnen, kombinieren 4 A2 E3	asciugamano	Handtuch 2 A1
abitante *m./f.*	Einwohner/in 4 A1	ascoltare	(zu)hören 2 B2, E4
abito *(inf.* abitare)	ich wohne (wohnen) 1 A2	ascolto	Hören, Hör- 5 A2, E5
accanto a	neben 3 B1	aspetta! *(inf.* aspettare)	Warte! (warten) 1 A1
accendere	anzünden, anmachen 4 B2, E6	assolutamente *avv.*; assoluto, -a *agg.*	unbedingt, absolut 6 A2, E7
accessori *pl.; m.*	Zubehör 1 B2	astuccio	Mäppchen 3 B1
accettare	akzeptieren 5 B2	attento, -a	aufmerksam 3 Ingresso
accompagnare	begleiten 5 A2	attenzione *f.;* attenzione!	Aufmerksamkeit; aufgepasst! 5 A2, E5
acqua (minerale)	(Mineral-)Wasser 1 A2, E6	attività	Aktivität, Beschäftigung, Tätigkeit 5 A2, E5
adatto, -a	passend 5 A1, E4	attore/attrice	Schauspieler/in 4 A2
adesso *avv.*	jetzt, nun 1 A2	attraversare	überqueren 4 B2
aeroporto	Flughafen 6 B1, E4	attrazione (turistica) *f.*	(Touristen-)Attraktion 4 A1
aggiungere	hinzufügen 6 B1, E3	aula	Klassenzimmer 3 B1
agosto	August 5 A1	austriaco, -a; l'austriaco/a	österreichisch; Österreicher/in 1 A2
aiuto	Hilfe 4 B1, E2	auto(mobile) *f.*	Auto(mobil) 1 B2
aiuto *(inf.* aiutare)	ich helfe (helfen) 1 A1	autobus; il bus	Bus 3 A1
al centro	in der Mitte 2 A2	autunno	Herbst 5 A1
albicocca	Aprikose 6 B2, E9	avere ... anni	alt sein 1 A3
album *m.*	Album 3 B1	avere bisogno di	brauchen, nötig haben 4 A1, E3
alcuni, -e	einige, manche 3 B2	avere fame/sete	Hunger/Durst haben, hungrig/durstig sein 2 B1
alimentazione *f*	Ernährung 5 A2, E11	avventura	Abenteuer 1 A1
allegro, -a	fröhlich 2 B1	avvicinarsi	sich nähern, näher kommen 5 B2
allenamento	Training 5 A1, E4	azzurro, -a	königsblau, meerblau 6 Ingresso
allenarsi; allenare	(sich) trainieren 5 A1	bagno	Bad 2 A1
allora	also; nun, jetzt 1 A2	ballare	tanzen 5 Ingresso
almeno *avv.*	wenigstens, mindestens 5 B2	ballerina	Ballerinaschuh; Balletttänzerin 6 A2
alternativa	Alternative 5 A2, E11	banco	Schulbank; Tresen 3 B1
alternativo, -a	alternativ 6 A1, E4	bar *m.*	(ital.) Bar, Café 1 A3, E17
alto, -a; in alto	hoch; oben 2 B1	barista *m./f.*	Barkeeper, Barmann, Barfrau 3 A2
altrettanto *avv.*	gleichfalls 2 A3	barzelletta	Witz 5 B2
altro/a; altro, -a	der/die Andere; andere/s 2 A1	basket *m.*	Basketball 5 Ingresso
alzarsi	aufstehen 5 A1	basso, -a; in basso	niedrig, klein (gewachsen); unten 3 A3, E10
ami *(inf.* amare)	du liebst (lieben) 2 B1, E3	basta *(inf.* bastare)	es reicht, es genügt 1 B1
amico/amica	Freund/Freundin 1 A2, E8	battersi	kämpfen, sich ins Zeug legen für 5 A2, E11
ammirare	bewundern 6 B2, E11	Beato te! Beata te!	Du Glücklicher! Du Glückliche! 1 B1
anche; anch'io	auch; ich auch 1 A2	bello, -a	schön 1 A1
ancora *avv.*	noch 3 A3, E12	bene *avv.*	gut 1 A1
andare a spasso	spazierengehen 5 A1, E4	benissimo *avv.*	sehr gut 6 A1
andare al cinema	ins Kino gehen 2 B1	benvenuto, -a, -i, -e	willkommen 1 B1
andare pazzo per	verrückt sein nach 5 A2	bevanda	Getränk 2 A3, E15
andiamo *(inf.* andare)	wir gehen; gehen wir (gehen, fahren) 1 B1	bevi *(inf.* bere)	du trinkst (trinken) 2 A3
anguria	Wassermelone 6 B2, E9	bianco, -a	weiß 2 A1, E5
anno	Jahr 1 A3	bicchiere *m.*	(Trink-)Glas, Becher 2 A2
annoiarsi	sich langweilen 5 B2	bici(cletta) *f.*	Fahrrad 3 B2, E8
annuncio	Ankündigung; Durchsage 5 A2, E9	bidello/a	Art Hausmeister/in an einer Schule 3 B1
antico, -a	antik; sehr alt *(Gebäude)* 4 A2, E8	biglietto	Fahrkarte, Eintrittskarte; Geldschein 3 A1
antipasto	Vorspeise 2 A3	biologico, -a	biologisch, Bio- 4 B1
anzi *avv.*	vielmehr, im Gegenteil 2 A1	biondo, -a	blond 2 B1
aperto, -a	offen 2 B1	bisogna (parlare)	man muss (sprechen) 4 A1
apparecchiare; apparecchiato, -a	decken; gedeckt 2 A2	blog *m.*	Blog 3 A2, E5
appartamento	Wohnung 2 Ingresso	blu *inv.*	dunkelblau 6 Ingresso
appetito; Buon appetito!	Appetit; Guten Appetit! 2 A3	borsa	Tasche 1 A3
appunti; prendere appunti	Notizen; sich Notizen machen 3 A3	bottiglia	Flasche 2 A2
aprile	April 5 A1	bravo, -a	gut, tüchtig; toll 1 A2
aprire	öffnen 3 B2		
arancione	orange 6 Ingresso		
architetto	Architekt/in 1 B2		
armadio	Schrank 2 A1		

186 *centottantasei*

Alphabetisches Vokabelverzeichnis — Vocabolario

brutto, -a	hässlich; schlecht 6 A1, E4	classe f.	Klasse 2 B1
buco	Loch 4 A2, E8	cliccare (su)	(an)klicken 4 A1
buono, -a	gut 2 A3	cliente m./f.	Kunde/Kundin 6 A2, E10
busta	(Plastik-)Tüte 6 B2, E10	coca (cola)	(Coca) Cola 1 A2
cabina	Kabine 6 A2	colazione f.	Frühstück 3 A2
caffè m., inv.	Kaffee, Espresso 2 A3, E15	collana	Halskette, Halsband 6 A2
caffellatte m.	Milchkaffee 3 A2	colore m.	Farbe 6 Ingresso
calcio	Fußball 2 A1	colori e disegni	Farben und Muster 6A
calcolare	rechnen 4 A1, E3	coltello	Messer 2 A2
caldo; caldo, -a	Wärme; warm 6 A1, E4	Come (vi chiamate)?	Wie (heißt ihr)? 1 Ingresso E1
calma; con calma	Ruhe; in Ruhe 3 A1	Come mai?	Wieso denn? 5 B2
calzini	Socken 6 Ingresso E1	Come stai? (inf. stare)	Wie geht es dir? 1 A2
cambiare	(ver)ändern 5 B1, E3	Come ti chiami?	Wie heißt du? 1 A1
camera	Zimmer 2 A1	comincia (inf. cominciare)	er/sie/es beginnt (beginnen) 1 A1
camicetta	Bluse 6 Ingresso E1	commentare	kommentieren; erläutern 3 B2, E2
camicia	Hemd 6 Ingresso E1	commento	Kommentar 4 A2
camminare	(zu Fuß) gehen, wandern 5 A1	commesso/a	Verkäufer/in 6 A2
cane m.	Hund 1 A1	comodo, -a	bequem 6 A1, E4
cantante m./f.	Sänger/in 1 A2	compagno/a di classe m./f.	Mitschüler/in 2 B1
cantare	singen 3 Ingresso	compito; il compito in classe	(Haus-)Aufgabe; Klassenarbeit Ingresso
canzone f.	Lied 5 B2, E8		
capisci (inf. capire -sc-)	du verstehst (verstehen) 3 A2	compleanno	Geburtstag 6 A1
capitale f.	Hauptstadt (eines Landes) 4 A1	completare	vervollständigen 4 B2, E6
capo	Chef (der führende Kopf) 4 A1	complimento; Complimenti!	Kompliment; Mein Kompliment! 1 A1
cappello	Hut 6 Ingresso E1		
cappuccino	Cappuccino 3 A2	comportamento	Verhalten 5 B2
carattere m.	Charakter 5 A2, E11	comportarsi	sich benehmen, betragen 5 B2, E7
carino, -a	hübsch, nett, freundlich 1 A1	comprare	kaufen 2 A3
carne f.	Fleisch 2 A3	computer m.	Computer 2 A1
caro, -a	lieb, teuer 1 B1	comunque avv./congz.	jedenfalls, auf alle Fälle; allerdings 5 A2
carota	Karotte 6 B2, E9	con	mit 1 A2, E8
carta; giocare a carte	Papier; Karten spielen 3 B2, E8	concerto	Konzert 2 B2
cartolina	(Ansichts-)Karte 4 A2	confrontare	vergleichen 6 B1, E3
casa; a casa	Haus; zuhause 1 A3, E17	confronto; a confronto	Vergleich; im Vergleich 5 A1, E1
cassa	Kasse, Lautsprecherbox 6 B1	congiunzione f.	Konjunktion 4 B2, E9
cavallo; andare a cavallo	Pferd; reiten 5 Ingresso	conosci (inf. conoscere)	du kennst, du lernst kennen (kennen; kennen lernen) 1 A3
CD m.	CD 1 B1, E6		
c'è, ci sono (inf. esserci)	es gibt, da ist/sind (vorhanden sein) 2 A1	contare	zählen 4 A1, E4
celeste	himmelblau 6 Ingresso	contento, -a	zufrieden; froh 4 A2, E8
cellulare	Handy, Mobiltelefon 2 B1, E3	continua (inf. continuare)	er/sie/es geht, macht weiter; fährt fort (weitermachen) 1 A2
cena	Abendessen 2 A3		
cento	hundert 4 A1	contrario	Gegenteil 6 A2, E6
cerchi (inf. cercare)	du suchst (suchen) 1 A3	controllarsi	sich kontrollieren 5 A2, E11
certamente avv.	sicherlich, gewiss 4 A2	conversazione f.	Unterhaltung 6 B1, E3
certo avv.	sicher, gewiss; hier: ja klar 1 A1	copiare	abschreiben, kopieren 4 B2, E10
chat f.	Chat 6 A2, E7	coppia	Paar 6 A1, E4
chattare	chatten 6 A1, E1	cornetto	Hörnchen 3 A2
che (bello)!	wie (schön)! 1 A1	corpo	Körper 5 A1
Che figo!	Was für ein toller/heißer Typ! 5 B1	corriamo (inf. correre)	wir laufen (laufen) 3 A1
Che ora è?/Che ore sono?	Wie spät ist es? 5 Ingresso	corrispondere	entsprechen 4 B2, E4
Chi?	Wer? 1 A3	corto, -a	kurz 6 A1
chiacchierare	schwatzen, plaudern 3 A2	Cosa/Che ne dici?	Was sagst du dazu? Was hältst du davon? 4 A1
chiamarsi; chiamare	heißen; nennen, (an)rufen 1 A1		
chiamata	(An-)Ruf 5 A2, E7	cosa; che cosa? cosa?	Sache; was? 1 A3
chiaro, -a	klar; hell 4 A1	così; così così avv.	so; soso 1 A2, E10
chiedere (a qn.)	(jdn.) fragen 3 Ingresso	costa (inf. costare)	er/sie/es kostet (kosten) 1 A2, E6
chiesa	Kirche 4 A1	costante	beständig, konstant 5 A1, E4
chilo	Kilo 6 B2	creare; crearsi	(er)schaffen 4 B1, E2
chimica	Chemie 3 A3	crisi f. inv.; essere in crisi	Krise; sich in einer Krise befinden 5 A2, E7
chiudere	schließen 3 B2		
ci chiamiamo (inf. chiamarsi)	wir heißen (heißen) 1 A1	crudo, -a	roh 6 B2, E6
		cucchiaino	Teelöffel 2 A2
ci vediamo	wir sehen uns 3 A1	cucchiaio	(Ess-)Löffel 2 A2
ciao	hallo; tschüss 1 Ingresso E1	cucina	Küche 2 A1
cibo	Speise, Nahrung 2 A3, E15	cugino/cugina	Cousin/Cousine 1 B2
ciliegia	Kirsche 6 B2, E9	curare	sich kümmern um, aufpassen auf; behandeln 5 A2, E11
cinema m., inv.	Kino 2 B1		
cintura	Gürtel 6 Ingresso E1	curioso, -a	neugierig 5 B2, E4
cioè	das heißt 2 A3	da prep.	zu, um … zu, bei, von, aus, seit 2 A3
cipolla	Zwiebel 6 B2, E9	d'accordo	einverstanden 4 A1
circa avv.	circa, ungefähr 4 A1	dai (dare); Dai!	du gibst (geben); Ach, komm schon! 2 B1
città	Stadt 3 A2, E5	dal (1929)	seit (1929) 4 A1

Vocabolario — Alphabetisches Vokabelverzeichnis

danza	Tanz 4 A2	facile	leicht, einfach 4 B2
dare un'occhiata a	einen Blick werfen auf 5 A2, E6	fame *f.*	Hunger 2 B1
davanti a *prep.*	vor (*örtlich*) 4 B1, E3	famiglia	Familie 1 A2
davvero *avv.*	wirklich 4 A2	famoso, -a	berühmt 1 A3
decidere	entscheiden 4 B2, E10	fantastico, -a	fantastisch, großartig 1 B1, E6
delineare	nachzeichnen, skizzieren 4 B2, E9	fare	machen, tun 2 A1
dentista *m./f.*	Zahnarzt/-ärztin 4 B1	fare in tempo	es (zeitlich) schaffen 5 B2
dentro *avv.*	drinnen, hinein, herein 4 A2, E8	fare presto	sich beeilen 5 Ingresso
descrivere	beschreiben 3 B2	farfalla	Schmetterling 6 A2
desiderare	wünschen, sich sehnen nach 6 B2	farmacia	Apotheke 4 B1
desiderio	Wunsch; Sehnsucht 5 A2, E11	febbraio	Februar 5 A1
desinenza	Endung 6 A1, E2	felpa	Sweatshirt 6 Ingresso E1
devi conoscere	du musst kennenlernen 2 B1	ferie	Ferien 3 A2
devo (*inf.* dovere)	ich muss (müssen) 3 B2	fermata	Haltestelle 3 A1
di fronte a *prep.*	gegenüber 4 B1	festa	Fest, Party 6 A1
di *prep.*	von, aus 1 Ingresso E1	fettina	kleine Scheibe; Schnitzel 6 B2
di solito *avv.*	gewöhnlich 5 A1	fidanzata	(feste) Freundin; Verlobte 4 A2, E8
dialogo	Dialog 3 Ingresso	figlio/figlia; i figli	Sohn/Tochter, Kind; (*eigene*) Kinder 1 B1
dicembre	Dezember 5 A1	Figurati!	Gern geschehen, nichts zu danken 2 A3, E15
dici (*inf.* dire)	du sagst (sagen) 3 A3	film *m.*	Film 2 B2
dietro *prep./avv.*	hinter; zurück 4 B1	finalmente *avv.*	endlich 2 A1
differenza	Unterschied 4 B2, E12	fine settimana *m.*	Wochenende 3 A2
dimenticare	vergessen 4 B2, E6	finestra	Fenster 3 B2
direttamente *avv.*	direkt 5 B2, E4	finite (*inf.* finire -sc-); finito, -a	ihr beendet (enden, beenden); beendet 3 A2
direzione	Richtung 4 B1	fino a *prep.*	bis 4 B2
diritto/dritto *avv.*	geradeaus 4 B1	finora *avv.*	bis jetzt 4 A1
discorso	Rede; Thema 3 A2	fiore *m.*; a fiori	Blume; geblümt 6 Ingresso
discussione *f.*	Diskussion 5 A2, E10	fisica	Physik 3 A3
disegnare	zeichnen, skizzieren 4 B1, E2	fontana	(Spring-)Brunnen 4 A1
disegno	Zeichnung; Zeichnen 5 A1, E4	forchetta	Gabel 2 A2
diventare	werden 3 A1	forma; stare in forma	Form; in Form bleiben 2 B1
diverso, -a	verschieden, anders 4 A2	formaggio	Käse 2 A3, E11
divertente	unterhaltsam, lustig 6 B1	formazione *f.*	(Aus-)Bildung 5 B2, E6
divertirsi	sich amüsieren, Spaß haben 5 B2	formulare	formulieren 5 B2, E6
dividere	(auf-, ein-)teilen 6 A1, E2	forse *avv.*	vielleicht 2 A1
diviso (per)	geteilt (durch) 4 A1, E3	forte *agg.*; *avv.*	stark; laut 6 A2, E9
dizionario	Wörterbuch 4 B1, E2	forum *m.*	Forum 4 A2
doccia; fare la doccia	Dusche; duschen 2 A1	fotografia *f. inv.*	Foto 1 A2
dolce *m.*	Nachspeise; Süßspeise, Kuchen 2 A3, E15	francese; francese (*m./f.*)	Französisch; Franzose/Französin 1 A3
domanda	Frage 1 B1, E2	francobollo	Briefmarke 4 A2
domandi (*inf.* domandare)	du fragst (fragen) 2 B1, E3	fratello; *pl.* i fratelli	Bruder; *Pl.* Geschwister 1 A2
domani *avv.*	morgen 2 B2	freddo; freddo, -a	Kälte; kalt 6 A1, E6
domenica	Sonntag 5 Ingresso	frequento (frequentare)	ich besuche; (regelmäßig) besuchen 1 A3
donna	Frau 6 A2, E9	fresco, -a	frisch 6 B2, E6
dopo *avv.*; *prep.*	nachher, später; nach 1 A3	fruttivendolo/a	Obst- und Gemüsehändler, -verkäufer 4 B1
dopo/avanti Cristo	v. Chr./n.Chr. 4 A2, E8		
(doppia) negazione	(doppelte) Verneinung 6 A2, E6	fungo	Pilz 6 B2, E9
dormire	schlafen 3 A2	funzionare	funktionieren 6 B1
dove; di dove?	wo; woher? 1 A1	fuoco	Feuer 6 Ingresso
durante *prep.*	während 3 Ingresso	fuori *prep.*; *avv.*	außerhalb von; hinaus, draußen 1 B2
DVD *m.*	DVD 1 B2	gassato, a	sprudelnd, mit Kohlensäure 2 A3
è (*inf.* essere)	er/sie/es ist (sein) 1 Ingresso E1	gelateria	Eisdiele 2 B2
e (voi)? ed (io)?	und (ihr)? und (ich)? 1 Ingresso E1	gelato	(Speise-)Eis 2 B2
ecco	Schau(t); hier ist/sind 1 A2	gemello/a	Zwilling 1 B1
Eccome!	Und wie! 4 A2	generi alimentari *m.*	Lebensmittel 4 B1
edicola	Kiosk, Zeitungsstand 3 A1	genitori; *sing.* il genitore	Eltern 1 B1
educato, -a	anständig, höflich; (wohl)erzogen 4 B2, E6	gennaio	Januar 5 A1
educazione (fisica) *f.*	Bildung; (Sportunterricht) 3 A3	gente *f.*	Leute 3 B2
elegante	elegant, vornehm 1 B1, E6	gesso	Kreide 3 B1
entrare	eintreten, hineingehen 4 A2	già	schon 1 A3
esatto, -a *agg.*; esattamente *avv.*	genau 4 B1	giacca	Jacke 6 Ingresso E1
esempio; per esempio	Beispiel; zum Beispiel 4 A2	giallo, -a	gelb 6 Ingresso
esercizio	Übung 1 Ingresso E1	giardino	Garten 6 B1
espressione *f.*	Ausdruck 4 B2, E9	gigante	riesig 3 B1
esprimere	ausdrücken 6 A1, E4	giocare (a calcio)	(Fußball) spielen 2 A1
essere in (tre, quattro ...)	zu (dritt/viert ...) sein 1 B1	giocatore/-trice	Spieler/in 5 A2
estate *f.*	Sommer 5 A1	gioco	Spiel 2 A1
ettaro	Hektar 4 A1	giornale *m.*	Zeitung 2 A2
etto	100 Gramm 6 B2	giornalista *m./f.*	Journalist/in 3 A2, E5
euro	Euro 1 A2	giornata	Tag (*in seinem Verlauf*) 4 A1, E3

Alphabetisches Vokabelverzeichnis / Vocabolario

giorni della settimana	Wochentage 5 **Ingresso**
giorno; Buongiorno	Tag; Guten Tag! 1 B1
giovane	jung 6 A1, E4
giovedì *m.*	Donnerstag 5 **Ingresso**
girare	abbiegen 4 B1
giro; in giro	Runde, Spaziergang; unterwegs 1 B2
gita	Ausflug 5 A2, E10
giugno	Juni 5 A1
giusto, -a	gerecht; richtig 4 B1, E1
gomma	Radiergummi 3 B1
grande	groß(artig) 1 A2, E6
gratis *agg.*	umsonst, kostenlos 1 B1, E6
grazie (mille)	(tausend) Dank 1 A1
grigio, -a	grau 6 **Ingresso**
grigliata; grigliato, -a	Grillparty; gegrillt 6 B1
guardare	(an)schauen 4 A2
guida (turistica)	(Fremden-)Führer/in 4 A2, E8
gusto	Geschmack 2 B2, E5
hanno (*inf.* avere)	sie haben (haben) 1 A3
ho; hai (*inf.* avere)	ich habe; du hast (haben) 1 A3
idea	Idee; Vorstellung 2 B2
identikit *m.*	Steckbrief 1 A3, E13
ieri *avv.*	gestern 5 A2, E7
il futuro	Zukunft; Futur 4 A1, E4
immaginare	sich vorstellen 4 B2, E10
immagine *f.*	Bild 3 B2
imparare (a memoria)	(auswendig) lernen 3 B2, E6
impegnato, -a	beschäftigt; engagiert 5 A2
imperativo	Imperativ, Befehlsform 4 B2, E5
importante	wichtig 2 A1, E7
in (Italia)	in, nach (Italien) 1A
in tinta unita	einfarbig 6 **Ingresso**
(in)dipendente	(un)abhängig 4 A1
incontrare	treffen, begegnen 2 B1
incontro	Begegnung, Treffen 4 A2
incrocio	Kreuzung 4 B1
indossare	anziehen 6 A1
infatti *avv./congz.*	in der Tat, tatsächlich, nämlich; genau 5 A2
infinito	Infinitiv 4 B2, E5
informazione *f.*	Information, Auskunft 3 **Ingresso**
Inghilterra	England 5 A2, E10
inglese; inglese *m./f.*	Englisch; Engländerin 1 A3
ingresso	Eingang; Einstieg 1 **Ingresso**
insalata	Salat 2 A3, E11
inserire	einfügen 4 B2, E5
insieme *avv.*	zusammen, gemeinsam 2 B1
insomma *avv.*	insgesamt, kurz gesagt; na ja, geht so 5 A2, E7
insufficienza	Note „ungenügend" 3 B2
intelligente	intelligent 1 A3
interessante	interessant 1 A3
interrogare	abfragen 3 A3
interrogazione *f.*	Abfrage (*in der Schule*) 5 A2
intervista	Interview 5 A2, E11
invece *avv.*, invece di *prep.*	dagegen; statt 2 B1
inventare	erfinden 3 **Ingresso**
inverno	Winter 5 A1
invidioso, -a	neidisch 3 A3, E12
invitare	einladen 4 B2, E10
io ci sto	ich bin dabei, auf mich kannst du zählen 5 A2
io; tu	ich; du 1 A1
(ir)regolare *agg.*	(un)regelmäßig 2 B1, E2
italiano, -a; italiano/a	italienisch; Italiener/in 1 A1
jeans	Jeans(hose) 6 **Ingresso** E1
là *avv.*	dort 4 B2
la frutta e la verdura	Obst und Gemüse 6 B2, E8
labirinto	Labyrinth 4 B
lamentarsi	sich beschweren 5 B2
lanciare	werfen 4 A1, E4
lasagne	Lasagne, Bandnudeln 2 A3
lavagna	Tafel 3 B1
lavare	waschen, reinigen, putzen 3 B2, E11
lavora (*inf.* lavorare)	er, sie arbeitet (arbeiten) 1 B2
lavoro	Arbeit 3 B2, E6
leggere	lesen 3 A1
leggero, -a	leicht, fein 6 A1, E4
lei/lui	sie/er 1 A2
letto	Bett 2 A1
libero, -a	frei 2 B1
libro	Buch 2 A1, E5
liceo (linguistico/scientifico)	(sprachl./naturwiss.) Gymnasium 1 A3
linea	Linie 3 A1
lista della spesa	Einkaufsliste 2 A3, E11
lontano, -a	weit (entfernt) 3 A1
loro *inv.*	sie; ihr, ihre 2 A1
luce	Licht 3 B1
luglio	Juli 5 A1
lunedì *m.*	Montag 5 **Ingresso**
lunghezza	Länge 6 A2, E6
lungo, -a (*Länge*); a lungo (*Dauer*)	lange 2 B1
ma *congz.*	aber 1 A2
macchina	Auto 1 B2
macellaio	Metzger 6 B2
macelleria	Metzgerei 4 B1
madre *f.*	Mutter 4 A3
(madre)lingua	(Mutter-)Sprache 1 A2
magari *avv./ inter.*	vielleicht, sogar; Schön wär's! 2 A1
maggio	Mai 5 A1
maggiore	größer, älter 1 B1
maglietta	T-Shirt 6 **Ingresso** E1
maglione	(Strick-/Woll-)Pullover 6 **Ingresso** E1
maiale *m.*	Schwein 6 B2
mal di testa *m.*	Kopfweh 3 A2, E8
malato, -a	krank 5 A2, E11
male *avv.*	schlecht 1 A2, E10
maledetto, -a	verflucht 5 B1
mamma	Mama 1 A2
mancare	fehlen 3 B1
mandare	schicken, senden 3 A2
mangi (*inf.* mangiare)	du isst (essen) 2 B1, E3
mano	Hand 5 A2
mappa; la mappa delle idee	(Stadt-)Plan; Mindmapping 4 B2, E8
marca	Marke 6 A2, E10
marmellata	Marmelade 3 A2
marrone	braun 6 **Ingresso**
martedì *m.*	Dienstag 5 **Ingresso**
marzo	März 5 A1
matematica	Mathematik 1 A3
materia	Fach, Materie 3 A3
matita	Bleistift 3 B1
mattina *sost./avv.*	Morgen; Vormittag; morgens 3 A2
maturo, -a	reif 6 B2, E6
mega-/iper-/stra-	super-, mega- 6 A1, E4
mela	Apfel 2 A3, E11
melanzana	Aubergine 6 B2, E9
melone *m.*	Honigmelone 2 A3
memorizzare	sich einprägen 5 A1, E3
meno	weniger; minus 4 A1, E3
mente *f.*	Geist, Sinn 5 A1
mentre *congz.*	während 4 B2, E6
mercato	Markt 4 B1
mercoledì *m.*	Mittwoch 5 **Ingresso**
mesi	Monate 5 A1
messaggino	SMS, Kurznachricht 5 A2, E7
messaggio	Nachricht, Mitteilung; Botschaft 5 A2, E10
metropolitana	U-Bahn 4 A1
mettere	setzen, stellen, legen 4 B1, E1
mettersi	sich anziehen, sich kleiden 6 A1

Vocabolario

Alphabetisches Vokabelverzeichnis

mezzanotte *f.*	Mitternacht 5 **Ingresso**	oliva	Olive 2 A3, E11
mezzo pubblico	öffentl. Verkehrsmittel 4 A1, E3	ora	Stunde 2 A3
mezzo, -a *agg./avv.*	halb 4 A1	orario	Zeit-, Stunden-, Fahrplan, 5 **Ingresso**
mezzogiorno	Mittag 5 **Ingresso**	ordinare	bestellen 3 A2, E4
mi chiamo (*inf.* chiamarsi)	ich heiße (heißen) 1 **Ingresso** E1	ordine *f.*; mettere in ordine	Ordnung, Reihenfolge; in die richtige Reihenfolge bringen; (Zimmer) aufräumen 4 B1, E1
mi dispiace	es tut mir leid 3 A2		
(mi) piace; (mi) piacciono	er/sie/es schmeckt/gefällt (mir); sie schmecken/gefallen (mir) 1 B2	organizzare	organisieren 5 A2, E10
		organizzazione *f.*	Organisation 6 B1, E1
mica *avv.*	nicht (etwa) 3 A2	orientarsi	sich orientieren 4 B1, E3
milione *m.*	Million 4 A1	originale	original, ursprünglich; originell 6 A2
mille	tausend 4 A1	ottimo, -a	sehr gut, hervorragend 2 B2
(mini)gonna	(Mini-)Rock 6 **Ingresso** E1	ottobre	Oktober 5 A1
minore	kleiner/e, jünger/e 1 B1	ovvio, -a	offensichtlich, offenbar 6 B1
minuto	Minute 1 B1	padre *m.*	Vater 2 A3
misura	Größe, Maß; Maßnahme 6 **Ingresso**	paese *m.*	Land; Dorf 3 B2
moda	Mode 4 A2	paghiamo (*inf.* pagare)	wir zahlen (zahlen) 1 A3
modello	Modell 1 A2, E10	pagina	Seite 3 B2
moderno, -a	modern 3 A1, E3	palestra	Fitnessstudio 5 **Ingresso**
modo	Art, Weise 6 A1, E4	pallamano *f.*	Handball 5 **Ingresso**
moglie	(Ehe-)Frau 1 B1, E6	pallavolo *f.*	Volleyball 5 **Ingresso**
molto *avv.*	sehr 1 A2	pane *m.*	Brot 2 A3
molto, -a; molti, -e *agg.*	viel; viele 1 A3	panino	Brötchen, Semmel 2 B2, E4
momento	Augenblick, Moment 5 **Ingresso**	panorama *m.*	Ausblick; Panorama 4 A1
mondo	Welt 3 B2	pantaloni	Schuhe 6 **Ingresso** E1
monumento	Sehenswürdigkeit; Denkmal 3 A1	Papa	Papst 4 A1
mostrare	zeigen 6 B2, E10	papà *m.*	Papa 1 A2, E5
muoversi	sich bewegen 5A	paragonare	vergleichen 4 B2, E9
muro	Mauer 4 A2, E8	parallelo, -a	parallel 4 B1
museo	Museum 4 A1	parco	Park 5 **Ingresso**
musica	Musik 1 B2	parli (*inf.* parlare)	du sprichst (sprechen, reden) 1 A1
nascere; nato, -a	geboren werden, entstehen; geboren 4 A2, E8	parola; la parolaccia	Wort; Schimpfwort 4 B2, E6
		parte *f.*; da parte di	Teil; seitens 5 A2, E10
naturale	natürlich; *hier:* still 2 A3	participio	Partizip 5 B1, E3
né ... né	weder ... noch 6 A1	particolare *agg.*	besondere/r/s 6 B2, E11
neanche	auch nicht; nicht einmal 6 A1	partire	abreisen, abfahren 5 **Ingresso**
necessario, -a	notwendig, nötig 5 A2, E7	partita	Spiel (Sport) 5 **Ingresso**
negozio	Geschäft 4 A2	passante *m./f.*	Passant/in 4 B2
nero, -a	schwarz 1 A1	passare	*intr.:* vorbeigehen, -fahren; *tr.:* verbringen 3 A1
nervoso, -a	nervös 5 A2, E7		
nessuno, -a	niemand, keine/r 6 A2, E6	passeggiata	Spaziergang 5 A1
nick(name) *m.*	Spitzname 2 B1	pasta	Pasta, Nudelgericht; Gebäckstück; Teig 2 B1, E3
niente	nichts 3 A1		
niente male	nicht schlecht! 3 A1	patata	Kartoffel 6 B2, E9
niente; di niente	nichts; nichts zu danken 4 A1, E3	pazienza; Abbi pazienza!	Geduld; Hab Geduld! 4 B1
no	nein 1 A1	pazzo, -a	verrückt 2 B1
noia; Che noia!	die Langeweile; Wie langweilig! 4 B2, E6	penna	Stift; Füller 3 B1
noioso, -a	langweilig 3 B2	pensare	denken 2 A1
nome *m*	Name 1 A3	pensiero	Gedanke 5 A1, E1
nominare; nominato, -a	nennen; genannt 4 B1, E1	peperone *m.*	Paprika 2 A3
Non lo so.	Ich weiß es nicht. 3 A2	per	mal; durch, hindurch, für, um ... zu 4 A1, E3
non vedo l'ora	ich kann es nicht mehr erwarten 5 A2		
(non) ... affatto *avv.*	überhaupt (nicht) 6 A1	per favore	bitte (*wenn man um einen Gefallen bittet*) 2 A3
non; Non ce l'ho.	nicht; Ich habe ihn/sie/es nicht. 1 A3		
nonno/nonna; i nonni	Großvater/-mutter; Großeltern 1 A2	per fortuna	zum Glück 5 A1
normale	normal, gewöhnlich 1 A3	per *prep.*	für, wegen, um zu 1 A1
nostro, -a	unser, unsere 2 A1	pera	Birne 6 B2, E8
notte	Nacht 3 B1	perché *congz.*	weil; warum 1 A2
novembre	November 5 A1	perciò *congz.*	deshalb 5 A2
novità	Neuigkeit 5 B1	percorso	Route, (Weg-)Strecke 4 B2, E9
numero (N°) (cardinale/ ordinale)	Nummer, (Grund-/Ordnungs-)Zahl 1 **Ingresso** E1	perfetto, -a *agg.*; perfettamente *avv.*	vollkommen, perfekt 1 B2
nuotare	schwimmen 5 **Ingresso**	periodo	Zeitraum, Periode 5 A2, E10
nuovo, -a	neu 1 B1, E6	Permesso?	Darf ich? Gestatten Sie? 1 **Ingresso** E1
o	oder 1 A2	però *congz.*	aber, jedoch 4 A2, E8
occuparsi di	sich beschäftigen mit 6 B1	persona	Person 4 B1, E1
Oddio!	Oh mein Gott! 1 A3	pesante	schwer 3 B1
odiare	hassen 3 A2	pesca	Pfirsich 6 B2, E8
offerta; in offerta	Angebot; im Angebot 6 B2	pesce	Fisch 2 A3, E11
offro (*inf.* offrire)	ich lade ein (anbieten) 3 A2	pescivendolo/a	Fischhändler, -verkäufer 4 B1
oggetto (diretto/indiretto)	(direktes/indirektes) Objekt 6 B1, E3	piacere	gefallen, schmecken 2 A3
oggi *avv.*	heute 1 B2	Piacere.	Angenehm! Erfeut! 1 B1
ogni *agg.*	jeder 5 A1, E4		

Alphabetisches Vokabelverzeichnis / Vocabolario

pianta	Pflanze; (Stadt-)Plan 4 B2, E9	quanto *avv.*	wie (sehr) 5 A2
piatto	Teller; Gericht 2 A2	quanto, -a *agg.*	wie viel 3 A2
piazza	Platz, Piazza 2 B1	quarto, -a; un quarto	viertel; Viertel 5 Ingresso
piccolo, -a	klein 1 A2, E6	quasi *avv.*	fast 1 B2
piede; andare a piedi	Fuß; zu Fuß gehen 4 A1, E3	quello, -a	jener/jene; der/die/jenige 4 A2, E8
pieno, -a	voll 3 A1	questo, -a	dies, dieser, diese 1 Ingresso E1
pioggia	Regen 4 A2, E8	qui *avv.*	hier 1 B1, E6
piscina	Schwimmbad 5 A2	quindi *congz.*	also, folglich 4 B1
più a lungo	länger 3 A2	raccogliere	sammeln; aufheben 6 A1, E2
più *avv.*	mehr; plus 1 B1	raccontare	erzählen 5 B2
pizza	Pizza 1 A2, E6	radio *f.*	Radio 3 A2, E5
pizzeria	Pizzeria 5 B1	ragazzi; il/la ragazzo/a	Jungen, Jugendliche; Junge, Mädchen; feste/r Freund/in 1 A3
poco, -a	wenig 2 B1, E3	ragione; avere ragione	Grund; Vernunft; Recht haben 3 B1
poesia	Gedicht 5 A2, E8	re/regina	König/in 4 A2, E8
poi *avv.*	dann 3 A3	regalare	schenken 4 A1, E4
pollo	Hähnchen, Hühnchen; Huhn 2 A3	regalo	Geschenk 2 B2
pomeriggio	Nachmittag 5 A1, E4	regola	Regel 4 B2, E7
pomodoro	Tomate 6 B2, E6	resto	Wechsel-, Rückgeld; Rest 1 A2
porta	Tür 3 B1	(ri)tornare	zurückkehren, umdrehen 4 A1, E4
portafoglio	Geldbeutel 6 B2, E5	ricerca	Suche, Untersuchung; Forschung 4 B2, E10
porto (*inf.* portare)	ich trage; ich bringe (tragen, bringen) 1 B1, E6	riflettere	nachdenken 5 A1, E1
posizione *f.*	Stellung, Position 6 B1, E3	righello	Lineal 3 B1
possibile	möglich 5 A2	ringraziare	danken 4 A1, E3
posto	Platz; Ort 3 B1	ripetere	wiederholen 3 B2, E5
potrei	ich könnte 3 A2	riposarsi	sich ausruhen 5 A1
preferisco (*inf.* preferire -sc-)	ich ziehe vor (vorziehen, lieber tun) 3 A2	risparmiare	sparen, schonen 4 A1, E3
preferito, -a	Lieblings-, bevorzugt 2 A1	rispondere	antworten, beantworten 3 A3
pregare	bitten; beten 3 A2	risposta	Antwort 1 B1, E2
prego	bitte (*als Antwort auf* grazie) 4 B2	ristorante *m.*	Restaurant 6 B1
prende (*inf.* prendere)	er/sie/es nimmt (nehmen, holen) 2 B2, E5	risultato	Ergebnis 4 B1, E2
preoccuparsi	sich Sorgen machen 6 B1	ritardo; essere in ritardo	Verspätung; verspätet sein 3 A1
preparare	vor-, zubereiten 2 A3, E11	ritratto	Portrait 5 A2, E11
preposizione *f.*	Präposition 5 A2, E6	riuscire a	es schaffen, etw. zu tun; können 5 A1
presentare	vorstellen 4 A2	roba	Sache, Zeug 6 Ingresso E1
presentazione *f.*	Präsentation, Vorführung, Darstellung 3 Ingresso	romano, -a	römisch; Römer/in 1 B1, E6
		rosa *inv.*	rosa 6 Ingresso
presto *avv.*; a presto	bald; bis bald 1 A3	rosso, -a	rot 1 B1, E 6; 6 Ingresso
prima *avv.*	zuerst, vorher 3 A1	rumore *m.*	Lärm 3 B2
primavera	Frühling 5 A1	sabato	Samstag 5 Ingresso
(primo/secondo) piatto	(erster/zweiter) Gang 2 A3	saliamo (*inf.* salire)	wir steigen ein (ein-, hinaufsteigen) 3 A1
problema *m.*	Problem 4 A1, E3	salsiccia	Wurst 6 B2
prodotto	Produkt 4 B1	salto; fare un salto	Sprung; kurz vorbeischauen 4 A2
prof; professore/professoressa	Lehrer/in; Professor/in 3 Ingresso	salumeria	Wurstladen 4 B1
		salutano (*inf.* salutare)	sie grüßen ((be)grüßen, verabschieden) 1 B2
programma *m.*	Programm 3 A3	salutarsi	sich (be)grüßen; sich verabschieden 6 B
pronto, -a	Hallo (*Antwort am Telefon*); fertig 5 A2, E7	sano, -a	gesund 5 A1
		sapere	wissen, können 2 B1
proposta	Vorschlag 5 B2	sappi	wisse! 4 B2
proprio *avv.*	wirklich, genau 2 A1	sbrigarsi	sich beeilen 5 A2
prosciutto	Schinken 2 A3	scaffale *m.*	Regal 2 A2
(prossima) volta	das (nächste) Mal 5 A1, E4	scaricare	herunterladen 6 B1
prossimo, -a; il/la prossimo/a	nächste/r; Nächste/r 3 A1, E3	scarpa; un paio di scarpe	Schuh; Paar Schuhe 6 Ingresso E1
		scegliere	(aus)wählen 4 B1, E2
provare	(an)probieren 6 A2	scendiamo (*inf.* scendere)	wir steigen aus (aus-, hinabsteigen) 3 A1
provocare	provozieren; *tr.*: hervorrufen, verursachen 3 B2	schiena	Rücken 5 A2
		sciare	Ski fahren 5 A1
pulito, -a	sauber, gereinigt 1 B2	sciarpa	Schal 6 Ingresso E1
puoi (*inf.* potere)	du kannst (können) 3 B2	scontrino	Kassenzettel 3 A2
pure *avv.*	auch (noch) 6 A2, E6	scoprire	entdecken 4A
purtroppo *avv.*	leider 1 B2	scorso, -a	vergangen 5 B2, E7
quaderno	Heft 4 B2, E10	scrittore/scrittrice	Schriftsteller/-in 3 A1, E3
qualcosa	etwas 1 A3	scrivania	Schreibtisch 2 A1
qualcuno *pron.*	jemand 6 B1	scrivere	schreiben 3 B2, E6
quale? quali?	Welche/s/r? Welche? 2 A1	scuola; a scuola	Schule; in der Schule 2 B1
quando *congz./avv.*	wenn, als; wann? 2 B2, E4	scuro, -a	dunkel 6 Ingresso
Quanti anni hai?	Wie alt bist du? 1 A3	Scusa! (*inf.* scusare)	Entschuldige (bitte)! (entschuldigen) 1 Ingresso E1
quanti? quante?	wie viele? 1 A3	scusarsi	sich entschuldigen 5 B2
quantità (definita/indefinita)	(bestimmte/unbestimmte) Menge 6 B2, E6	Scusi (*Höflichkeitsform*)	Entschuldigen Sie (bitte)! 1 B1

Vocabolario — Alphabetisches Vokabelverzeichnis

se *congz.*	wenn, falls 3 A1
secco, -a; la frutta secca	trocken, getrocknet; Trockenobst 6 B2, E8
secondo me	meiner Meinung nach 3 A3, E10
sedersi; seduto, -a	sich setzen; sitzend 5 B1
sedia	Stuhl 2 A1, E5
seguente *agg.*	folgend 5 A1, E1
seguire	folgen 4 B2
sei (*inf.* essere)	du bist (sein) 1 A1
semaforo	Ampel 4 B2
sembrare	scheinen 3 B2
sempre *avv.*	immer 1 A3
sentimentale	sentimental; Gefühls- 5 B2
sentire	hören; fühlen 3 A2, E8
sentirsi; ci sentiamo!	sich hören, fühlen; wir hören voneinander! 6 A2, E7
senza	ohne 2 A3
sera; Buonasera!	Abend; Guten Abend! 1 B1, E6
serale *agg.*	Abend- 5 B
serata	Abend (*in seinem Verlauf*) 5 B1
sete *f.*	Durst 2 B1
settembre	September 5 A1
settimana	Woche 2 B2
severo, -a	streng 3 B2
shopping; fare shopping	Einkaufen (*z.B. von Kleidung*); Shoppen gehen 2 B1
sì	ja 1 A1
si chiama	er/sie/es heißt 1 Ingresso E1
siamo (di Venezia)	wir sind (aus Venedig) 1 Ingresso E1
sicuro, -a	sicher 3 B1
significato	Bedeutung 5 A2, E11
signora	Dame, Frau (*vor Eigennamen*) 1 A2, E8
signore/a; *pl.*: i signori *m.*	Herr/Dame; *Pl.* Herrschaften 1 B1
signorina	Fräulein 1 B1, E6
simpatico, -a	sympathisch, angenehm 2 B1
sito	Website; Stätte, Ort 4 A2
soffre (*inf.* soffrire)	er, sie leidet (*inf.* leiden) 3 A2
soggiorno	Wohnzimmer; Aufenthalt 2 A1
sogno (nel cassetto)	Traum (in der Schublade) 5 A2, E11
soldi	Geld 4 A1, E4
sole	Sonne 6 A2, E12
(solita) storia	die (immer gleiche) Geschichte 1 B1
solo *avv.*	nur 1 A1
soltanto *avv.*	nur 6 A2
soluzione *f.*	Lösung 3 Ingresso
sono	ich bin, sie sind 1 A1
soprattutto *avv.*	vor allem 5 A1
sorella (gemella)	(Zwillings-)Schwester 1 B1
sorpresa	Überraschung 6 B1
sostantivo	Substantiv 6 A1, E2
sostituire -*sc*-	ersetzen 6 B1, E3
sotto *prep.*	unter 2 A1
spaghetti (alle vongole)	Spaghetti (mit Muscheln) 2 A3, E11
speciale *agg.*	besondere/r/s 4 A2, E8
specialità	Spezialität 2 A3
spegnere	ausschalten, auslöschen 3 A2
spendere	ausgeben 6 A2, E10
spesa; fare la spesa	Einkauf; Einkaufen gehen 4 B1
spese	Ausgaben 6 B2, E5
spesso *avv.*	oft 1 B2
spettacolare	überwältigend, großartig 4 A1
spettacolo	Schauspiel, Aufführung 4 A2
spezie *f.*	Gewürze 6 B1
spiegare	erklären 3 B2, E9
spinaci	Spinat 6 B2, E9
spogliatoio	Umkleideraum/-kabine 5A
sporco, -a	schmutzig, dreckig 3 B1
sport *m.*	Sport 2 B1
sportivo, -a	sportlich 2 B1
spugna	Schwamm 3 B1
squadra; sport di squadra	Mannschaft; Mannschaftssport 5 Ingresso
stadio (olimpico)	(Olympia-)Stadion 5 Ingresso
stagioni	Jahreszeiten 5 A1
stare	sich befinden, sein 1 A2
stasera	heute Abend 2 B1
stato; stato più piccolo	Staat; kleinster Staat 4 A1
stazione (centrale) *f.*	(Haupt-/ Zentral-)Bahnhof 1 A3
stereo	Stereoanlage 2 A1, E7
stesso/a	gleich; der-/dieselbe 3 A2
stivali	Stiefel 6 Ingresso E1
Sto bene.	Es geht mir gut. 1 A2
storia dell'arte	Kunstgeschichte 3 A3
strada; per strada	Straße, Weg; unterwegs 3 A1
strafigo, -a	supercool, ganz toll 5 B1
strano, -a	seltsam, komisch 4 B2, E12
stretto,-a	eng 6 A1
studente/studentessa	Schüler/in, Student/in 1 A3
studio (*inf.* studiare)	ich studiere; ich lerne (studieren, lernen) 1 A3
stupendo, -a	herrlich, fantastisch 4 A1
stupido, -a; lo/la stupido/a	dumm; Dumme/r 5 B2
su *prep./escl.*	auf; auf, los! 1 A3
subito *avv.*	sofort 1 B1, E6
suonare (il piano)	(Klavier) spielen 3 B2, E8
supermercato	Supermarkt 6 B1
svegliarsi; svegliare qn.	aufwachen; jmd. aufwecken 5 A1
sviluppare	entwickeln 6 A2, E10
svizzero, -a; svizzero/a	schweizerisch; Schweizer/in 1 A2
tabella	Tabelle 4 B2, E5
taglia	Größe (*bei Kleidungsstücken*) 6 Ingresso
talvolta *avv.*	manchmal 6 A2, E6
tantissimo *avv.*	sehr 5 B2
tanto, -a	(so) viel 2 A3
tardi *avv.*	spät 5 A1
tavola; a tavola	(Ess-)Tisch; zu Tisch 2 A2
tè *m.*	Tee 3 A2
teatro	Theater 4 A2, E10
tedesco, -a; tedesco/a	deutsch; Deutsche 1 A1
telefonino	Handy, Mobiltelefon 3 A2
telefono	Telefon 2 B1, E3
televisore *m.*	Fernseher, Fernsehgerät 2 A2
tempo	Zeit 2 B1
tennis *m.*	Tennis 5 Ingresso
terribile	schrecklich 4 B2, E6
terzo, -a	dritte/r 4 B1
tesoro	Schatz 1 A1
testo	Text 5 A1, E2
ti	dich, dir 1 A1
tipo	Typ, Art 2 B1
toccare a; a chi tocca?	dran sein; wer ist dran? 5 A1, E4
torta (al cioccolato)	(Schoko-)Torte 6 B1
tovagliolo	Serviette 2 A2
tra	zwischen, unter; in 4 B2, E9
traffico	Verkehr 5 Ingresso
trama	Handlung; Handlungsverlauf 5 B2, E9
tramite *prep.*	über, mittels 6 A1, E1
tranquillo, -a	ruhig, leise 3 Ingresso
trattenersi	sich zurückhalten 5 A2, E11
traversa	Querstraße 4 B1
treno	Zug 1A
triste	traurig 1 B1, E6
troppo, -a *agg.*; troppo *avv.*	zu viel; (zu) sehr 1 A3
trovarsi	sich befinden 4 B1, E3
trovo (*inf.* trovare)	ich finde (finden) 1 A3
t-shirt *f.*	T-Shirt 1 B1, E6
turista *m./f.*	Tourist/in 3 A2, E5
tutto, -a; tutti, -e	all, ganz; alle 1 A3, E15
TV (televisione) *f.*	Fernsehen 2 B2, E4
uguale	gleich 3 B2
ultimo, -a *sost.*; ultimo, -a *agg.*	Letzte/r; zuletzt 2 A1
un po' di (pane)	ein wenig (Brot), ein bisschen (Brot) 2 A3
unico, -a	Einzel-, einzig; einzigartig 1 B1

Alphabetisches Vokabelverzeichnis   Vocabolario

università *f.*	Universität 1 A3	via; via *avv.*	Weg; Straße *(v. a. bei Adressangaben)*; weg 4 A2
uomo	Mann 6 A2	viaggio	Reise 2 B1
usare	(be)nutzen, gebrauchen 4 B2, E9	vicino, -a; vicino/a	nahe; Nachbar/in 3 B1
uscire	(hin)ausgehen 4 B2, E8	videogioco	Videospiel 5 B1
utile	nützlich 4 B2, E9	viola *inv.*	lila, violett 6 **Ingresso**
uva	Traube 6 B2, E8	virgola	Komma 4 A1, E1
va bene	in Ordnung, einverstanden 1 A3	visita	Besuch, Besichtigung 4 A1, E1
valigia	Koffer 1 B1	visitare	(einen Ort) besuchen, besichtigen 4 B2, E10
vecchio, -a	alt 4 B1		
vedere	sehen 1 A2	vita	Leben 3 A3
vegetariano, a	vegetarisch 2 A3	vitello	Kalb 6 B2
vendere	verkaufen 4 B1, E2	vivere	leben 4 A1
venerdì *m.*	Freitag 5 **Ingresso**	vocabolo	Vokabel 3 B2, E6
venire	kommen 4 B2	voglia, avere voglia di + *inf.*	Lust haben, etw. zu tun 2 B2
venire/andare a trovare qn.	jdn besuchen (kommen/gehen) 5 A2, E10		
		voglio *(inf.* volere*)*	wollen, mögen 3 B1
veramente *avv.*	wirklich 1 A1	volentieri *avv.*	gerne 2 A3, E15
verbo (finito/all'infinito)	(finites/infinites) Verb 6 B1, E3	vorrei	ich hätte/möchte gerne 3 A2
verde	grün 6 **Ingresso**	vorresti	du hättest/möchtest gern 4 B2, E6
verdura	Gemüse 2 A3	vostro, -a	euer, eure 2 A1
verità	Wahrheit 5 B1	voto	Note 3 B2, E11
vero, -a	wahr, richtig 1 A1	vuoi *(inf.* volere*)*	du willst 1 A2
verso *prep.*	gegen, um … herum 5 **Ingresso**	vuoto, -a	leer 3 A2
verso *sost.*	Vers 5 A2, E8	weekend *m.*	Wochenende 4 B2, E10
vestirsi; vestire	sich anziehen, sich kleiden; anziehen 5 A1	zaino	Rucksack 1 B1
vestiti	Kleidung 6A	zio/zia	Onkel/Tante 1 B2
vestito	Kleid 6 **Ingresso** E1	zitto, -a	still, ruhig 3 B2
vetrina	Schaufenster 6 A1	zucchina	Zucchini 6 B2, E9
vi presento (Max)	ich stelle euch (Max) vor 2 B1